Entre fleuve et forêt

W0207384

Voyageurs Payot
Sous la direction
de Michel Le Bris

Nicolas Bouvier, *Chronique japonaise.*
Nicolas Bouvier, *Journal d'Aran et d'autres lieux.*
Nicolas Bouvier, *Le poisson-scorpion.*
Charles M. Doughty, *Arabia Deserta.*
Isabelle Eberhardt, *Écrits intimes* (inédits).
Robert Graves, *Lawrence et les Arabes.*
Richard Holmes, *Carnets d'un voyageur romantique.*
John Keay, *Voyageurs excentriques.*
Patrick Leigh Fermor, *Le temps des offrandes.*
Ella Maillart, *Des monts célestes aux sables rouges.*
Ella Maillart, *La vagabonde des mers.*
Ella Maillart, *La voie cruelle.*
Ella Maillart, *Oasis interdites.*
Peter Matthiessen, *Deux saisons à l'âge de pierre.*
Peter Matthiessen, *Urubamba.*
Eric Newby, *Un petit tour dans l'Hindou Kouch.*
Redmon O'Hanlon, *Au cœur de Bornéo.*
Redmon O'Hanlon, *Help !*
Jean-Michel Palmier, *Retour à Berlin.*
Jonathan Raban, *Arabia.*
Jonathan Raban, *Terre étrangère.*
Freya Stark, *La vallée des Assassins.*
Colin Thubron, *Derrière la Grande Muraille, un voyage en Chine.*
Colin Thubron, *Les Russes.*
Mark Twain, *A la dure / I (Dans les mines d'argent du Nevada).*
Mark Twain, *A la dure / II (En Californie).*
Gavin Young, *C'est encore loin, la Chine ?*

A paraître :

Nigel Barley, *Un anthropologue en déroute.*
Eric Newby, *La dernière course du blé.*
Freya Stark, *La route de l'encens.*
Mark Twain, *Vie sur le Mississippi.*
Gavin Young, *Sur toutes les mers du monde.*

Voyageurs Payot

Patrick Leigh Fermor

Entre fleuve et forêt

A pied jusqu'à Constantinople : du Moyen Danube aux Portes de Fer

Traduit de l'anglais
par Guillaume Villeneuve

Titre original :

BETWEEN THE WOODS AND THE WATER
On Foot to Constantinople from The Hook of Holland :
The Middle Danube to the Iron Gates.

(John Murray, Londres)

© 1986, by Patrick Leigh Fermor.

© 1992, Éditions Payot, pour la traduction française,
106, boulevard Saint-Germain, Paris VIe.

Völker verrauschen,
Namen verklingen,
Finstre Vergessenheit
Breitet die dunkelnachtenden Schwingen
Über ganzen Geschlechtern aus.

SCHILLER, *Die Braut von Messina.*

Ours is a great wild country :
If you climb to our castle's top,
I don't see where your eye can stop ;
For when you've passed the corn-field country,
Where vine-yards leave off, flocks are packed,
And sheep range leads to cattle-tract,
And cattle-tract to open-chase,
And open-chase to the very base
Of the mountain, where, at a funeral pace,
Round about, solemn and slow,
One by one, row after row,
Up and up the pine-trees go,
So, like black priests up, and so
Down the other side again
To another greater, wilder country.

BROWNING, *The Flight of the Duchess.*

Note du traducteur

Une fois encore, et c'est un vrai plaisir, je remercie vivement Patrick Leigh Fermor d'avoir bien voulu relire le manuscrit entier, m'évitant ainsi nombre d'erreurs. Ma gratitude va aussi à tous ceux qui, chez Payot, ont contribué à la réalisation de ce livre, comme de son prédécesseur.

Pour Barbara et Niko Ghika.

Lettre de présentation à Xan Fielding

Cher Xan,

La première partie de ce récit, *Le Temps des offrandes*, s'achevait sur un pont enjambant le Danube entre la Slovaquie et la Hongrie, et comme il serait de mauvais augure de changer de dédicataire au milieu du courant, permets-moi de commencer cette deuxième partie en t'adressant une lettre, comme je l'ai fait auparavant. Ce ne sera d'ailleurs pas la dernière ; il y a encore un volume à venir qui nous emmènera à la fin du voyage et au-delà.

J'avais quitté la Hollande en 1934 dans l'intention de ne fréquenter que des rencontres de hasard et mes collègues-clochards, mais presque insensiblement, je m'apercevais, en atteignant la Hongrie et la Transylvanie, que les choses se passaient beaucoup mieux que je l'aurais jamais espéré ou prévu : je caracolais sur des chevaux empruntés, passais d'une demeure seigneuriale à une autre, séjournais souvent pendant des semaines, et même des mois, sous des toits patients, peut-être mis à rude épreuve, en tout cas hospitaliers toujours. Bien des éléments concouraient à différencier des autres cette partie du voyage. Ce fut une époque de ravissement ; tout semblait incommensurablement vieux et en même temps flambant neuf et inconnu ; en outre, grâce à mon rythme de lambin et à ces longs séjours, je nouai de durables amitiés.

Il m'arrivait d'éprouver des remords d'avoir à ce point dévié de mes intentions premières, mais aujourd'hui que je regarde en arrière après avoir rassemblé ces mois sur le papier, ces inquiétudes disparaissent. La décennie suivante devait balayer ce monde écarté, campagnard, et cela me fait d'autant mieux comprendre combien je fus chanceux d'en saisir ces longs aperçus, et même de m'y associer un peu. Tout se passe comme si une sagesse subconsciente me guidait au long de cette partie du voyage, et lorsqu'elle s'acheva au sud du Danube, que je repris mon allure plus rapide du début pour franchir les défilés des Balkans, je me rendis brusquement compte de l'extraordinaire des régions que je venais de traverser : dès cet instant, elles prirent un éclat magique que le demi-siècle qui suivit n'a fait qu'accentuer.

Mon carnet de notes de l'époque, perdu en Moldavie au commencement de la guerre et récupéré par un coup de chance inouï, m'a beaucoup aidé, sans être toutefois l'infaillible soutien qu'il aurait dû être. Lorsque je m'arrêtais au cours de ces grandes haltes, je cessais aussi d'écrire : comme je tenais un journal de voyage, je m'imaginais à tort qu'il n'y avait rien à transcrire. Je mettais souvent un certain temps à le reprendre en repartant et, même alors, des notes décousues prenaient parfois la place d'une narration continue. Comme je redoutais d'avoir un peu emmêlé l'ordre chronologique en commençant ce livre, j'avais entouré ces passages d'une nuée de réserves et de précautions. Puis, réalisant que ces pages ne constituaient pas un guide, je me suis dit que cela n'avait pas beaucoup d'importance, et j'ai laissé l'histoire se dérouler sans les mises en garde qui l'auraient affaiblie.

Les livres traitant de cette région de l'Europe sont en

général essentiellement consacrés à la politique, parfois exclusivement, et cette abondance atténue ma culpabilité quand je mesure le peu de place qu'elle occupe dans le mien, où elle n'apparaît que si elle a un lien direct avec mon voyage. Si j'ai dû livrer quelques réflexions sur l'idée que je me faisais de l'évolution historique en Transylvanie — dont les séquelles m'entouraient de tous côtés —, je propose ces méditations hypothétiques avec des réserves fort justifiées. On ne saurait trouver récit moins professionnel, au sens d'un « reportage de l'intérieur », et j'ai assez longuement parlé de mon immaturité politique dans *Le Temps des offrandes* (pp. 166-174). Sans cesse des nouvelles inquiétantes nous arrivaient du monde extérieur, mais un je-ne-sais-quoi, dans l'humeur de ces vallées et de ces chaînes montagneuses, atténuait leur impact. Il y avait des présages, et sinistres, mais trois années devaient encore s'écouler avant que ceux-ci n'annoncent, sans doute possible, les convulsions de cinq ans plus tard.

Les noms de lieux sont un problème mineur, mais assez délicat. Pour les plus connus, je m'en suis tenu aux formes établies de longue date par l'histoire et, pour les moins connus, aux noms en usage à l'époque de mon périple. Les modes politiques en ont modifié plusieurs ; d'autres encore changèrent par la suite ; on a réformé l'orthographe roumaine, et des changements antérieurs de souveraineté ont eu une incidence sur l'ordre de préséance des trois noms de lieux dont sont souvent pourvus jusqu'aux plus humbles hameaux. Je me suis efforcé de citer d'abord le nom officiel, suivi des autres si nécessaire. Je sais qu'il y a quelque confusion ici et là, mais puisque ce livre n'est pas un guide, personne ne risque de perdre son chemin. Je dois demander pardon au lecteur de ces insuffisances, et j'espère qu'il voudra bien comprendre qu'elles ne sont pas motivées par l'esprit partisan. Il m'est arrivé, mais très rarement, de changer le nom de quelques personnes quand cela paraissait préférable, d'ordinaire ceux d'amis encore actifs sur une scène que la plupart ont quittée[1]. « Von » est abrégé en « v. » tout au long du livre.

L'auteur d'un livre comme le mien a d'énormes dettes, éternelles, et si j'omets de remercier tous ceux qui le méritent, ce n'est pas par oubli ou ingratitude. Je suis grandement redevable à mon vieil ami Elmer v. Klobusicky ; à la famille Meran, aujourd'hui comme hier ; à Alexandre Mourouzi et Constantin Soutzo. J'aimerais aussi remercier Steven Runciman pour ses paroles d'encouragement après le premier volume, Dimitri Obolensky pour ses sages conseils au cours de celui-ci, ainsi que David Sylvester, Bruce Chatwin, Niko Vasilakis, Eva Bekássy v. Gescher et, comme toujours, John Craxton. Mille remerciements rétrospectifs, aussi, à Balaşa Cantacuzène pour m'avoir aidé à traduire *Mioritza*, il y a bien longtemps en Moldavie. Quant à la dette que j'ai envers Rudolf Fischer, elle est insondable. Sa culture encyclopédique, son enthousiasme austère n'ont pas cessé de m'enchanter et de me stimuler tout au long de la composition de l'ouvrage ; sa vigilance m'a épargné bien des erreurs, et j'ai l'impression que celles qui restent résultent du fait que je n'ai pas suivi tous ses avis.

Mille mercis à Stella Gordon pour son flair et sa patience, dignes d'un Champollion ou d'un Ventris, dans le déchiffrement d'une écriture illisible.

Enfin, mes remerciements fervents à Barbara et Niko Ghika (ce livre leur est dédié) pour les nombreuses semaines passées parmi les loggias et les hirondelles de Corfou ; à Janetta et Jaime Parladé qui me prêtèrent leur asile haut perché de Tramores en Andalousie ; à Debo et

1. Il faut se souvenir qu'on devait naguère se montrer prudent et ne pas citer inconsidérément les noms de ses amis à l'Est (*N.d.A.*, 1992).

Andrew Devonshire pour des sessions fébriles de révision dans le Nord ; à Jock et Diana Murray pour leur patience d'éditeurs et pour m'avoir abrité durant la dernière phase ; enfin, cher Xan, à Magouche et à toi pour de fructueuses périodes d'isolement, cloîtré dans la Serrania de Ronda.

Kardamyli, 11 février 1986.

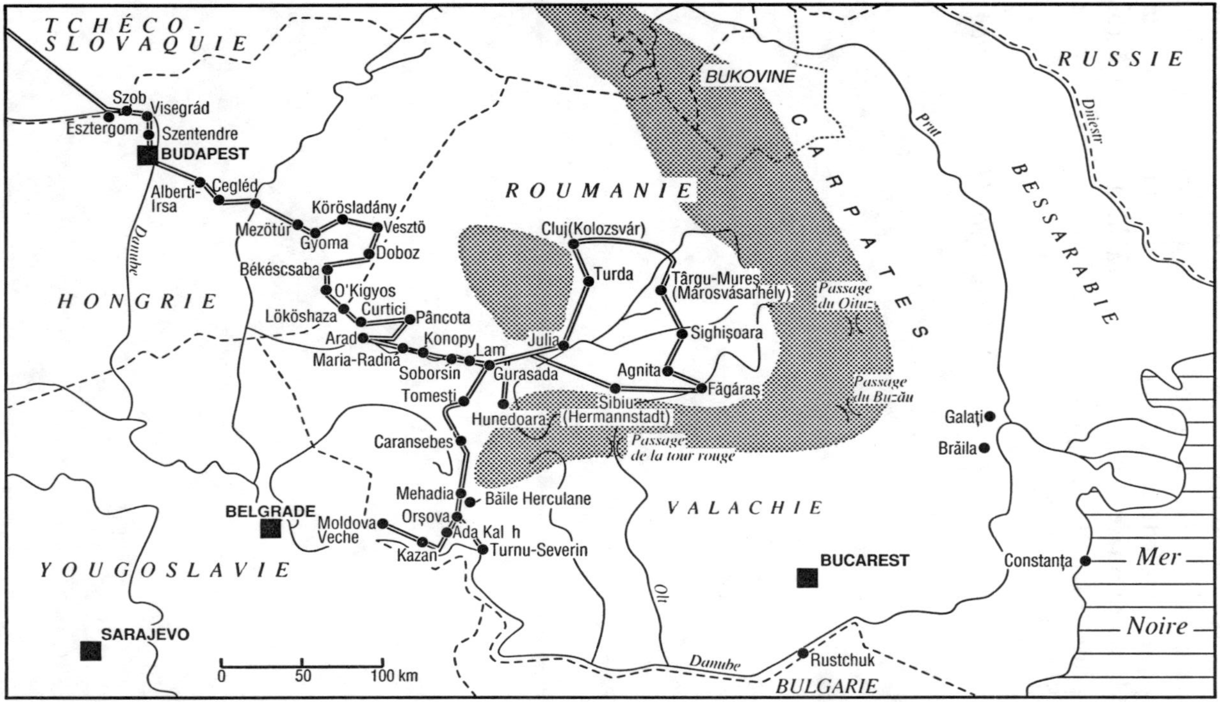
TCHÉCO-
SLOVAQUIE
RUSSIE
BUKOVINE
CARPATES
BESSARABIE
Dniestr
Prut
ROUMANIE
HONGRIE
YOUGOSLAVIE
VALACHIE
BULGARIE
Mer
Noire
Danube
Olt
Szob
Visegrád
Esztergom
Szentendre
BUDAPEST
Cegléd
Alberti-
Irsa
Körösladány
Mezötúr
Gyoma
Vesztö
Doboz
Békéscsaba
O'Kigyos
Lököshaza
Curtici
Pâncota
Arad
Konopy
Maria-Radna
Lam
Soborsin
Gurasada
Tomesti
Julia
Cluj(Kolozsvár)
Turda
Târgu-Mureș
(Marosvásarhély)
Sighișoara
Agnita
Făgăraș
Sibiu
(Hermannstadt)
Hunedoara
Caransebes
Mehadia
Băile Herculane
Orșova
Ada Kal h
Turnu-Severin
Moldova
Veche
Kazan
BELGRADE
SARAJEVO
BUCAREST
Galați
Brăila
Constanța
Rustchuk
Passage
du Oituz
Passage
du Buzău
Passage
de la tour rouge
0
50
100 km

CHAPITRE PREMIER

Je passe le pont

Peut-être m'étais-je trop longtemps arrêté sur le pont. Les ombres s'assemblaient sur les rives slovaque et hongroise, tandis que le Danube au cours rapide et pâle lavait les quais de la vieille ville d'Esztergom, avec sa colline raide qui dressait la basilique dans la brune. Le grand dôme posé sur son anneau de colonnes et les deux clochers palladiens, dont les cloches se faisaient plus pressantes, dominaient le panorama assombri sur des lieues. D'un seul coup, le quai et le raidillon passant devant le palais de l'archevêché se trouvèrent désertés. Le poste frontière était à l'extrémité du pont et je me hâtais d'entrer en Hongrie : ceux qu'avait réunis le Samedi saint au bord de l'eau s'étaient rendus place de la Cathédrale où je les retrouvai se promenant sous les arbres ou bavardant en petits groupes fébriles. Les toits tombaient à nos pieds, puis la forêt, le fleuve et les marais s'élançaient, imprécis, jusqu'au bout du crépuscule.

Ma poche renfermait la lettre d'un ami adressée au maire d'Esztergom : « Veuillez être gentil avec ce jeune homme qui se rend à pied à Constantinople. » J'avais l'intention d'aller le trouver le lendemain et demandai en attendant où se situait son bureau quand, à ma plus grande confusion, on me conduisit jusqu'au noble personnage lui-même. Il était entouré des magnats aux merveilleux costumes que j'avais tout à l'heure admirés près du Danube. Sa physionomie resta polie et intriguée comme je m'efforçais de lui expliquer que j'étais le clochard qu'on lui avait annoncé ; soudain, l'illumination se fit et, après une rapide conversation, de toute évidence comique, avec l'un des magnifiques personnages, il me remit entre ses mains avant de traverser la place pour vaquer à des tâches plus urgentes. La mission fut acceptée avec un air amusé ; on avait dû me confier à ce mentor à cause de son excellent anglais. Son costume de gala était sombre et splendide ; il portait nonchalamment un cimeterre dans le pli de son bras et un monocle sans bordure étincelait sur son œil gauche.

A cet instant précis, tous les yeux se tournèrent vers le bas de la colline. Le piétinement des sabots et les grelots des harnais avaient ramené le maire devant les marches du parvis, recouvertes d'un tapis rouge. Le clergé et les porteurs de cierges étaient cérémonieusement assemblés et, quand la voiture s'arrêta, une silhouette écarlate se déplia à l'intérieur. Le cardinal, Monsignor Serédy, qui était aussi archevêque d'Esztergom et prince-primat de Hongrie, mit lentement pied à terre avant d'offrir sa main et son anneau à l'assemblée ; chacun, tour à tour, fléchit le genou. Sa suite lui emboîta le pas à l'intérieur du vaste édifice ; puis un bedeau conduisit le groupe du maire vers les premiers bancs, drapés d'écarlate. Je fis mine de me glisser à quelque endroit plus humble, mais mon guide se montra ferme :

— Vous verrez beaucoup mieux d'ici.

Le Samedi saint avait à moitié rempli la vaste cathédrale et je pouvais repérer bon nombre des personnages tout à l'heure visibles le long du fleuve : les bourgeois endimanchés, les paysans bottés et vêtus de noir, les filles aux coiffes compliquées, avec leurs jupes de couleur, leurs manches blanches plissées et raidies de broderies, celles-là même qui se hâtaient de franchir le pont, chargées de petits bouquets de lys, de narcisses et de boutons d'or. Il y avait des dominicains blancs et noirs, plusieurs religieuses et un saupoudrage d'uniformes, et, près du grand portail, une bande de Bohémiennes aux teintes contrastées se penchait en chuchotant, les mains sur les hanches. On se serait à peine étonné de voir l'un de leurs ours entrer d'un pas maladroit, tremper la patte dans un bénitier baroque dont la forme évoquait un murex géant, et s'agenouiller.

Comme nous étions loin de l'atmosphère fantomatique de Ténèbres deux nuits plus tôt ! Alors les ombres, à mesure qu'on soufflait les cierges sur leurs pointes, s'étaient avancées pas à pas jusqu'à engloutir la petite église slovaque. A présent la lumière emplissait le vaste édifice, de nouvelles constellations de chandelles flottaient dans toutes les chapelles des bas-côtés, le cierge pascal scintillait dans le chœur, et des étoiles fixes couronnaient les grands cierges, aussi hauts que des lances, qui couraient le long du maître-autel. Le rouge des premiers bancs excepté, la cathédrale, le clergé, l'officiant, ses diacres et tous leurs acolytes étaient en blanc. L'archevêque, désormais blanc et or, tout à fait métamorphosé après son apparition dans la pourpre cardinalice, trônait sous un dais chargé d'armoiries, et les membres de sa petite cour étaient devant lui, perchés par petits groupes sur les marches. Tout en bas se trouvait le responsable de la lourde crosse et, derrière, celui qui était chargé de soulever la grande mitre blanche ou de la replacer en fonction du rituel, en arrangeant à chaque fois les traînes sur les épaules ornées du *pallium.* Au premier rang de la nef, cependant, l'élégance quasi martiale des magnats en rangs serrés — les pourpoints chamarrés de soie, de brocart et de fourrure, les chaînes d'or et d'argent, les bottes de Hesse bleues, écarlates et turquoise, les éperons dorés, les *kalpaks* en peau d'ours avec leurs broches de diamants et les hauts panaches d'aigrette, d'aigle ou de grue — rivalisait à merveille avec la splendeur ecclésiastique, comme les costumes de *L'Enterrement du comte d'Orgaz ;* et c'était le costume noir — celui de mon nouvel ami, comme l'armure des chevaliers peints à Tolède — qui était le plus impressionnant. Ces cimeterres déposés dans les bancs, avec leurs gardes d'or et d'ivoire, leurs fourreaux de théâtre constellés de pierreries, descendaient sûrement des guerres turques. Quand leurs propriétaires se levèrent dans un cliquetis pour le *Credo,* l'une des épées tomba sur le marbre avec fracas. Dans les anciens combats à travers la *puszta,* c'étaient des lames comme celles-ci qui avaient fait tourbillonner les têtes turques au grand galop ; les têtes hongroises aussi, bien sûr...

Bientôt, après un instant de silence, des brassées de tuyaux d'orgue entonnèrent, ciselèrent leur message de résurrection. Des dizaines de voix jaillirent du chœur, les *Alleluias* prirent leur essor, le cumulus d'encens s'enroulant autour des feuilles d'acanthe sculptées alla se perdre dans les ombres du dôme, cependant que de nouvelles cérémonies se préparaient. Précédée du crucifix, l'avant-garde du clergé et des acolytes hérissée de cierges avait déjà à moitié descendu la nef. Suivait un dais surmontant l'ostensoir du saint sacrement ; puis l'archevêque ; le maire ; le plus âgé, le plus chenu des magnats, boitillant et lourdement appuyé sur sa canne de malacca ; tout le monde enfin. Stimulé par une bourrade amicale, je me joignis au lent courant et bientôt, comme poussés à travers les portes par la fumée et les sons, nous étions tous dehors.

L'énorme lune étant quasi pleine, à un jour près, il faisait presque aussi clair qu'en plein jour. La procession avait descendu les marches et s'éloignait lentement ; mais sitôt que l'orchestre impatient nous eut emboîté le pas en commençant les premières mesures d'une marche lente, les notes se trouvèrent instantanément noyées. Des roues grinçaient au-dessus de nous, des planches gémissaient, et le fracas de carillons délirants et divers envahit la nuit ; c'est alors, entre ces sons de bronze, qu'un autre bruit, comme d'applaudissements obstinés, nous incita à lever la tête. Une heure ou deux auparavant, deux grues, fatiguées par leur voyage, avaient atterri sur un nid échevelé sous l'un des clochers, et tous les avaient regardées s'installer. A présent, alarmées par le vacarme, le col allongé, elles repartaient à tire-d'aile, laissant traîner leurs pattes rouges. Des plumes noires s'ouvrirent le long de leurs immenses pignons blancs, puis des battements d'aile lents et réguliers les élevèrent au-dessus du feuillage des marronniers, et dans le ciel où nous les suivions du regard.

— Elles ont bien choisi leur nuit pour s'installer ! remarqua mon voisin comme nous avancions côte à côte.

Il n'y avait de lumière dans la ville que les flammes de milliers de bougies fichées sur les rebords de fenêtre, et celles qui scintillaient au creux des mains de la foule en attente. Les hommes étaient nu-tête, les femmes en foulards, et le rougeoiement de leurs paumes ouvertes inversait le clair-obscur du jour, en soulignant la ligne des mâchoires et des narines, arrondissant des croissants de lumière sous leurs sourcils et laissant tout le reste, ces masques brillants exceptés, noyé dans l'ombre. Sous leurs silencieuses frondaisons de flammèches, les rues se suivaient l'une l'autre, et chacun s'agenouillait quand la procession arrivait à son niveau, pour se relever quelques secondes après son passage. Nous nous retrouvâmes ensuite sous des rangées de peupliers scintillants. La musique solennelle s'interrompait de temps en temps. Entre les cantiques, le cliquetis des encensoirs et le choc de l'embout de la crosse épiscopale sur les pavés s'associaient aux coassements de millions de grenouilles. Réveillées par les cloches et la musique, les cigognes de la ville passaient et repassaient au-dessus de nos têtes en considérant notre petit cortège de lumignons qui faisait demi-tour pour regagner la basilique. L'intensité de l'heure, les chants, les cierges et l'encens, ce sentiment printanier, les oiseaux tournoyant, l'odeur des champs, les cloches, le chœur venu des ajoncs, les ombres minces et l'irréel de la lune sur les bois et le flot argenté — tout cela conférait à la nuit un charme de grande puissance et bienveillance.

Quand tout fut fini, chacun reparut sur le parvis. La voiture attendait ; et l'archevêque, de nouveau revêtu de ses robes cardinalices et de l'ample mantille d'hermine qui montrait qu'il était un prince temporel aussi bien qu'ecclésiastique, y remonta lentement. Son aide de camp, le chapelain pourvu d'un pince-nez et d'une pomme d'Adam proéminente et le postillon en uniforme de hussard rassemblaient sa traîne, mètre après mètre, comme des pêcheurs un filet, jusqu'à ce que la voiture fût pleine de soie moirée couleur de géranium. Le chapelain monta ensuite pour s'asseoir face à lui, puis l'aide de camp, droit comme un *i*, les mains gantées de noir posées sur la garde de son cimeterre. Le postillon replia le marchepied, un petit valet de pied sous un bonnet à poil claqua la porte armoriée avec son chapeau à houppes, et une fois qu'ils eurent tous deux sauté derrière, le cocher coiffé lui aussi de fourrure secoua les rênes, les plumets d'autruche s'agitèrent et les quatre chevaux gris s'ébranlèrent. Tandis que l'équipage abordait la pente, les applaudissements fusèrent à travers la foule, tous les chapeaux se levèrent et l'on vit osciller une main pastorale et bénissante, l'anneau brillant sur le gant rouge.

Sur le parvis, au clair de lune, c'étaient des embrassades générales, des échanges de vœux de joyeuses Pâques, des baisers sur les mains et les joues. Les hommes remettaient leurs chapeaux de fourrure, rajustaient l'inclinaison de leurs dolmans et, après tout ce latin, les flots joyeux et dactyliques du magyar se déversaient à nouveau.

— Voyons ce que deviennent ces oiseaux, fit mon mentor, en polissant son monocle à l'aide d'un foulard de soie.

D'un pas nonchalant, il s'avança jusqu'au bord des marches, s'appuya sur son épée comme sur une canne, et scruta la nuit. Les deux becs pointaient côte à côte hors des ramilles et nous pouvions tout juste deviner les oiseaux réinstallés et dormant à poings fermés dans les ombres.

— Parfait ! reprit-il. Ils roupillent bien.

Nous rejoignîmes les autres, et il tendit son étui à cigarettes à la ronde, s'en choisit une avec soin qu'il tapota sur l'or bosselé. Les trois plumes, brève pyramide, vacillèrent autour de la flamme du briquet avant de se désunir. Il aspira longuement, retint la bouffée quelques secondes puis relâcha lentement la fumée sous le clair de lune, dans un grand soupir.

— Cela faisait longtemps que j'attendais ce moment. C'est la première depuis le Mardi gras.

La soirée se termina par un souper chez le maire avec du *barack* pour commencer, des flots de vin tout au long, du tokay enfin, et une brume finit par entourer ces silhouettes superbement vêtues. Après quoi le maire m'expliqua, tout confus, que la maison étant pleine, on m'avait trouvé une chambre chez un voisin. Pas question que je débourse un liard ! Le lendemain, sobrement habillé de tweed et d'un pull à col roulé, mon ami amoureux des cigognes vint me chercher dans une impétueuse Bugatti, et seule la présence du sabre parmi ses bagages sur la banquette arrière évoquait les splendeurs de la nuit passée. Nous allâmes visiter les tableaux du palais de l'archevêché ; ensuite, pourquoi ne pas monter dans sa voiture ? Nous serions à Budapest en un rien de temps ; mais je restai fidèle à ma règle, à contrecœur — pas d'auto-stop, sauf par mauvais temps —, et nous fixâmes un rendez-vous dans la capitale. Il partit sur les chapeaux de roue en agitant la main et, à mon tour, les salutations faites chez le maire, je rassemblai mes affaires et m'en fus. Je n'arrêtais pas de me demander si la Hongrie tout entière ressemblerait à cela.

Depuis le chemin grimpant à la lisière des bois, des regards jetés en arrière révélaient des marais et des arbres, une terre gaste de hauts ajoncs, et le grand fleuve qui se scindait et se recomposait nonchalamment autour d'une succession d'îlots. J'apercevais la sauvagine qui s'élançait, tournoyait comme une averse de grains, ridait la lagune d'innombrables jets d'eau en se reposant. Puis une éminence me les dissimula. Des contreforts abrupts s'élevaient de l'autre côté, des collines moins hautes se succédaient l'une l'autre vers l'aval, et la toison des cimes d'arbres s'effaçait devant des falaises de calcaire et de porphyre, accentuant la vitesse et la verte profondeur du fleuve là où elles se rapprochaient.

De temps à autre, un village apparaissait en contrebas, où les cigognes étaient perchées sur une patte parmi les brindilles de vieux nids sur le chaume et les cheminées. Je saisissais des claquements d'aile affolés quand elles prenaient leur essor et, lorsqu'elles étaient à la hauteur des cimes et passaient le fleuve pour entrer en Slovaquie, les rayons de soleil soulignaient la face supérieure de leurs ailes ; puis elles s'inclinaient et faisaient demi-tour vers la Hongrie, et c'est à peine si une de leurs plumes bougeait. Atterrissant le bec plein de brindilles, elles avançaient le long des toits en étendant leurs rémiges noires comme les funambules se servent de leurs doigts pour garder l'équilibre. Oiseaux sans voix, elles improvisent un étrange chant d'amour en se renversant en arrière, en ouvrant et fermant leurs becs écarlates dans un claquement précipité, tel des bâtons entrechoqués : une douzaine de flirts dans l'un de ces hameaux du bord de l'eau évoquait un concert de castagnettes. Emportées par de soudains transports, elles bondissaient de quelques mètres dans l'air et se reposaient à la débandade en glissant dangereusement sur le chaume. Leur merveilleuse procession s'était étendue sur des milles dans le ciel la nuit précédente ; à présent, on les voyait partout mais, pendant toutes les semaines suivantes, je ne m'en lassai pas ; leur bizarre et stimulante crécelle fournit le thème essentiel du voyage, et le charme dont elles paraient les régions ultérieures dura jusqu'au mois d'août dans les montagnes bulgares, où je regardai finalement s'évanouir une armée d'entre elles à l'horizon, sur le chemin de l'Afrique.

C'était le 1er avril 1934 et le jour de Pâques ; deux jours après la pleine lune, onze après l'équinoxe, quarante-sept après mon dix-neuvième anniversaire et j'étais parti depuis cent onze jours, mais il n'y avait pas vingt-quatre heures que j'avais passé la frontière. L'autre rive restait slovaque, mais un ou deux milles plus loin, un affluent se faufila entre les collines du nord, et les toits de tuiles, les clochers de la petite ville de Szob, marquèrent le point de rencontre des deux rivières. La frontière alla se perdre au nord de cette vallée et, pour la première fois, les deux rives du Danube se trouvèrent hongroises.

Pendant la plus grande partie du voyage, la neige avait recouvert le paysage, orné de stalactites et souvent voilé par la chute des flocons. Elle ne subsistait plus que par lambeaux décolorés, et la glace du Danube s'était disloquée. Lorsqu'elle est encore solide, le dégel y provoque des successions de coups de tonnerre. J'étais trop loin en aval pour avoir entendu les plaques immenses se scinder, mais voici que l'eau était tout à coup encombrée de fragments intrépides, parfois agglutinés. Il n'était pas question de rester à leur hauteur : triangles et polygones me dépassaient à toute allure en jouant des coudes, leurs arêtes devenaient de plus en plus imprécises chaque jour et ils s'entrechoquaient de moins en moins rudement, jusqu'à ce qu'ils fussent aussi minces qu'une gaufrette ; un beau matin, ils disparurent. C'étaient là des présages de douceur, semblait-il. Quand le soleil acquiert sa force maximale, les neiges éternelles, les glaciers des Alpes et les sommets enneigés des Carpates paraissent inchangés de loin ; en s'approchant, on pourrait croire que le cœur glacé de l'Europe tout entière se dissout. Des milliers de ruisselets dégringolent, tous les ruisseaux débordent et le fleuve lui-même prend ses aises, inonde les champs, noie bétail et troupeaux, déracine les meules et les arbres, et les emporte en tourbillonnant jusqu'à ce que tous les ponts, les plus hauts et les plus forts mis à part, soient endommagés par le bois flotté, voire rompus.

Le coup de pistolet du starter avait donné le départ au printemps. Les chants d'oiseaux éclataient avec frénésie, une fièvre de construction s'installait et du jour au lendemain les hirondelles et les martinets planaient de toutes parts. Ces derniers remettaient à neuf leurs vieux quartiers, les lézards fusaient sur les pierres, les nids se multipliaient dans les roseaux, les bancs de poissons abondaient et les grenouilles, plongeant à l'approche de l'intrus, refaisaient bien vite surface et paraissaient renforcées d'heure en heure par mille nouvelles voix ; grâce à elles les héronnières restaient vides tout au long du jour. Leurs occupants volaient bas, pataugeaient entre les feuilles d'iris d'un pas saccadé et volontaire, ou restaient immobiles comme une plante, attentifs et posés sur une patte, telles des cigognes. Les iris des marais encombraient les bras morts, d'épaisses tiges soulevaient d'énormes soucis d'eau au milieu des feuilles des nénuphars roses et blancs qui se repliaient au crépuscule.

Entre la rive et les falaises d'un rouge mauve, les trembles et les peupliers s'effilaient, s'épanouissaient en une scintillante nuée, et les saules, qui trempaient dans l'eau leurs racines, s'arquaient au-dessus des courants rapides. Les goulets resserrés contraignaient les flots jaunes, les plissaient, provoquaient des tourbillons et révélaient à mes yeux naguère exercés des commotions sous-marines traduites par ces lents cerceaux ébouriffés.

La route grimpait et j'avais peine à croire, à mesure que s'écoulait cette chaude après-midi, que la terre quasi mythique de Hongrie m'entourait enfin ; ce qui ne veut pas dire que cette région, les collines Pilis, correspondît le moins du monde à mon attente. Quand la côte eut fait disparaître le Danube à ma vue, collines et bois avalèrent le sentier ; les rayons de soleil filtraient, obliques, à travers les jeunes rameaux de chêne. Tout respirait la fougère et la mousse, des vapeurs de noisetiers et de hêtres se dissipaient et le chemin, feutré de feuilles pourries, serpentait entre de grands arbres sertis de lichen, aux pieds fleuris de violettes sauvages et de primevères. Quand les bois s'écartaient sur un ou deux milles, des prés abrupts s'élançaient de part et d'autre vers des crêtes assombries par quelques bosquets téméraires, tandis que des cours d'eau emplumés de cresson dévalaient, rapides et clairs, la vallée. J'en traversais un grâce à des pierres de gué quand j'entendis des bêlements et des cloches sonner ; puis ce furent des aboiements, mais le berger rappela les trois démons qui dégringolaient vers moi en retroussant les babines. Ses moutons s'enfonçaient jusqu'au ventre dans un banc de marguerites ; les brebis avaient sans doute mis bas vers Noël et certaines étaient déjà tondues. J'étais en manches de chemise depuis plusieurs jours, mais les épaules du berger portaient encore un manteau de peau de mouton qui lui descendait jusqu'aux chevilles ; les paysans sont longs à se défaire de leurs hardes. Je hurlai « *Jó estét kivánok !* » — cela représentait le quart de mes réserves de hongrois — et un bonsoir identique me parvint, accompagné d'un lever cérémonieux du chapeau noir à bords étroits. (Dès mes premières rencontres avec des Hongrois en Slovaquie méridionale, j'avais souhaité porter quelque couvre-chef pour répondre à ces saluts courtois.) Son troupeau n'était plus qu'une masse imprécise de taches blanches et de clochettes distantes quand j'arrivai en vue d'un autre troupeau. Une bande de daims encore sans ramures broutait à la lisière de la forêt dans la vallée. Le soleil se couchait de l'autre côté et donnait à leurs ombres sur la pente d'énormes dimensions : le bruit d'un de mes pas dans l'air tranquille leur fit lever la tête en même temps et rester en alerte jusqu'à ce que je disparaisse.

Je songeais à coucher à la belle étoile, et ces moutons tondus m'y décidèrent : le vent était si doux qu'on voyait à peine bouger une feuille. Ma première tentative, deux nuits plus tôt en Slovaquie, s'était soldée par une brève détention car on m'avait soupçonné de contrebande ; mais rien de plus tranquille que ces bois, qui dominaient de haut les risques de la frontière.

Je déambulais à la recherche d'un coin abrité quand j'aperçus un feu de camp dans la brune, à l'autre extrémité d'une clairière où les corbeaux se couchaient bruyamment. Dans une ouverture de la forêt, sous un chêne immense, on avait dressé un enclos de pieux et de broussailles qu'un porcher finissait d'arrimer avec un pieu en nouant solidement un brin d'osier, pendant que les cochons noirs frisés et hirsutes cherchaient à grand bruit un espace vital à l'intérieur. La hutte voisine était couverte de roseaux et, quand je rejoignis les deux porchers, tous deux levèrent un visage intrigué à la lueur du feu : qui étais-je et d'où venais-je ? Les réponses — « *Angol* » et « *Angolország* » — ne signifiaient pas grand-chose pour eux, mais leurs visages se déridèrent avec l'apparition d'une bouteille de *barack,* butin d'adieu offert par mes amis d'Esztergom : on me trouva un troisième tabouret.

Ils portaient des capes d'une matière laineuse et grossière aussi dure que de la ratine. En place de bâtons ou de houlettes ils serraient des pieux de bois effilés, polis par des manipulations répétées et couronnés de petites haches, et ils avaient aux pieds les mocassins que j'avais vus pour la première fois chez les Slovaques de Bratislava : de pâles canoës de cuir brut au bout retroussé, maintenus tout autour par des lanières qui revenaient encercler leurs jambes matelassées jusqu'à mi-mollet ;

leurs pieds passaient tout l'hiver à l'intérieur jusqu'au premier coucou.

Le plus jeune était un garçon à l'air sauvage, ébouriffé, aux yeux fixes. Il connaissait dix mots d'allemand environ que lui avaient appris les « Schwobs » des villages environnants (c'est ainsi qu'on appelait les Souabes installés dans les parages), et son rire était communicatif, un peu fou. Son père à tête blanche ne parlait que le magyar, et je vis ses yeux, profondément enfoncés dans leurs rides, perdre peu à peu toute méfiance à mesure qu'il engloutissait la bouteille. J'arrivai tout juste à comprendre que les daims, figurés par les doigts tendus de mes interlocuteurs en lieu et place de leurs bois absents, appartenaient à un *föherceg* (cela veut dire un archiduc, je l'appris par la suite). Continuant à s'exprimer par signes, le jeune porcher se mit à grogner, grimaça férocement en repliant ses index pour représenter les défenses des sangliers sauvages tapis dans les fourrés des environs ; puis il simula des spirales, qui ne pouvaient désigner que des mouflons. Le langage imagé se fit encore plus rude quand il mima d'un air jovial la manière dont les sangliers sauvages faisaient irruption dans les enclos pour recouvrir les truies apprivoisées, engendrant des portées hétérogènes. Je contribuai par quelques œufs durs à leur délicieux dîner de porc fumé ; ils le saupoudrèrent de paprika et nous l'accompagnâmes de pain noir, d'oignon et d'un fromage quasi fossilisé.

Les porchers avaient nom Bálint et Géza, noms dont je me suis souvenu parce qu'ils sonnaient si bizarrement, entendus pour la première fois. A la lueur du feu mes hôtes ressemblaient à des contemporains du *Domesday Book*, et c'est une corne à boire que nous aurions dû échanger plutôt que ma bouteille anachronique. Nous défiant du langage, nous ne communiquions plus que par un rire irrépressible lorsqu'elle se trouva vide. Quelque échange primitif avait rompu toutes les digues, secondé par l'alcool et la joie communicative du garçon. Le feu allait s'éteindre et l'ombre se métamorphosait : la lune, qui paraissait à peine moins ronde que la veille, faisait l'ascension des branches.

Leur étouffante tanière n'était pas très spacieuse ; comprenant que je voulais dormir à l'extérieur, ils étendirent des broussailles à l'ombre d'une meule. Le vieil homme posa la main sur l'herbe, puis l'étendit sur la mienne d'un air compatissant : elle était trempée de rosée. Il fit mine de s'emmitoufler et je revêtis tout ce que je possédais tandis qu'ils se pieutaient à l'intérieur.

Les bonsoirs échangés, je restai à observer la lune. Les ombres des arbres figuraient des morceaux d'étoffe découpés dans la clairière. Les hiboux s'interpellaient aux alentours et des grognements endormis me parvenaient depuis les porcheries, suscités par des rêves peut-être, ou par l'indigestion, et de temps à autre un cochon, éveillé au milieu de la nuit par un petit creux nocturne, mâchonnait dans une béatitude à moitié liquéfiée.

Il faisait encore nuit quand nous nous levâmes, comme prévu recouverts de rosée et, tandis que nous mangions notre pain et notre fromage, Bálint, l'aîné, alla ouvrir l'enclos. Aussitôt, les cochons se ruèrent à l'extérieur en un piétinement hystérique avant de s'atteler plus calmement à leur fouissage quotidien parmi les glands et les graines de bouleaux enfoncés sous les branches. Pour me mettre sur le droit chemin, Géza me guida dans les bois, en sifflotant, en balançant son grand tomahawk qu'il jetait en l'air et rattrapait au-dessus des fougères ; lorsqu'il m'eut quitté, je continuai seul pendant deux heures au clair de lune et me retrouvai au lever du jour parmi les ruines d'un immense château envahies par les arbres. La forêt dégringolait abruptement sur un millier de pieds et, tout en bas, entre ses montagnes feuillues, la vallée du Danube serpentait d'est en ouest. Elle obliquait vers le sud sous les créneaux, avant de repartir vers l'ouest un mille plus loin, toujours engoncée dans l'ombre, et se perdait enfin dans de nouveaux massifs forestiers. Le sentier pentu longeait un mur de fortification bordé d'enclaves de hêtres et de noisetiers, pour s'aplanir devant une grosse tour juchée sur son éminence ; je parvins enfin à Visegrád [1] par un ultime chemin boueux.

On m'avait déjà parlé de ce château.

Les Magyars, sauvages envahisseurs païens, s'étaient d'abord installés en Europe centrale à la fin du neuvième siècle. Quatre cents ans plus tard — ils étaient devenus respectables depuis au moins trois siècles —, leur pays comptait au nombre des grands royaumes chrétiens, et les Arpád qui y régnaient, une vieille dynastie à présent de rois-guerriers, de législateurs, de croisés et de saints, étaient alliés à la plupart des grandes maisons de la chrétienté ; le roi Béla IV, le frère de sainte Élisabeth, devait être le plus capable d'entre eux. Il régna à un moment difficile. Dans les décennies précédentes, Gengis Khan et ses successeurs avaient ravagé l'Asie depuis la mer de Chine jusqu'à l'Ukraine, et c'est au printemps de 1241 que les nouvelles d'un danger immense atteignirent la Hongrie : après avoir incendié Kiev, le petit-fils de Gengis Khan, Batu, faisait route vers les passes orientales. Béla s'efforça de préparer des défenses, mais la ruée des Mongols à travers les Carpates fut si rapide qu'elle surprit et décima les indolents seigneurs magyars avant de se répandre sur toute la Grande Plaine, où ils écumèrent et brûlèrent les bourgs tout l'été. Après avoir promis la vie sauve aux paysans s'ils rentraient la récolte, ils les massacrèrent à l'automne dès qu'elle fut bien engrangée ;

1. Si j'étais passé par là seulement quelques mois plus tard, j'aurais assisté à l'excavation des premiers fragments du palais du roi Mathias. Je les ai vus depuis : ces magnifiques ruines renaissantes donnent une idée précise de l'état de la Hongrie royale avant la conquête turque.

puis, franchissant le fleuve gelé le jour de Noël, ils se dirigèrent vers l'ouest. Quelques villes durent d'être indemnes à leurs murailles ou aux marais environnants, mais Esztergom fut réduite en cendres et la plupart des autres connurent bien vite le même sort, cependant que les habitants étaient exterminés ou réduits en esclavage.

Puis il y eut une pause soudaine. Des messagers étaient parvenus au camp mongol avec la nouvelle qu'à cinq mille milles de là, à Karakorum, le successeur de Gengis Khan, Ogoday, était mort ; d'un seul coup, sur les marches de Sibérie et au-delà de la Grande Muraille, dans les royaumes ruinés du califat, au milieu de la dévastation de Cracovie et de Sandomir, dans les pinèdes moraves et les restes fumants des villes magyares, les princes sauvages tournèrent leurs visages enfantins aux yeux bridés vers la Tartarie chinoise : la course pour le trône allait commencer. Vers la mi-mars, ils avaient tous disparu. Béla, quittant l'île dalmate où il s'était réfugié, trouva son royaume en ruine. La mort et la captivité avaient réduit la population de moitié et les survivants n'émergeaient encore que prudemment des bois. Sa tâche ressemblait assez à la fondation d'un nouveau royaume, et son premier souci fut de le protéger des Mongols. D'où le château que j'arpentais à Visegrád. Cette formidable place forte commença de s'élever, suivie de beaucoup d'autres ; le jour où les Mongols revinrent, on les repoussa.

On entendait autant d'allemand que de magyar sur le quai à moitié éveillé de Visegrád, car les locuteurs étaient les Souabes dont m'avait parlé Géza. Lors de l'éviction des Turcs, des milliers de familles paysannes d'Allemagne du Sud étaient montées dans des bateaux à fond plat pour quitter les villes du Haut-Danube, et notamment Ulm ; ces émigrants avaient descendu le courant pour atterrir sur les berges dépeuplées où ils s'étaient installés pour de bon. Selon la tradition, leur langue et leurs costumes de cérémonie restaient inchangés depuis l'époque de Marie-Thérèse sous laquelle ils étaient arrivés. Sans doute y avait-il eu un grand mélange de races, mais, comme j'apercevais des gens assez obligeants pour avoir les cheveux blonds ou d'un noir de jais, je me dis — probablement à tort — que je pouvais distinguer le type allemand et le type hongrois.

Quand le sentier longeant le Danube tourna vers l'est, une matinée rayonnante inonda la vallée. Bientôt la pointe d'une île effilée, emplumée de saules et zébrée de champs de jeunes blés, divisa le fleuve en deux. Des filets tombaient en arceaux d'une branche à l'autre, des barques de pêche étaient amarrées aux troncs des trembles, des peupliers, des saules, et des tiges couleur d'étain suscitaient une brume argentée et vert pâle contre les feuilles plus foncées des bois de la berge opposée. L'île suivit les méandres du fleuve pendant près de vingt milles. Un vapeur pimpant ridait le courant de temps en temps et, à mesure que le jour avança, la circulation des péniches, d'abord réduite, s'accrut.

Au bout d'une heure, cependant, le fleuve commença de se comporter d'une manière inédite depuis notre première rencontre sous la neige d'Ulm, onze semaines plus tôt. (Onze semaines seulement ! J'aurais cru que la moitié de ma vie s'était écoulée !) C'était une attitude qu'on ne lui connaissait pas du tout, en vérité, depuis que, jailli du monde souterrain, il était apparu dans le parc du prince Fürstenberg en Forêt-Noire. Car, après avoir décrit deux demi-cercles successifs, le Danube se dirigeait plein sud ; et il allait rester fidèle à cette direction, filant droit à travers la Hongrie sur cent quatre-vingts milles — de haut en bas d'une page d'atlas, en quelque sorte — jusqu'à ce qu'il oblique de nouveau et coule vers l'est sous les créneaux de Belgrade. L'heure était exceptionnelle.

En fin d'après-midi, à la hauteur de l'extrémité de l'île qui m'avait tenu compagnie tout le jour, j'atteignis Szentendre, une petite ville campagnarde et baroque, avec ses allées, ses rues pavées, ses toits de tuiles et ses clochers bulbeux. Les collines étaient plus basses, désormais ; des vignes et des vergers avaient remplacé les falaises et les forêts, et quelque chose dans l'atmosphère traduisait l'approche d'une grande ville. Les citadins descendaient des Serbes qui s'étaient enfuis devant les Turcs trois siècles plus tôt ; ils parlaient toujours serbe et adoraient Dieu dans la cathédrale grecque orthodoxe édifiée par leurs aïeux. *Griechisch Orientalisch* en allemand, il ne faut pas les confondre avec les uniates plus à l'est — *Griechisch Katholisch* — qui, bien qu'ils conservent le rite orthodoxe, reconnaissent la prééminence du pape. Tout cela, je l'appris plus tard, bien que l'icône en lieu et place du crucifix sur le mur de ma chambre eût dû éveiller mon attention.

CHAPITRE II

Budapest

Lorsqu'un rayon de soleil m'ouvrit une paupière en milieu de matinée, quelques jours plus tard, il me fut impossible de me rappeler où j'étais. Un arôme de café et de croissants flottait sous un plafond voûté ; le mobilier étincelait de cire et d'huile de coude ; des livres s'élevaient par centaines sur les murs et l'on avait négligemment jeté un smoking sur les bras d'un fauteuil dont la tapisserie représentait un lion héraldique bleu à la queue fourchue, à la langue écarlate. Un nœud papillon pendait au miroir, des escarpins étaient disséminés dans la pièce, le buste chiffonné d'une chemise amidonnée (on portait encore un plastron avec la cravate noire, à l'époque) gesticulait désespérément sur le tapis et des boutons de manchette empruntés y scintillaient. Le spectacle de tout ce plumage étranger, si éloigné du tas d'habits souillés par la route qui me tombait d'ordinaire sous les yeux au réveil, était une succession d'énigmes.

Puis, d'un seul coup, je me souvins. J'étais à Budapest.

La route de Szentendre jusqu'à la capitale a laissé peu de traces : un souvenir confus d'avenues pavées, le début des lignes de tramways, quelques rues pentues, de vastes aperçus sur le Danube et ses ponts, et la recherche anxieuse de la colline de Buda. La magnificence ultérieure, je la devais, après une ou deux haltes intermédiaires, aux amis balto-russes de Munich dont la gentillesse, ces dernières semaines, avait commencé de ponctuer mon rude itinéraire d'oasis de ce genre.

Je me retrouvais environné de barons, et ceux-ci habitaient sur la colline escarpée de Buda (le Vár ou citadelle) couronnée par son palais royal vide dominant la rive droite du fleuve. L'Uri utca — *die Herrengasse* en allemand —, rue sinueuse de fenêtres en surplomb, de toits de tuiles et de portes voûtées nanties d'armoiries, courait tout au long de la colline. Sans doute l'avait-on tracée peu après 1686, lorsque la ville fut reprise aux Turcs, et de sinistres caves turques traversaient les fondations de plusieurs maisons. Perché au-dessus du tumulte de la capitale, ce quartier patricien évoquait un peu la quiétude d'une ville campagnarde et les hôtels, habités par les mêmes familles depuis des générations, portaient le nom de palais X ou Y, y compris celui qui m'accueillait.

— Tout cela n'est que comédie, naturellement, disait mon hôtesse, dont l'éducation était essentiellement anglaise. Apparemment, nous avons une passion pour les noms ronflants, en Hongrie. Cette maison est tout bonnement une maison de ville.

Tibor et Berta avaient la quarantaine environ. Dûment prévenus, ils m'avaient pris sous leur aile avec une conscience à laquelle Esztergom aurait pu me préparer quelque peu ; la manière dont les Hongrois entendaient l'hospitalité tenait du miracle à répétition. Tibor était capitaine dans un régiment d'artilleurs à cheval et la bassesse de son rang — car il avait combattu pendant toute la guerre — résultait des dimensions minuscules de l'armée hongroise après le traité de Trianon. Aimée de tous, amusante, plutôt caustique et vite irritée par la bêtise, Berta était grande, avait du chien, portait en général un tailleur de tweed et une mèche blanche dans ses cheveux noirs. Son père, un *Graf* distingué — ou plutôt *gróf* en hongrois —, avait gouverné Fiume avant guerre et, tandis qu'elle me pilotait en ville dans sa petite voiture, elle me racontait de fascinantes histoires sur le monde disparu de Trieste, Fiume, Pola et la péninsule istrienne. Comme bien d'autres, la famille était plutôt gênée aux entournures désormais, et louait une partie de la maison ; mon hôtesse appartenait à plusieurs organisations, et était toujours occupée. Elle m'associa à certaines de ses activités, et je l'accompagnai dans ses courses combinées à des visites touristiques. Si elle prévoyait qu'elles seraient intéressantes ou amusantes, elle m'emmenait dans ses tournées de visites, et quand on annonça un bal deux jours plus tard dans une maison des environs, elle m'y fit inviter et entreprit de trouver le nécessaire dans la garde-robe de Tibor, puis dans celles de quelques voisins. Comme je lui demandais si elle irait, elle répondit en riant :

— Pas de danger ! Mais cela te plaira.

De fait, je m'y plus.

Le bal offrait tout ce que je pouvais désirer, et, comme Berta me le fit remarquer, il avait lieu dans un vrai palais ; dans l'escalier menant à la salle de bal, je sentis qu'on me tapotait le coude : c'était mon compagnon d'Esztergom, l'amoureux des cigognes, qui reprit vite son rôle de guide. Le bal se termina par des mélodies bohémiennes qui incitèrent plusieurs danseurs à se lancer dans des *csárdás*. Un jeune couple — le garçon posait les mains sur les hanches de la fille et celle-ci le tenait par les épaules — s'y jetèrent avec un brio et une impétuosité merveilleuse en faisant virevolter leurs cheveux comme des crinières de poneys. Quand tout fut fini, je m'entassai avec eux, l'ami d'Esztergom, sa superbe compagne, une fille appelée Annamaria à laquelle je m'étais attaché et plusieurs autres, dans deux voitures, et nous dévalâmes la côte, franchîmes le pont suspendu pour plonger dans une grotte étincelante, la boîte de nuit la plus magique que j'ai jamais vue. Le plancher de l'*Arizona* tournait-il vraiment sur lui-même ? On en avait bien l'impression, en tout cas. On vit un instant de neigeux destriers caracoler tout autour, en agitant leurs plumes : quelqu'un m'apprit qu'on avait déjà vu ici des chameaux, et même des éléphants... Un peu plus tard des acrobates étoilés commencèrent à voler dans l'atmosphère enfumée, suivis par des projecteurs tandis qu'ils se rejoignaient, faisaient des sauts périlleux, tournaient sur eux-mêmes, s'élançaient les bras grands ouverts pour recevoir dans les mains des anneaux lancés au bon moment depuis l'obscurité environnante ; enfin, juchés sur les biceps d'un titan constellé de pièces d'or, ils édifièrent une pagode humaine, s'élevèrent agilement de plus en plus haut d'une épaule à l'autre jusqu'à ce qu'on distingue au sommet, non loin du plafond, une silhouette gracile, enrubannée, au front étoilé, qui soufflait des baisers. Cette souriante compagnie de blonds me rappelait quelque chose... Soudain, je les reconnus : c'étaient mes vieux amis du temps de mes expéditions de dessinateurs viennois, nos bienfaiteurs indirects, à Konrad et à moi, les frères Koschka qui nous avaient valu une douzaine de *himbeergeist*[1] ! Ils étaient là sous mes yeux, en leur pyramidale présence, en leur apothéose étincelante ! (Leur affiche amicale — A CSODÁLATOS KOSCHKAK ! — ne cessa de me taper dans l'œil pendant le reste de mon séjour.) Nous allâmes encore boire un dernier verre dans une maison de la Werböczy utca, et quand Annamaria m'aida à regagner l'Uri utca voisine, nous n'étions plus vraiment capables d'attribuer nos ombres sur les pavés à la lune ou à l'aube.

Rien d'étonnant, donc, à ce que les reflets de la lumière de onze heures sur les flancs d'argent de la cafetière détonnassent comme un obus silencieux... La porte s'ouvrit à toute volée, livrant passage à un chien-loup noir qui bondit sur mon lit, suivi par son maître, Micky

1. Voir *Le Temps des offrandes*, p. 272.

(Miklós), le fils de mes hôtes, garçon plutôt turbulent et fort distrayant d'une quinzaine d'années, en tintinesque culotte de golf.

— Tiens, fit-il en me tendant d'une main un gobelet d'eau et un tube d'Alka Seltzer de l'autre. Ma mère dit que tu vas probablement en avoir besoin.

J'étais tombé dans une coterie de noctambules, et tels étaient les réveils qui ponctuèrent mon séjour à Budapest. La vie paraissait parfaite : des hôtes pleins de gentillesse et de tolérance ; de nouveaux amis éblouissants, beaux et resplendissants sur l'arrière-plan d'une ville captivante ; une nouvelle langue stimulante, des breuvages puissants et inédits, une nourriture aussi bonne qu'un délicieux feu de jardin, bref une atmosphère généralement sophistiquée et enthousiaste à laquelle on n'aurait su résister même si on l'avait voulu. Les charmes fameux de l'endroit me ravissaient, notamment certains repaires comme *Kakuk* (le Coucou) sur le versant de Buda où, aux petites heures de la nuit, une demi-douzaine de Bohémiens s'abattaient sur les clients tels de souriants corbeaux décidés à tout plonger dans leur musique si particulière. Mal jouée, elle peut devenir sirupeuse, évoquer un concert de vieilles casseroles, et il se peut que les airs ne soient pas authentiquement hongrois — Bartók et Kodaly maintiennent qu'ils sont d'origine bohémienne, et donc non magyars —, mais ils ont su abuser Liszt, et ils m'enchantaient. Dans les passages lents, les marteaux du cymbalum effleuraient les cordes en hésitant tandis que les violons manquaient défaillir de langueur, pour se réveiller d'un seul coup sur une syncope abrupte, précipiter le rythme des marteaux et des archets, déchaîner le percussionniste pendant que le premier violon, les doigts pressés sur un enchevêtrement de cordes, les fouettait à l'oreille d'un auditeur après l'autre en se colletant avec son instrument comme un poids welter dans un corps à corps ; ces passages, on avait l'impression qu'ils ne pouvaient se terminer que par l'extase ou la mort. Glissandi croissants, *pengös* en cascades : les regards devenaient de plus en plus humides à mesure qu'on faisait sauter les bouchons... Qui payait tout cela ? Pas moi, bien sûr — on rabrouait avec jovialité mes simples tentatives de contribution, comme si elles ne méritaient pas même une parole. (Le lendemain de mon arrivée, je m'étais rendu au consulat de la Zoltán utca où j'avais trouvé une enveloppe recommandée bourrée de six livres, chose sans précédent.)

Un très grand nombre de ces gens parlaient anglais ; quand par hasard ce n'était pas le cas, on avait recours à l'allemand, parfois à contrecœur, me semblait-il, et ce pour des raisons historiques ; mais c'était la deuxième langue universelle. L'emploi général du *Du*, même avec des inconnus s'ils étaient les amis d'amis, n'allait pas sans surprendre. Apparemment, le *Sie* équivalait à un rejet dans les ténèbres extérieures, et l'on gardait souvenir de duels provoqués par l'emploi de ce mot. (Le fait que les duels restassent encore fréquents en Hongrie — non pas de simples rencontres estudiantines, mais de sauvages combats au sabre — conférait un côté *Prisonnier de Zenda* au tableau fantasque et follement inexact, sans nul doute, que j'ébauchais dans ma tête.) Leur simplicité de manières, comme celle des Autrichiens, s'accompagnait de quelques usages compassés d'autrefois. (Si j'aimais baiser les mains des femmes, le baiser formel des domestiques ou des paysans sur la main de leur maître semblait étrange. Pourtant, telle était la coutume dans toute l'Europe centrale. Au bout d'un moment, elle cessa de me paraître servile et je n'y vis qu'un rituel désuet et vénérable, une survivance des temps féodaux — c'était bien ce qu'elle était, du reste.) Mes Hongrois se souciaient au plus haut point de leur mise. Véritables dandys pour l'apparence, ils s'habillaient avec soin dans le style anglais de jadis ; mais ils ne s'offusquaient pas le moins du monde de mon grossier costume. Le mieux que je pusse faire, c'était une veste de tweed et un pantalon de toile grise qui, avec une chemise propre et une cravate bleue, avaient presque l'air présentable ; mais j'étais trahi par mes chaussures — de gym ou de tennis, selon leur propreté relative. Mais cela n'avait pas d'importance.

Après une vie de désastres scolaires et de mauvais bulletins, ma chance semblait avoir tourné. Depuis ma halte munichoise, les lettres d'exhortations à la gentillesse envoyées par mes amis russo-baltes [1], puis par ceux qui les avaient reçues, s'étaient mises à filer vers l'est en suscitant des débauches d'hospitalité, chaleureuse et illimitée, quand je les rattrapais. J'étais plein de gratitude à l'égard de mes bienfaiteurs et les aimais beaucoup, mais je ne crois pas m'être jamais demandé sérieusement à quoi je devais une telle bonne fortune. Si leurs amis avaient sollicité leur aide, je suppose qu'ils ne pouvaient pas me négliger complètement ; mais la raison essentielle de leur hospitalité résultait d'une gentillesse diffuse pour les jeunes sans le sou. Le hasard de ma nationalité jouait peut-être aussi ; je crois que les Hongrois avaient un vrai faible pour l'Angleterre, surtout à l'époque. Et puis la concentration et la joie sont séduisantes, et ma façon de prendre les choses ressemblait à celle de l'otarie à qui l'on jette des harengs fumés. Les comptes rendus de mon voyage les amusaient : certains déclaraient qu'ils regrettaient de ne pas en avoir fait autant ; et que je ne recourusse à l'auto-stop que par très mauvais temps les impressionnait. Il n'y avait personne qui voyageât ainsi, à l'époque, et mon expédition avait la valeur de la rareté : c'est difficile à croire, mais je ne rencontrai qu'une seule fois, dans tout mon périple, une personne qui ait eu la même idée que moi.

Deux mois plus tôt, sur la route qui va d'Ulm à

1. Voir *Le Temps des offrandes*, p. 153.

Augsbourg, j'avais plongé dans une *Gasthaus* solitaire pour échapper à une tempête de neige, et le seul autre client qui s'y fût réfugié était un garçon d'allure étrange, environ du même âge que moi, vêtu d'une veste de velours noir, d'un gilet écarlate à boutons de cuivre, qui débarrassait un chapeau haut de forme déjà fort usagé de la neige qui l'encombrait ; incliné à l'oblique sur sa tête, il lui donnait l'air du personnage de Dickens, Sam Weller, le domestique de Pickwick. Il m'apprit, tandis que nous nous rincions le gosier à coups de schnaps, qu'il portait le costume traditionnel d'un apprenti ramoneur de Hambourg. Emblème d'une guilde secrète de ramoneurs disséminée à travers toute l'Europe, il l'assurait du bon accueil de ses collègues en tous lieux ; au cas où, il avait ficelé ses brosses circulaires et ses cannes en bambou sur le fond de son sac à dos. Tout en m'expliquant qu'il se dirigeait vers le sud, vers Innsbruck et le Brenner, puis en Italie, il déplia sa carte sur la table en repérant Bolzano du doigt, puis Trente, l'Adige, le lac de Garde, Vérone, Mantoue, Modène, Bologne et les défilés de l'Apennin menant à Florence ; il agitait la main en murmurant ces noms fameux comme si l'Italie nous environnait.

— *Kommst du nicht mit ?*

Pourquoi pas ? C'était tentant, il paraissait drôle. Je pensai alors à la lettre recommandée dont j'espérais qu'elle m'attendrait à Munich, et à tous les mystères d'Europe orientale que je manquerais.

— *Schade !* fit-il. Quel dommage !

Réchauffés par un ou deux schnaps de plus, nous nous prêtâmes mutuellement main-forte pour charger nos fardeaux et il s'éloigna vers le Tyrol, Rome et le pays où fleurissent les citronniers *(Dahin !)* en agitant son haut-de-forme et en s'amenuisant sous les flocons. Nous nous criâmes « Bon voyage ! », luttant contre le bruit du vent ; puis, point trop sûr d'avoir pris la bonne décision, je repartis à pas lourds, les cils empêtrés de neige, vers Bavière et Constantinople.

La maison de l'Uri utca regorgeait de livres utiles. Par-dessus tout, il y avait l'*Encyclopaedia Britannica* et le *Meyers Konversationslexikon*, mes deux repères constants tout au long du voyage, et je trouvai une large embrasure de fenêtre pour les entasser. Il y avait aussi une méthode pour apprendre le hongrois à laquelle je me colletai à tâtons, bien que mon vocabulaire ne dût jamais dépasser la centaine de mots, des noms pour la plupart.

Venu de fort loin, sans le moindre rapport avec les langues germaniques, latines et slaves qui l'encadrent, le hongrois est resté miraculeusement intact. Tout dans cet idiome est différent, non seulement les mots, mais leur dérivation, la syntaxe et la grammaire, et par-dessus tout le type d'intellect qui les a créés. Je savais que le magyar appartenait au groupe finno-ougrien, branche de la grande famille ouralo-altaïque.

— Exactement, me dit l'un de mes amis, comme l'anglais appartient à l'indo-européen.

Puis il ajouta que la langue la plus proche du hongrois était le finnois.

— De quelle proximité s'agit-il ?

— Oh ! elle est grande !

— Disons, comme celle qui unit l'italien à l'espagnol ?

— Euh ! non, pas tout à fait aussi étroite.

— De quel type est-elle, alors ?

Après avoir bien réfléchi, il reprit :

— A peu près comme celle qui rapproche l'anglais et le persan.

Mais il semble qu'on puisse aller un peu plus loin avec les langues des Ostiaks et des Vogoules. Estimés à quelques milliers seulement, ces petits groupes de gens bon enfant vêtus de peaux sont établis dans les marais et les toundras qui s'étendent entre l'Oural septentrional et le fleuve Ob, en Sibérie occidentale. Ils vivent sous des huttes à moitié creusées dans le sol et des abris d'écorce de bouleau ; c'est enfoncés dans la neige jusqu'à mi-corps qu'ils chassent l'ours dans les bois, leur dieu aussi bien que leur proie, tout à la fois mangé et adoré ; à la fonte des neiges, ils pêchent, posent des pièges et font paître leurs rennes sur les mousses, en arrivant à grand-peine à les tenir à l'écart des immenses et proches troupeaux de leurs cousins éloignés, les Samoyèdes. Mais cela ne m'aida nullement, pour commencer, d'apprendre que le magyar, qui paraît rapide, incisif et clair à l'oreille, est une langue agglutinante — le mot évoque seulement les sons émis par une bouche pleine de caramel. Or cela signifie qu'il ne connaît pas de déclinaison, comme les autres langues européennes, et que les changements de sens résultent d'un enchaînement de syllabes adjointes à la première ; tous les sons vocaliques imitent le premier et l'accent, invariablement situé sur la première syllabe, engendre une sorte de trot dactylique ou anapestique qui confère au magyar, pour l'oreille novice, une sauvagerie inouïe. Ainsi, lorsque j'écoutais durant le bal les phrases de mon ami d'Esztergom, l'ami des cigognes porteur de monocle, tandis qu'il se versait un whisky d'un flacon de cristal taillé, puis celles de sa compagne si sublime d'allure — cependant qu'elle s'emparait, avec une habile nonchalance, d'une cigarette dans un étui d'or et de chagrin au fermoir d'émeraude, avant de lui répondre dans un nuage de fumée —, il était impossible de ne pas se demander dans quel invraisemblable paysage de marais, de désert et de bois, aux jours où la langue magyare commençait de se détacher du magma ougrien, ces sons avaient pu être prononcés pour la première fois.

Ce n'était pas sur la page imprimée qu'on arrivait à deviner le sens de ces phrases à l'air rude. Quels lacis de *s* et de *z* ! Les yeux rivés sur ces enfilades irritées de diérèses et ces tempêtes d'accents aigus tous inclinés dans le même sens comme le blé penché par le vent, je me demandai si je serais à même, quelque jour, d'en tirer une signification.

La première tentative fut décourageante. Il y avait un *kávéház* douillet, un café (si seulement tout le magyar avait pu être aussi simple !), à moins d'une minute sur la place de la Sainte-Trinité (j'arrivais tout juste à saisir *Szent Háromság Tér*, place de la Sainte-Trinité) et j'y étais un matin pluvieux, occupé à écrire et à lire. Les fenêtres du café ouvraient sur le vieux palais, le haut clocher gothique et restauré de l'église du Couronnement tandis que juste devant, posé sur un socle jailli des pavés, on distinguait entre les gouttes un cavalier de bronze, Andreas Hadik ; c'était un commandant de la guerre de Sept Ans, qui avait esquivé les armées de Frédéric le Grand, fondu sur Berlin avec une horde de hussards, pillé la ville à la vitesse de l'éclair avant de repartir au galop. Il n'y avait qu'une seule autre personne dans le café, à la table voisine, un homme chenu et chétif qui lisait le *Pesti Hirláp*. Je n'arrivais pas à détacher mes yeux du titre. Il était ainsi conçu : *O boldog Angolország !* Je savais que le dernier mot voulait dire « Angleterre », et le reste était évident : cela ne pouvait signifier que « Ô Angleterre bouledogue ! », « Ô bouledogue anglais ! », ou quelque chose de ce genre. La photo, un peu plus bas, montrait le prince de Galles en pull-over de golf à losanges, sous une casquette de tweed ; mais, assez bizarrement, le chien qu'il tenait sous son bras, celui-là même qui donnait son nom à l'image et en faisait une énigme, était un fox-terrier ; sans doute avait-on confondu les races. Je ne pus m'empêcher de m'adresser à mon voisin et lui demandai en allemand si j'avais bien compris les mots. Il se mit à rire et me répondit en anglais. Non, il ne s'agissait nullement de chiens : *boldog* veut dire « heureux » ; « Heureuse Angleterre ! », tel était le sens du titre, et l'article brodait sur la chance d'un pays qui avait un si sympathique héritier du trône. La Hongrie elle aussi était un royaume, ajouta tristement mon interlocuteur, mais elle n'avait qu'un régent. La couronne apostolique n'avait pas de détenteur.

La couronne apostolique... J'en avais beaucoup entendu parler. Reproduite sur les bâtisses, les pièces, les drapeaux, les insignes des képis, les boutons et toutes les pancartes publiques, on avait peu d'occasions de l'oublier. En attendant que quelque couronnement futur lui rendît son utilité — mais lequel ? et quand ? —, on la conservait dans le palais royal. Durant les siècles précédents, grâce à leur intelligente politique matrimoniale, les Habsbourgs avaient absorbé la plupart des royaumes environnants, et finalement la Hongrie ; et les derniers souverains avaient été le roi Charles et la reine Zita qui étaient aussi, bien sûr, les derniers empereurs d'Autriche. Après la perte de ces deux trônes à la fin de la Grande Guerre, et l'échec de leur bref retour illégal en Hongrie, les espérances latentes de la dynastie avaient fini par s'estomper ; à présent, le roi était mort en exil. Les photographies de son fils, l'archiduc Otto, le prétendant actuel, le montraient souvent revêtu du costume de magnat hongrois ; mais c'était surtout en Autriche qu'on voyait ces photos. L'État n'en restait pas moins, constitutionnellement, un royaume, sous la régence de l'amiral Horthy. La belle impératrice Elisabeth, leur avant-dernière reine, assassinée en 1898, en Suisse, par un anarchiste, demeurait leur favorite. Encadrée sur les bureaux, les tables et les pianos à queue, on la retrouvait dans sa robe de couronnement de la moitié du dix-neuvième, ou lisant sous un arbre ; on la voyait franchir d'effrayants obstacles dans le Northamptonshire ou le comté de Meath, ou, l'air pensif, le regard dans le vague, occupée à caresser son énorme chien-loup, Shadow. Elle avait aimé la Hongrie et les Hongrois, appris le magyar et pris la défense de ce pays dans toutes les discussions ; surtout, elle s'était jetée avec adresse et intrépidité dans toutes leurs entreprises équestres. On lui avait rendu son amour au centuple, et l'on continuait de le proclamer, trente-six ans après son assassinat, avec toute l'ardeur d'un Burke ou d'un Fersen pour Marie-Antoinette.

Aujourd'hui, il ne restait qu'une couronne. C'était l'objet le plus sacré pour la Hongrie. Elle avait essuyé maintes tribulations, et d'inimaginables voyages aventureux l'attendaient. Travaillée en or bosselé, nantie d'une croix penchée au sommet, c'était le diadème véritable que le pape Sylvestre II avait envoyé à saint Étienne, lorsqu'il fut sacré premier roi de Hongrie en l'an mille. Mais les ajouts tardifs d'émaux, de chaînes d'or et de pendants de pierres précieuses lui donnent un air ouvertement byzantin qu'on jugerait plus séant à tel souverain de mosaïque sur les rivages du Bosphore ou de Ravenne qu'à un monarque occidental sous son dais. Il n'y a rien là d'étonnant : le cercle d'or et d'émaux fut offert par un empereur d'Orient à un souverain ultérieur qui s'empressa de l'adjoindre au cadeau du pape à son ancêtre, si bien que cet hybride scintillant est un symbole idoine du premier royaume hongrois, alternativement séduit par les blandices de l'Orient et de l'Occident qui flottèrent sur la Grande Plaine hongroise, tel un vaste et incertain mirage.

Les caves suintantes du Vár exceptées, on découvrait peu de traces du long séjour des Turcs en vagabondant dans cette ville escarpée et enchanteresse : quelques fragments ottomans, la tombe d'un derviche sur la Colline des Roses, quelques coupoles de hammams éparpillées çà et là ; plus tard je devais voir une ou deux mosquées en province. La ville avait eu deux siècles et demi pour se remettre de la présence turque ; assez, peut-être, pour que l'interlude turc prît des couleurs romanesques et pour que les Magyars se souvinssent que généalogiquement parlant, si l'on remonte assez loin dans la préhistoire de l'Asie, les deux races étaient des cousines éloignées. Mais l'on avait peine à se représenter, durant ces explorations, l'horizon — les grappes de dômes, les minarets et les croissants mobiles — que Charles de Lorraine et ses compagnons de reconquête durent contempler quand ils firent le siège de Buda en 1686.

Les soldats étrangers se sont lancés nombreux dans les guerres de Hongrie et parmi eux plus d'un Stuart illégitime, à commencer par le duc de Berwick, âgé de seize ans, le fils que Jacques II eut de la sœur de Marlborough, Arabella Churchill. Son impétueuse bravoure fit l'admiration de l'armée pendant l'assaut sur Buda ; deux années après la reconquête, son premier cousin, le duc de Saint-Albans — le fils de Charles II et de Nell Gwyn, âgé de dix-huit ans —, combattait bravement dans l'attaque de Belgrade. Si ces campagnes éloignées sont peu connues en Angleterre, elles attiraient à tous les coups des personnages fascinants et excentriques venus des îles Britanniques : toutes sortes d'aventuriers, d'oies sauvages, de chefs de clan, de catholiques réfractaires, d'exilés jacobites ou de soldats de fortune traînant la grosse hallebarde se ruaient derrière la bannière à l'aigle à deux têtes, car ces guerres avaient tout le prestige des croisades. Sir Philip Sidney, arpentant la Hongrie comme un ambassadeur en congé, appartient à une autre catégorie ; lui mis à part, le premier Anglais à débarquer est Sir Richard Grenville, qui combattit sur terre Soliman le Magnifique vingt-cinq ans avant d'affronter les Espagnols sur le *Revenge*. Le deuxième fut Thomas Arundell — grand favori d'Elisabeth malgré sa religion. Il s'acquit une grande gloire au service de l'empereur et, lors de la conquête d'Esztergom en 1595, il prit le château d'eau et captura de ses mains la bannière ennemie : cet exploit décida Rodolphe II à le nommer comte du Saint-Empire romain. Revenu au pays, il irrita la noblesse anglaise par le joyeux étalage de son titre ; il mit hors de lui son père, Sir Matthew, qui n'était qu'un simple chevalier; et il rendit la reine folle de rage (« ... mes chiens n'auront pas d'autres colliers que les miens... ») : elle l'envoya mariner quelque temps dans la prison de Grève. Peut-être est-ce pour mettre un terme à toutes ces sottises étrangères que Jacques Ier l'a créé Lord Arundell de Wardour[1].

Par la suite, dans le *Weise von Liebe und Tod des Cornets Christoph Rilke* de Rilke, je tombai sur une évocation de ces vieilles campagnes turques qui ranima d'un seul coup toutes ces chroniques. Le poème commémore un vague parent du poète, peut-être imaginaire, un jeune cornette et porte-enseigne dans un régiment de cavalerie, en 1663. Logé pour une nuit dans un château sur la frontière hongroise, près du Raab, il est réveillé par des hennissements frénétiques et des trompettes appelant aux armes; on entend le ronflement des flammes. L'ennemi encercle le château et y met le feu. S'arrachant aux embrassades de la jeune châtelaine, il n'a que le temps de saisir les couleurs déjà fumantes et de s'élancer par l'escalier de pierre; le drapeau se mue en une gigantesque flamme lorsqu'il charge sur les rangs enturbannés, et disparaît enfin à la vue sous seize éclairs de cimeterre.

J'explorais le Vár — c'est-à-dire la forteresse de Buda — avec Micky et Tim, l'immense chien loup-noir, et commençai à comprendre le plan du quartier, de ses

1. Cet honneur du Saint-Empire devait refaire surface des générations plus tard quand sa remarquable descendante, tout aussi courageuse, Isabel Arundell, la femme de l'explorateur Sir Richard Burton, le traducteur des *Mille et Une Nuits,* fit sensation à Trieste en mettant en avant son rang de *geborene Gräfin* — ainsi que l'y autorisait l'usage autrichien — quand Burton y fut nommé consul. Elle dirigeait une sorte de SPA locale et, comme la ville appartenait encore à l'Autriche, ce rappel fut sans doute intelligent de sa part. Ses autres passe-temps étaient la nage, l'équitation et l'escrime avec son mari. Quel dommage qu'elle ait brûlé ses papiers !

vieilles maisons, des allées, des églises et des rues pentues ; elles s'enfonçaient comme des tranchées entre les murs silencieux dont les couronnements débordaient de branches et de plantes grimpantes. Lors d'une expédition en autocar un ou deux milles au nord jusqu'à l'Aquincum romaine, nous fûmes accompagnés par une jolie fille d'environ quatorze ans, du nom de Harry, à la fois croate, polonaise et hongroise. Tim bondissait au milieu des sarcophages, des éboulis et des ruines de l'amphithéâtre, et il cherchait des os dans le temple du *Sol invictus* ; au musée, nous contemplâmes l'un de ces bas-reliefs étonnants de Mithra sous son bonnet phrygien qui plonge une dague dans la gorge du taureau. (Le dieu arbore toujours une expression d'angoisse insurmontable comme s'il s'agissait de sa propre gorge ; un chien accourt pour laper le sang et, tout en bas, un scorpion sournois mène sa guerre scrotale.) Grand favori des légions, il était vénéré tout au long de la frontière et il n'est pratiquement pas de camp, depuis Carlisle jusqu'à la mer Noire, qui n'ait abrité l'un de ses temples.

Cette ultime avancée de la chaîne des Alpes était aussi le dernier bastion de la Pannonie romaine, car l'Empire cessait sur la berge du fleuve. La cavalerie ibère qui y était stationnée devait scruter l'horizon avec inquiétude : derrière les campements imprécis des Celtes, des Quades ou des Sarmates, la sinistre plaine s'étendait à l'infini. Les Gépides, les Vandales et finalement les Huns les remplacèrent tour à tour jusqu'à la chute de Rome et le début du Moyen Age. Les Avars arrivèrent sur ces entrefaites. *Deserta Avarorum !* Leur nom flotta lugubrement sur la terre gaste pendant de sombres siècles dont on ignore l'histoire jusqu'à ce que Charlemagne les disséminât et, sans le savoir, qu'il dégageât l'espace nécessaire aux avant-postes occidentaux des Bulgares. Le nouvel État bourdonna brièvement dans le vide quand — *enfin !* — sonna l'heure des Magyars. Après des siècles d'errances asiatiques, ils émergèrent des coulisses pour s'installer à jamais au centre de la scène.

Si l'on néglige le vieux quartier qui court sur la rive opposée, le Pest moderne ne date que du siècle dernier. Il s'étendait insatiablement sur la grande plaine et je pouvais distinguer de grandes rues commerçantes, comme l'Andrássy ut et la Rákóczi út, qui lançaient leurs canyons dans ces zones à croissance exponentielle ; cela faisait bien longtemps que la tranquille citadelle, de ce côté du fleuve, était dépassée. Reliés de manière précaire par des bacs et, brièvement chaque année, par la glace, Buda et Pest, les noms aussi bien que les lieux, n'avaient été associés que dans les années 1840. On me répéta souvent que le formidable pont suspendu, le Széchényi, avait été bâti par deux Écossais, les frères Clark.

A part quelques vieilles rues ou places, l'élégant hôtel *Dunapalota* et le quai animé et plein de gaieté — en particulier la pâtisserie *Gerbaud*, le *Rumpelmayer* lancé où se fixer un rendez-vous près de la statue du poète Vörösmarty —, j'aimais beaucoup moins Pest que mon côté de la ville ; mais je ne me lassais pas de l'observer depuis le bastion Fischer. Ce point de vue, non loin de l'église du Couronnement, dominait des sentes abruptes ponctuées d'arbres sur toute leur longueur, puis un coude du Danube enjambé par une demi-douzaine de ponts. L'île Sainte-Marguerite s'étendait en amont et l'on voyait le Parlement sur la rive opposée. Construit au début du siècle, dans une débauche de statues, cet édifice insensé et merveilleux était une haute nef gothique au toit aigu, escortée sur une longueur prodigieuse par des pinacles médiévaux rehaussés d'or et ornés de crochets ; enfin il était couronné, au point d'intersection des transepts, par le genre de dôme nervuré et ovoïde auquel on se serait attendu dans une ville renaissante italienne, avec cette nuance que ce dôme lui-même était coiffé par un clocher gothique, pointu et hérissé. On pouvait difficilement être plus audacieux, d'un point de vue architectural.

Des volées de marches, voûtées et couvertes comme des cloîtres obliques, descendaient en zigzaguant depuis ce nid d'aigle et je semblais perpétuellement essoufflé, soit que je les gravisse ou que je les dévalasse à toute allure avant de détaler comme un lièvre sur le pont Széchényi, en retard pour quelque rendez-vous à Pest ; en une circonstance bien précise pour déjeuner au 7 Joszef tér, juste en face.

Mon hôtesse, dans ce *Schloss* de Basse-Autriche où je m'étais rendu si ridicule le jour de mes dix-neuf ans[1], appartenait à une famille de Trieste d'origine grecque. Elle avait averti ses amis et ses connaissances de Budapest. Parmi eux, l'ancien Premier ministre, le comte Paul Teleki, issu d'une célèbre famille transylvaine, assez romanesque. Récemment, l'un de ses parents éloignés, explorateur en Éthiopie, avait découvert le lac Rodolphe, qu'il avait baptisé du nom du malheureux archiduc ; et le volcan qui se trouve à son extrémité méridionale s'appelait le mont Teleki (ce n'est peut-être plus le cas). Le mien — le comte Paul — était lui aussi un illustre géographe. Il avait cartographié l'ensemble de l'archipel japonais et nous raconta à table des anecdotes de ses voyages chez les Turcs et les Arabes, quand il aidait à tracer les frontières de la Mésopotamie. Il se lança dans de vivantes descriptions d'Abdul Hamid et de Slatin Pacha, cet étrange Anglo-Autrichien qui fut des années durant le prisonnier et le valet de pied courant du Mahdi. Le visage du comte, éveillé, allongé derrière ses lunettes à monture de corne, irradié d'une expression vive, spirituelle et enthousiaste, avait presque un air chinois. On aurait difficilement

1. A Pottenbrunn près de Sankt Pölten. Voir *Le Temps des offrandes*, p. 249.

trouvé personne plus gentille. En tant que chef scout de Hongrie, il prit très au sérieux mon voyage, étendit des cartes, indiqua les défilés et les itinéraires, suivit du doigt les rivières en suggérant d'autres routes possibles et agrémentant toutes ces remarques d'anecdotes et de digressions. Il avait été ministre des Affaires étrangères, puis Premier ministre pour un peu moins d'un an, avant de démissionner et de retourner à son travail géographique quand Horthy envoya l'armée pour empêcher le retour du roi Charles. Il me réinvita deux ou trois fois, et toute sa famille me prodigua sa gentillesse de mille manières différentes ; à mon départ il me recommanda à ses parents de Transylvanie. Il alla jusqu'à me remettre une lettre pour un vieux pacha turc qui vivait sur la côte asiatique du Bosphore, ce qui conféra soudain au but de mon voyage un peu de réalité[1].

Annamaria, la jolie fille dont j'avais fait la connaissance le soir du bal, étudiait l'histoire de l'art et connaissait donc par cœur chaque galerie ou musée ; grâce à elle, je les visitai tous. Sans doute est-ce elle qui me fit remarquer (mais où ?) un combat de lutteurs extraordinaire, mais surprenant chez Courbet ; et elle fut mon Sésame ouvre-toi dans la découverte d'une maison privée dont l'immense galerie vide recelait une demi-douzaine de terrifiants Greco. Je rencontrais mille personnes diverses et le rythme de ma vie s'accélérait. Une incursion dans le grand monde me conduisit jusqu'au salon d'une ancienne beauté également fameuse pour sa mine et son rang altier. Par la

1. Le comte Teleki redevint Premier ministre à l'approche de la guerre, dans l'espoir de sauver ce qui pouvait l'être dans l'étau enserrant la Hongrie. Profondément anglophile, mais condamné par les circonstances à prendre les mesures qui lui auraient le moins souri en temps normal, il se suicida au printemps 1941 plutôt que d'avaliser l'attaque allemande sur la Yougoslavie *via* le territoire hongrois, juste après la signature d'un pacte d'alliance entre la Hongrie et la Yougoslavie.

suite, quand Berta me demanda mes impressions, je répondis qu'elle était merveilleusement belle ; mais n'était-elle pas légèrement précieuse ? Berta éclata de rire :

— Quand nous étions infirmières pendant la guerre, fit-elle, Ella insistait pour ne travailler que dans la salle des aveugles, en déclarant : « Il le faut, vous comprenez ! Si je m'aventure dans les autres salles, ils s'éprendront tous de moi, et je ne dois pas ajouter aux souffrances de ces pauvres garçons. »

Chaque jour, Tibor se rendait en voiture dans quelque haras militaire situé au-delà de Pest pour monter un destrier favori. Il me demanda un matin si je voulais me joindre à lui : il avait un autre cheval à sa disposition. Nous partîmes donc au trot puis au petit galop autour de la piste, sautâmes quelques obstacles faciles et nous dirigeâmes ensuite vers un paddock où je le regardai donner toutes sortes d'allures à son cheval, les plus inouïes et mystérieuses, dans un silence aussi profond et avec une science presque aussi parfaite que les experts de l'école espagnole de Vienne. J'ai idée que cette promenade était un petit test que je dus réussir, car il déclara sur le chemin du retour qu'il lui serait peut-être possible de m'obtenir un cheval pour quelques jours de route, qui devait m'emmener sur les terres d'une amie qui avait beaucoup de chevaux — elle m'en prêterait peut-être un pour deux ou trois jours.

— C'est comme cela qu'il faut voir la plaine.

J'étais si excité par cette idée que j'en devins presque muet.

Quelques détails superficiels zèbrent ma mémoire. Une fleuriste sur le quai du Danube répétait sans cesse « *Virágot ! Szép virágot !* » — « Fleurs, jolies fleurs ! » (le pluriel de *virág*, « fleur ») — à chaque fois que je la croisais. Deux ans plus tard, en lisant *Ulysse* pour la première fois, je tombai sur les mots « *Nagyságos uram*

Lipóti Virág », la traduction magyare, en quelque sorte, de « *Leopold Bloom, Esq.* ». Dans le livre, Bloom est un immigré juif venu de Hongrie ; *Virág* est la transformation typique de *Blum* en magyar ; et l'orthographe s'est probablement transformée en « Bloom » quand l'auteur a installé son protagoniste à Dublin. Je suis persuadé que Joyce, extrêmement doué pour les langues, avait acquis un peu de hongrois lorsqu'il enseignait à l'école Berlitz. La Trieste d'avant-guerre restait une ville austro-hongroise qui regorgeait de Hongrois susceptibles de lui donner des cours (certains sont encore vivants). On a parfois cru, sans doute à tort, qu'il avait dérouillé l'anglais de l'amiral Horthy, alors que le futur régent n'était que le dernier *K. und K.* commandant de la base navale de Pola ; simultanément, je viens de l'apprendre, il avait fait de remarquables progrès en grec démotique[1]. Ce port envoûtant de Trieste, que j'ai visité pour la première fois il y a trois ans seulement, ne cesse de pointer le bout du nez dans ces pages. Les fantômes littéraires y abondent : non seulement James Joyce et les Burton, mais aussi Italo Svevo. On entend peut-être le vrombissement du biplan fantôme de D'Annunzio au-dessus de la route de Fiume, tandis que l'ombre de Rilke glisse vers Duino le long du rivage adriatique, où ils saisissent une ultime image de Waring[2].

J'avais peine à croire que j'étais resté dix jours seulement à Budapest. Après une dernière soirée, bien après minuit, je gravis les marches de Buda avec Annamaria et nous restâmes assis sur un muret à observer les ponts qui enserraient le Danube dans leurs scintillants colliers. Je lui demandai encore une fois de me redire une chanson qui n'avait pas cessé de me trotter dans la tête depuis le bal. A

1. Voir ses Carnets, publiés dans *Ta Ellinika tou James Joyce* de Manto Aravantinou (Hermes Press, Athènes, 1977).
2. Héros d'un poème de Browning (*N.d.T.*).

l'oreille étrangère, certaines musiques hongroises sont aussi inédites que la langue et presque aussi difficiles. Je n'arrivais pas à apprendre cette chanson par cœur. On y parle d'une hirondelle qui vole bas sur un champ de blé mûrissant. Elle commença :

Érik a, érik a búza kalász

et alla jusqu'à la fin. Mais cela ne servit à rien. L'air m'échappa une nouvelle fois, et je ne l'ai toujours pas retrouvé.

CHAPITRE III

La Grande Plaine hongroise

Malek, un bel alezan à l'ample crinière, à la belle queue, pourvu d'une chaussette blanche, d'une étoile et d'un assez net soupçon d'arabe sur le front, m'attendait près d'un bosquet d'acacias sur la route de Cegléd. Le garçon qui l'avait monté jusqu'ici informa Berta qu'il était ferré à neuf et ne poserait aucun problème, sauf sur le bout de chemin voisin de son écurie. Nous fourrâmes mes affaires dans les fontes et attachâmes mon grand manteau en travers du pommeau. Berta s'en retourna avec Micky et Tim pour reconduire le palefrenier ; je n'avais pas trotté plus d'une demi-heure sur la route qu'ils reparaissaient. Nous pique-niquâmes sous un chêne puis nous éloignâmes dans la direction opposée, eux vers Pest, moi vers Constantinople ; nous nous retournions en agitant la main jusqu'à nous perdre de vue.

C'était le 13 avril. Les quelques nuages du ciel vaste et clair étaient si immobiles qu'on aurait pu les croire rivés à leurs ombres. La Grande Plaine hongroise — l'*Alföld*, en magyar — est la plus occidentale des steppes européennes, l'ultime avant-poste des terres gastes du Pont et de la Caspienne. Influencé par des tableaux de l'Hortobágy plus sauvage cent milles plus à l'est, je fus d'abord déçu d'apercevoir des labours, des champs verdis par le jeune blé et une récolte plus haute aux feuilles aiguës et vert pâle qui se révéla être du maïs ; on voyait aussi des rangées de pieds de tabac, puis des vergers, des fermes ceintes d'arbres, et des troupeaux parsemaient la plaine entre ces étendues cultivées. Des moutons, des porcs, des bovins paissaient à mi-distance et je croisais un village tous les trois ou quatre milles. Celui contre lequel on m'avait mis en garde était Alberti-Irsa[1] ; c'était le bout de chemin délicat. Malek essaya de s'engager dans une allée menant à un portail, des bâtiments de ferme et des granges, avec au-delà un château à moitié caché par les arbres où son écurie lui faisait signe. Quand j'insistai pour continuer, il y eut des regards en arrière irrités ; je savais que d'autres chevaux paissaient dans les parages, mais ses hennissements passionnés restèrent sans réponse — peut-être le palefrenier les avaient-ils éloignés hors de portée de voix — et, après un bref conflit de volontés, nous repartîmes clopin-clopant aussi vivement que par le passé.

Les voitures à chevaux ou à bœufs étaient de loin plus nombreuses que les automobiles. Les Bohémiens se déplaçaient dans de longues roulottes bringuebalantes qui faisaient s'entrechoquer leur équipement. Quittant la route, je m'engageai sur la gauche pour suivre des pistes secondaires où les fermes et les chaumières ne tardèrent pas à se raréfier. Certaines, recouvertes de roseaux, de déchets de maïs, aux murs de joncs tressés, avaient piteuse mine, mais la plupart semblaient propres et pimpantes avec des murs épais récemment blanchis à la chaux, peut-être à l'occasion de Pâques, et entourés d'une plinthe de couleur. J'aperçus un arbre planté à point nommé, sorte de dressoir préhistorique, où les casseroles, les poêles

1. Je ne retrouve qu'Irsa sur les cartes modernes, mais il arrive que les noms changent et il y a beau temps que ce pli-là sur la mienne, déchiré par de trop fréquentes manipulations, s'est perdu corps et biens. Je lis « Alberti-Irsa » sur mes notes de journal, et m'y tiendrai donc.

étaient accrochées sur les branches élaguées cependant qu'une famille de poules blanches et un coq tacheté étaient blottis sur un autre. Des estrades basses soulevaient les maisons au-dessus de la plaine et constituaient le rendez-vous des ménagères qui s'y asseyaient pour bavarder. Sur l'une de ces estrades, une étoffe au motif rouge et blanc soudain interrompu était tendue sur un grand métier. Une vieille en foulard faisait aller et venir sa navette dans la chaîne bien tirée ; elle mêlait les fils l'un à l'autre avec un claquement de pédale et serrait la nouvelle trame au moyen d'un roseau en forme de peigne. Entendant mon salut, elle s'arrêta et répondit un « *Isten áldjs* » (Dieu vous bénisse). Devinant que j'étais étranger, elle s'enquit : « *Német ?* » (Allemand ?). Ma réponse, « *Angol* », suscita un air de politesse vague ; *Angle* avait à peu près autant de sens pour elle que « Magyar » en aurait pour un paysan berrichon. Comme des meuglements nous parvenaient de l'autre côté de la maison, elle cria par la fenêtre et, une minute plus tard, une petite-fille apportait un verre de lait fumant : toutes deux sourirent en me voyant le boire. Je le sirotai lentement en me disant : « Je suis en train de boire un verre de lait sur un cheval alezan dans la Grande Plaine hongroise. »

A l'approche du soir, toute trace de la capitale et des collines occidentales s'était évanouie. Nous nous trouvions au beau milieu d'un espace illimité, ponctué de bois, avec ici et là les perpendiculaires solitaires, d'abord intrigantes, des puits à balancier. Ces machines rudimentaires (appelées *chadoufs* dans le désert égyptien) consistent en deux mâts dressés côte à côte et reliés par une barre à deux mètres de hauteur — ou par les branches d'un arbre élagué au point de n'être plus qu'une sorte de fourche — qui fournissent le pivot d'une poutre longue de plusieurs mètres. Des poids — en général de gros blocs de pierre — sont attachés à l'extrémité la plus courte jusqu'à redresser l'autre extrémité ; on pourvoit celle-ci d'une tige

— ou deux si nécessaire — et l'on y accroche le seau. On fait descendre ce dernier dans le puits en halant les tiges jusqu'à ce qu'on ait relevé le poids ; il est alors temps de lâcher prise et le poids retombe, ramenant un seau plein à la surface, prêt à être déversé dans une auge évidée comme un canoë. Ces sentinelles solitaires donnent un air de désolation à la plaine : elles ressemblent à des catapultes abandonnées à la lumière du jour, à des gibets au crépuscule, ou aux échafauds couronnés de roues peints par Jérôme Bosch où l'on voit des vautours dépecer des squelettes suspendus dans l'air.

Les grincements produits par le frottement du bois emplissaient le soir. Deux bouviers avaient mis pied à terre près d'un puits, non loin d'une ferme ruinée sous le toit de laquelle nichaient des cigognes, et ils puisaient ; leurs larges pantalons de lin blanc, flottant autour des grandes bottes noires, leur descendaient jusqu'à mi-mollet. Ils achevaient d'abreuver un troupeau nombreux de bovins extrêmement pâles, aux cornes quasi droites d'empan énorme, qui piétinaient, meuglaient et remuaient la poussière. Lorsqu'ils furent remontés en selle, je les saluai de la main. Ils levèrent cérémonieusement leurs chapeaux noirs, firent pivoter les chevaux puis, assistés par leurs chiens blancs au poil rude, ils piquèrent des deux vers le troupeau, trottant ou galopant sur sa circonférence en maniant de longues gaffes pour contenir les vagabonds. Le soleil couchant soulignait toutes leurs silhouettes. Auréolés de poussière, traînant de grandes ombres, ils se dirigeaient vers l'ouest avec leurs cris rauques, les chiens, un cliquetis de cornes et de cloches. Une cigogne rejoignit son compagnon à l'abri du toit, sans doute après avoir englouti une dernière grenouille dans quelque oasis plus paisible, et je repartis en trottant vers l'est et l'extrémité sombre de la plaine. Les nuages avaient pris un rose sidérant.

Mais ils ne souffraient pas la comparaison avec le ciel

que je laissais derrière. La platitude de l'Alföld offre le champ libre aux évolutions des nuages à l'heure du crépuscule, mais comment les décrire ? Ces armées suspendues au corps à corps, ces escadrons sans cavaliers qui s'amenuisent lentement dans la braise, ces lagons sulfureux où s'effondrent les barbacanes l'une après l'autre, où les trirèmes en feu noircissent avant de sombrer. Ce sont là des spectacles de vêpres noires... mieux vaut n'en pas parler.

Sitôt qu'il en avait la possibilité, Malek piquait un petit galop et l'un de ces accès se mua même en un grand galop crépusculaire ; il se disait peut-être que nous étions loin de la maison et que nous devions nous hâter ; lorsqu'il revint à un pas plus calme, l'obscurité grandissante fit ressortir le mince croissant de nouvelle lune. Un cordeau de lumières lointaines dont je savais qu'il s'agissait de la ville de Cegléd se trouvait derrière nous sur la droite, et l'on voyait apparaître çà et là sur la plaine les lumières des fermes, tels des navires. J'avais eu l'intention de chercher refuge dans l'une ou l'autre, mais voici qu'elles avaient toutes disparu et, la nuit une fois tombée pour de bon, il ne resta plus qu'un seul rougeoiement. Difficile d'évaluer la distance, mais plus nous approchions, moins cela ressemblait à une ferme, mis à part les aboiements d'une demi-douzaine de chiens, lesquels se ruèrent finalement sur nous, frénétiques.

Trois feux de camp étendaient leurs roues lumineuses parmi les troncs d'arbres, révélaient la toile des tentes et les formes des hommes et des chevaux. Une bande de Bohémiens s'était installée pour la nuit à proximité d'un autre puits et notre arrivée provoqua un certain effroi. Ces feux exceptés, il n'y avait pas le moindre lumignon aux alentours et je compris, excité et effrayé à la fois, que nous allions devoir passer la nuit à cet endroit. On m'avait récemment raconté bien des histoires terrifiantes sur le compte des Bohémiens, et j'avais surtout peur pour Malek. Quand je mis pied à terre, tous l'entourèrent, le flattèrent, tapotèrent son col et ses flancs en supputant ses qualités avec des yeux semblables à des mûres pleines de sagacité. Négligés et hirsutes, c'étaient les Bohémiens les plus basanés que j'eusse jamais vus. Quelques hommes portaient les pantalons blancs et flottants des Hongrois, d'autres des habits de ville ordinaires sous un chapeau noir, tout cela au stade ultime de la décrépitude. Des gamins morveux et des bébés agiles noirs comme du charbon étaient vêtus de maillots leur descendant jusqu'à mi-taille, et d'autres n'avaient rien du tout, sauf un ou deux feutres mités en équilibre instable et si grands qu'ils tournaient sur eux-mêmes quand leurs propriétaires bougeaient. De belles filles, toutes débraillées dans des volants verts, jaunes ou magenta, me fixaient de leurs yeux brûlants. Au-delà des feux on devinait des bœufs sans joug ; les chevaux étaient attachés sous les branches et une couple de juments paissait en liberté, escortées de leurs grands poulains. Des chiens se chamaillaient et grondaient pendant que la volaille, affranchie de sa cage de voyage, picorait la poussière à son gré. Des tentes noires et brunes étaient tendues sur des pieux entrecroisés, mais leur allure déglinguée, les empilements épars d'effets domestiques ne trahissaient pas vraiment une expérience millénaire dans l'installation d'un camp ; si l'on négligeait les roseaux, les brins d'osier et ces paniers à demi tressés sur lesquels s'activaient déjà des mains brunes, on aurait pu croire que la tribu entière avait fui une demi-heure plus tôt des taudis incendiés. Je pense qu'ils se dirigeaient vers les rives du Tisza pour faire de nouvelles provisions de roseaux.

J'échappai au brouhaha pendant une dizaine de minutes en faisant marcher Malek de long en large, avant de lui donner à boire à l'auge où un homme du nom de György m'aida à verser le seau. Je m'étais demandé s'il fallait attacher mon cheval à un arbre ; j'avais un peu d'avoine et un licou dans mes fontes, mais la longe était beaucoup trop courte pour qu'il puisse brouter. Il valait encore mieux l'entraver à la manière des Bohémiens, mais je n'avais aucune idée de la façon dont ils s'y prenaient. György me montra comment faire, en liant les jambes antérieures de Malek grâce à un huit savant. La méthode m'inquiétait : le cheval ne pouvait y être habitué ; mais il manifesta beaucoup de dignité. Je lui donnai son avoine et un peu du foin des nomades, puis ôtai la selle et le reste pour m'installer avec eux près du feu.

Grâce au Ciel, leur dîner à la bonne franquette était terminé ! Le hérisson mis à part — délicieux, dit-on —, l'ignominie et même l'insalubrité de leur régime étaient célèbres. On entendit un bruit de métal heurté : un chien léchait une casserole près du feu. Saisissant mon regard inquiet, une gamine de dix ans, qui venait de mendier une cigarette, lança avec précision une pierre sur l'animal qui détala dans un jappement surpris ; puis, après avoir juché l'ustensile sur un rameau commode, elle s'affala par terre à nouveau avec un sourire indulgent en laissant la fumée s'échapper paresseusement de ses narines. L'article principal des provisions de Berta était un saucisson long de près d'un mètre, enrubanné aux couleurs nationales sur la moitié de sa longueur. Je fis bonne impression en m'en coupant le tiers avant de leur abandonner le reste ; cela provoqua un bref accès de gestes rapaces, d'injures et de coups. Puis trente paires d'yeux, sur un chœur discret de chuchotements, me regardèrent attentivement engloutir un sandwich et une pomme. Je bus trois lampées rapides et gigantesques de ma bouteille de vin avant de la leur céder. Ils semblaient à moitié hypnotisés ; et aussi, bien que je ne m'expliquasse pas pourquoi, à demi effrayés par ma présence : peut-être tous les étrangers, à moins qu'ils ne fussent des proies, portaient-ils malheur. Nous ne pûmes échanger un mot, pour commencer ; mais j'avais remarqué ce qu'avait dit le plus vieil homme à György avant qu'il m'aide à abreuver mon cheval : la phrase marmonnée s'était achevée, selon moi, sur le mot *pani* qui évoquait aussitôt, pour quiconque avait quelque accointance avec l'Empire anglais des Indes, le mot hindi qui veut dire « eau ». Lorsque je pointai un doigt interrogateur vers le pot à eau pour savoir ce qui s'y trouvait, ils répondirent « *Víz* », employant le mot magyar ; astucieusement, je répliquai :

— *Nem* [pas] *víz ! Pani.*

Cela fit sensation ! L'étonnement et la surprise s'inscrivaient sur leurs traits éclairés par les flammes[1]. Quand je levai les doigts en disant « *Panch* » — le mot qui signifie « cinq » tant en hindi qu'en romani (*öt* en magyar) —, la stupéfaction grandit. J'essayai les autres mots qui me restaient du livre de George Borrow, *Lavengro,* en pointant la langue pour articuler « *Lav ?* », mais fis chou blanc : *tchib* est le mot qui veut dire « langue ». J'essuyai encore un échec avec « *penning dukkerin* » — l'expression qui, selon Borrow ou son narrateur Petulengro, signifie « diseur de bonne aventure ». Mais j'eus plus de chance avec le mot *petulengro* lui-même, du moins avec la première partie. Le mot entier (« maître du fer à cheval » chez Borrow, soit maréchal-ferrant) ne provoqua aucune réaction, mais lorsque je le raccourcis à *petul* en indiquant l'enclume, un petit garçon s'élança dans l'obscurité et rapporta, triomphant, un fer à cheval[2].

1. Le plus étrange, c'est que le mot des Bohémiens hongrois et roumains pour « eau » est *pai* ; le *n* s'est évaporé. Et pourtant, je l'ai entendu prononcer *pani.* Faut-il croire que la lettre disparue flotte dans l'inconscient comme dans le *s* ancestral et fantomatique qui se cache derrière le circonflexe français ?

2. *Petáli* ou *pétalo* — mais je l'ignorais à l'époque — est le mot grec moderne pour désigner le fer à cheval, qui a pu pénétrer dans le lexique romani lors de l'installation des Bohémiens dans l'Empire byzantin pendant un ou deux siècles. L'original grec signifie « feuille » d'où viennent à la fois « pétale » et « fer à cheval », car les ânes grecs, et dans

Dès qu'ils eurent saisi la finalité du jeu, sitôt que je désignais un objet d'un air interrogateur, ils me donnaient le mot bohémien. La plupart étaient hilares, mais l'un ou l'autre semblaient ennuyés, comme si l'on dévoilait les secrets de la tribu. Un doigt pointé vers le Ciel et un « *Isten ?* » interrogatif (le mot magyar pour « Dieu ») suscitèrent aussitôt le cri de « *Devel !* », ce qui peut paraître plutôt bizarre[1] — jusqu'à ce qu'on songe au *Deva* hindi et à son étymon, qui est probablement sanskrit. Un feu plus vif illuminait les visages basanés. Ces cheveux huileux, ces yeux sombres, la peau chocolat et, chez les femmes, la démarche ondulée et la souplesse fragile du poignet ou de la cheville — tout cela avait dû peu changer depuis leur départ du Belouchistan, du Sind ou des berges de l'Indus. J'avais lu dernièrement — ou l'on m'avait raconté — deux légendes hostiles ayant trait à leur maîtrise dans le travail du métal : non seulement ils avaient fondu le Veau d'or pour les juifs, mais c'est un forgeron bohémien, selon la tradition, qui aurait forgé les clous de la Crucifixion, ce qui lui valut en guise de châtiment de se voir planter un clou identique dans le postérieur par un démon renégat.

Malek broutait sous l'arbre où je l'avais laissé, à une douzaine de mètres du feu. Ses liens semblaient sûrs et confortables et, me servant de la selle et de la couverture en guise d'oreiller, je m'étendis pour fumer, mais fus long à trouver le sommeil. Quand enfin il survint, il y avait beau temps que le bien-être engendré par mes rapides

---

tout le Levant du reste, portent encore un mince fer en forme de feuille. La forme moderne, ce croissant évidé qu'on destine aux chevaux et aux mules, doit être un raffinement plus tardif, car le vieux terme désigne les deux types.

1. *Devil* veut dire « diable » en anglais *(N.d.T.)*.

goulées de vin ou la plaisante veillée au coin du feu s'était évanoui. Comment avais-je pu être assez insensé pour fourrer un cheval emprunté dans un repaire aussi dangereux ? Un peu plus tard, dans une sorte de demi-sommeil, j'eus des visions cauchemardesques de Bohémiens filant avec ce beau cheval *szápáry* ; je les imaginai (c'était paraît-il leur habitude) le peignant d'une autre couleur avant de le vendre à un étranger cruel ; ou peut-être le mangeraient-ils sur-le-champ ; ou, pis encore, ils le transformeraient secrètement en salami (sort réservé, chuchotait-on, aux vieux ânes), après l'exécution hâtive de la monture et de son cavalier. Cette dernière possibilité était encore la plus souhaitable : s'il devait arriver malheur à ce cheval prêté, mieux valait la mort qu'une vie de déshonneur. Quand je m'éveillai de ces effrayants fantasmes, la nouvelle lune s'était couchée ; mais Malek était bien là, éclairé par les étoiles sous les branches, et il était encore là quand le jour dissipa les fantômes de la nuit. Le soleil se dégagea du sauvage néant comme un disque de sang, et le chant du coq des Bohémiens se répéta de ferme invisible en ferme invisible jusqu'à ce que toute la plaine s'ébroue.

J'avais une pleine provision de morceaux de sucre et, après en avoir donné deux à mon cheval en guise de remerciement, je lui apportai une nourriture plus substantielle avant d'examiner ce qui se passait aux alentours. C'étaient les ombres symétriques de la veille qui striaient la plaine à rebours ; la fumée s'élevait dans l'air et les doigts s'activaient déjà, enfilaient, tressaient, épissaient les ajoncs entassés. Les hardes éblouissantes des filles exceptées, l'allure domestique de la petite assemblée m'avait déçu la nuit précédente. Pas le moindre instrument de musique, pas une note ni un pincement de corde ; pas même un ours danseur. Mais je me trompais. A l'ombre d'une carriole, une énorme bête brune des Carpates, la joue posée sur ses pattes repliées, dormait à poings fermés ; alors que je l'observais, il commença à remuer. Se redressant, il bâilla longuement, largement, se frotta les yeux puis laissa retomber ses pattes sur le ventre avant d'examiner les alentours d'un œil bienveillant et ensommeillé, cependant que son compagnon soufflait sur les braises pour préparer un double petit déjeuner. Je rejoignis Malek et remarquai, tandis que nous mastiquions, que l'arbre qui nous abritait, haut comme un chêne de taille moyenne, appartenait à une espèce que je n'avais jamais vue. L'écorce en était sombre, les feuilles ovales d'une couleur vert-de-grisée poussaient symétriquement et des gousses qui semblaient en cuir perçaient au milieu comme des haricots à rames. C'était un caroubier. (Ses gousses, d'un violet brunâtre, ont un vague goût, fade et obsédant, de vieux chocolat et ressemblent au teck quand on les mâche. Quelques années plus tard, il m'arriva de les utiliser pour calmer ma faim sur les rochers du sud de la Crète, imitant ainsi, inconsciemment, le Fils prodigue : ce sont les gousses qu'il mangeait avec les porcs, et l'on continue d'en nourrir ces derniers. Certains y voient aussi, peut-être témérairement, l'un des deux éléments du régime de saint Jean-Baptiste au désert, avec le miel sauvage.)

Je sellai Malek et dis au revoir. Nous partions vers l'est.

Il était temps, j'espère qu'il l'est encore, de voir où nous nous trouvions et de jeter un coup d'œil sur le passé de cette région extraordinaire. Depuis l'époque où la frontière romaine courait le long du Danube, l'itinéraire naturel depuis Buda — *Strigonium* — vers le Levant suivait plein sud le lit du fleuve jusqu'à sa rencontre avec le Save, là où devait plus tard s'élever l'énorme et fatidique forteresse de Belgrade ; il empruntait ensuite les défilés des Balkans, traversait les futurs royaumes de Serbie et de Bulgarie jusqu'à Adrianople, puis franchissait la Thrace pour arriver à la Ville impériale ou à l'Hellespont, le commencement de l'Asie. Telle était la liaison terrestre entre les rois de Hongrie et les empereurs byzantins ; ce fut la route suivie par Barberousse et ses croisés lors du voyage qui s'acheva par la mort de l'empereur dans les flots glacés du Calycadnus. Mais l'avant-dernière armée des croisés — les Hongrois du roi Sigismond, avec ses alliés français, allemands, bourguignons, valaques et même, selon certains, un millier d'Anglais — descendit imprudemment vers l'aval, jusqu'à sa rencontre avec Bajazet le Foudroyant qui les arrêta à Nicopolis et les détruisit entièrement (nous y reviendrons). Une ultime croisade menée par la génération suivante fut taillée en pièces au bord de la mer Noire ; après quoi l'on perdit Constantinople elle-même. C'est le même itinéraire, en sens inverse, qui avait conduit les Turcs, d'étape en étape, jusqu'au cœur de l'Europe. Vers la fin du Moyen Age ils avaient soumis les Balkans, et remontaient le fleuve à l'époque tudor. Soliman le Magnifique vainquit le roi Louis II[1], puis il prit et brûla Buda ; mais il assiégea vainement Vienne en 1529 et, lorsque la deuxième tentative ottomane échoua à la fin du siècle suivant, la chance commença de tourner. Charles de Lorraine, puis le prince Eugène, endiguèrent leur avance en les harcelant vers l'aval le long de cette même route fluviale ; et l'armée autrichienne, dans un ordre de bataille terrifiant, vint hardiment assiéger Belgrade avec ses batteries. Le *Stadt und Festung* tomba, et ce chemin consacré par les siècles devint celui de tous les voyageurs vers l'Orient ; notamment pour les ambassadeurs en route vers la Sublime Porte. Des convois de voitures escortés de cavaliers et de mousquetaires, des péniches enrubannées fortes de nombreux rameurs descendaient majestueusement le courant. (Il faut se représenter Lady Mary Wortley-Montagu pendant une halte, délicate, à moitié emmitouflée dans ses fourrures et en robe turque, lisant l'*Homère* de Pope sous un peuplier.)

1. Lajos en magyar, prononcé *Lóyosh*.

Puis ce fut le tour d'Alexander William Kinglake au siècle suivant, mais, et c'est assez vexant, son récit enjambe la Hongrie pour ne commencer que par son imitation d'une locomotive à vapeur à l'intention du pacha de Belgrade ; car la citadelle ardemment désirée était de nouveau turque. Le chemin de fer qui finit par la relier à l'Ouest et à Constantinople joue un grand rôle dans les romans d'espionnage et d'aventure.

(Des années après le voyage de mes vingt ans, je voulus mettre mes pas dans ceux de tous ces voyageurs d'autrefois. Si le fleuve avait évoqué avant Esztergom des champs Élysées liquides, la ressemblance, dans cette partie filant vers le sud, était encore plus frappante. Un large flot ocré se perdait à l'infini en travers de l'Europe, encadré par des franges symétriques de saules et de peupliers, sans âme qui vive sinon un héron jaillissant des feuilles d'iris, ou la barque occasionnelle d'un pêcheur, suspendue dans la brume comme dans une peinture chinoise. Je passai la nuit dans une taverne de mariniers à Mohács, afin de visiter le champ de bataille où Soliman avait renversé le roi Lajos, l'un des repères les plus sombres et bouleversants de l'histoire : une défaite aussi funeste pour la Hongrie que Kosovo pour les Serbes et Constantinople pour les Grecs.)

Voilà pour le chemin qui suit le Danube vers le sud, mais ce n'était pas celui que j'avais pris. Malek et moi l'avions délaissé au profit de l'itinéraire moins fréquenté qui traverse la Grande Plaine en direction de la Transylvanie, et nous trottions vers le sud-est, de plus en plus loin du grand fleuve. Feuilletant plus tard des récits de voyages, je ne pus recenser qu'un petit nombre de voyageurs à avoir choisi cet itinéraire.

A la lisière de l'allégorie, vaguement devinés dans la brume légendaire, dans la poussière des chroniques, ces étrangers inconnus prennent des dimensions extraordinaires, tenant à la fois de l'ogre et du géant, créatures goyesques dominant comme des Paniques les essaims qui se pourchassent dans les solitudes avant de disparaître. Nul détail historique qui puisse redonner beaucoup de vie aux Gépides, ces cousins des Goths qui avaient quitté la Baltique pour s'installer dans les parages à l'époque romaine ; quant aux Lombards, ils ne commencèrent à devenir réels qu'une fois en Italie. Pour le reste, tous les assaillants venaient de l'est, avec les Huns pour redoutable avant-garde. Rayonnant depuis la Grande Plaine, dévastant et asservissant la moitié de l'Europe, ils firent trembler tout l'Empire romain. Seul un miracle sauva Paris et ce n'est qu'à proximité de la Marne qu'ils s'arrêtèrent et rebroussèrent chemin. Quand Attila mourut dans un imprudent lit de noce après un copieux banquet non loin du Tisza — et peut-être fort près du sentier que je suivais —, les Huns galopèrent sans fin autour de sa tente funéraire en une cavalcade. L'État se délita, et les laboureurs espèrent encore ramener à la surface son butin de joyaux, de lingots et d'arcs habillés d'or. Les pâles Gépides survécurent jusqu'à ce que les Avars les dispersent pour prendre leur place durant trois siècles. Comme la plupart des envahisseurs, d'origine mongole et parents des Turcs (ce sont tous des Touraniens), ces hordes de sauvages aux longues tresses menées par leurs khans tyranniques manquèrent emporter Byzance dans leur raz de marée. Sujets constants d'inquiétude pour l'Ouest, leur étrier nouvellement conçu les rendait encore plus formidables : une assiette solide en selle leur permettait d'écarter l'arc comme l'arme par excellence du cavalier, et de le remplacer par le sabre, puis par la lance, qui mena à son tour aux lourdes armures des chevaliers du Moyen Age en préfigurant, d'une manière obscure et barbare, le tank. Lorsque Charlemagne détruisit leur énigmatique système heptaédrique de fortifications et les anéantit, toute l'Europe poussa un soupir de soulagement. Pendant ce temps, s'étendant comme moisissure, les Slaves s'étaient tranquillement répandus vers l'est, le sud et dans les Balkans, en donnant naissance sur leur chemin au fragile royaume de Grande Moravie. Après quoi l'État des Bulgares nouvellement arrivés lança une ramification au nord-ouest, dans le vide laissé par les Avars. (Quel personnage plus éloigné de nous que Swiatopluk, le *kral* de l'éphémère royaume morave ? Et comment pourrait-on désirer ressembler à Krum, le premier khan des Bulgares ? Ses boyards et lui avaient coutume de boire dans le crâne de l'empereur Nicéphore fait prisonnier, après l'avoir coupé en deux et tapissé d'argent.)

Enfin parurent les Magyars. Peuple des marais et de la toundra, ils étaient eux aussi apparentés aux précédents envahisseurs, mais s'étaient écartés de leur parentèle finno-ougrienne des siècles plus tôt. Sans doute se sont-ils frottés aux Perses durant leurs errances ; presque certainement, ils se sont attardés pour un siècle turc ou deux sur les steppes du Pont, vers le nord des mers Caspienne et Noire, où s'étendait le vaste empire mystérieux et si intéressant des Khazars... Laissant derrière eux le fleuve Oural, puis la Volga, le Don et le Dniepr, ils atteignirent le delta du Danube et s'arrêtèrent juste au nord, en Bessarabie. L'empereur byzantin, sauvagement harcelé par les Bulgares, persuada ces Magyars providentiels de passer au sud du Danube pour les assaillir. Contre-attaquant, le chef des Bulgares, Siméon, qui portait désormais le titre de tsar, fit intervenir la terrible race des Pechenegs. Ceux-ci, les plus sauvages, cruels et perfides de tous les nomades des steppes, piaffaient déjà d'impatience dans la cohorte des envahisseurs asiatiques immobilisés derrière les Magyars. Tandis que ces derniers étaient occupés à décimer les Bulgares, ils déferlèrent sur la Bessarabie temporairement abandonnée par les Magyars, la ravagèrent et s'y installèrent.

Une funeste cascade d'événements s'ensuivit. Privés de

la Bessarabie, les Magyars se mirent en route vers le couchant ; certains partirent vers le sud-ouest, suivant le Danube, passèrent les Portes de Fer, puis tournèrent à droite toute ; mais le gros de la troupe fit route vers le nord-ouest, franchit les défilés des Carpates et vira à gauche jusqu'à ce que toutes les tribus fussent réunies sur la Grande Plaine qui devint enfin la Hongrie. Ils jouissaient déjà d'une hiérarchie guerrière ; les autres chefs avaient hissé Arpád sur un bouclier ; ses sujets, cavaliers émérites, tous excellents archers et lanceurs de javelots, avaient des selles et des étriers qui leur permettaient de se tordre comme des tire-bouchons en tirant dans toutes les directions au grand galop. La campagne se fit plus énergique. Ceux des rivaux qui n'étaient pas réduits furent chassés de la plaine ; l'ensemble de la Slovaquie fut conquis, la Transylvanie occupée, le grand royaume morave haché menu, et les Slaves du nord et du sud séparés à jamais.

Pas étonnant que les vieux chroniqueurs aient mélangé les Magyars et les Huns ! Leur origine, leurs conquêtes et leur comportement dans les premières décennies étaient équivalents. Comme les Huns, ils terrorisèrent l'Europe ; ils marchandèrent avec l'empereur romain sous les murs de Constantinople, tyrannisèrent l'Italie jusqu'à Otrante, traversèrent le Rhin, ravagèrent la Lorraine et la Bourgogne jusqu'à ce que l'empereur Otto manque de les anéantir, près d'Augsbourg ; ils repartirent dépités vers leur immense territoire constitué près du Danube. C'est alors que tout commença à changer. Encore quelques décennies, comme nous l'avons vu, et le descendant d'Arpád, Étienne, était le roi d'un grand État chrétien ; il mourut saint ; et les frontières de la Hongrie, si l'on néglige le fait qu'elles s'étendirent par la suite pour englober le royaume de Croatie, et qu'elles furent morcelées un ou deux siècles durant par l'invasion des Turcs, demeurèrent inchangées pendant neuf cents ans. Le couronnement capital de saint Étienne à Esztergom en l'an mille — comme celui de Charlemagne à Saint-Pierre le jour de Noël 800 — est l'une de ces heureuses dates clés qui nous permettent de retrouver nos esprits dans ce chaos.

Cependant, le cortège des nomades ne s'était pas encore tari. Nous avons vu ce qui arriva avec les Mongols en 1241, et comment le royaume du roi Béla se trouva réduit en cendres. Pour repeupler ce désert, il fit entrer une nouvelle horde des steppes, les Cumans[1] ; et ceux-ci étaient encore pires que les Pechenegs. Un grand nombre d'entre eux s'installèrent sur la plaine ; dans l'espoir de les amadouer, Béla fit épouser à son fils une princesse cumane, mais le pouvoir de cette horde grandit jusqu'à ce que le pays menace de sombrer dans le paganisme barbare ; finalement, la brave et intelligente dynastie des Arpáds commença de s'étioler. À la mort du dernier, en 1301, les Anjous de Naples, leurs héritiers légaux, leur succédèrent, et une lignée méritante de rois angevins, qui culmina en la personne du roi Louis, ou Lajos, ressuscita le pays ; la reconstruction débuta et pendant quelque temps les hirondelles purent regagner les mêmes chevrons d'année en année, et les cigognes leurs cheminées, sans retrouver des ruines. Mais les Turcs s'agitaient déjà dans les coulisses.

Quand j'avais déplié ma carte sous le caroubier, le fleuve Tisza filait vers le sud-est pour rejoindre le Danube, et serpentait en plein devant ma route ; les noms de lieux éparpillés sur la rive orientale me frappaient : Kúncsorba, Kúnszentmartón, Kúnvegytöke, etc. La première syllabe, apparemment, signifiait « Cuman », et la

1. Ils portaient le nom de Kipchaks, à proximité de leur rivière sibérienne d'origine, l'Irtish, et de Polovtzi en Russie du Sud, d'où les « danses polovtziennes » dans *Le Prince Igor*.

région portait encore le nom de Nagykunság, ou Grande Cumanie. Sur la berge où je me trouvais, en revanche, un autre genre de noms s'étendait vers le sud : Kiskúnhalas, Kiskúnfélegyháza, Kiskúndoroszma. *Kis* signifie « petit » : ces noms se trouvaient en Kiskunság, ou Petite Cumanie.

Ainsi, c'était l'endroit où les Cumans avaient fini par échouer ! De fait, plus près encore de mon itinéraire, se déroulait un rallye-papier de noms de lieux encore plus étranges. Jászboldogháza, par exemple, à quelques milles au nord ; un peu plus loin, Jászladány, Jászapáti, Jászalsószentgyörgy, et bien d'autres... Ici, la première syllabe évoquait une race d'immigrants bien plus inattendus et vénérables. Au troisième siècle avant notre ère, les Jazyges, subdivision de langue persane des Sarmates mentionnés par Hérodote, furent d'abord repérés dans les régions scythes, près de la mer d'Azov, et certains d'entre eux firent route vers l'ouest. Il s'agissait d'alliés de Mithridate — Ovide parle d'eux durant son exil au bord de la mer Noire — et, entre le Danube et le Tisza, là même où leurs descendants devaient s'établir, ils causèrent bien des ennuis aux Romains. La colonne de Marc Aurèle sur la piazza Colonna nous permet d'avoir une idée exacte de leur aspect. Sur le bas-relief, ces guerriers — tout comme leurs chevaux jusqu'aux boulets — sont caparaçonnés dans des armures squameuses qui leur donnent l'air de fourmiliers écailleux. Sans javelots, tirant derrière eux à la manière célèbre des Parthes, ils remontent la spirale au petit galop, en tendant leurs arcs.

Avaient-ils laissé quelque autre trace sur la plaine ? Quelque obscure et inexplicable coutume, une particularité de faciès, quelques mots ou une expression attardée ? Certains souvenirs épars des Pechenegs et des Cumans palpitent encore dans les Balkans ; mais cette nation tout entière semble s'être évanouie comme un feu follet et seuls les noms de lieux trahissent les sites de leur évaporation. Il fut un temps où ils jonchaient l'hémisphère sur toute la zone qui s'étend des rives du Danube aux brumes de l'Oxus et au silence des solitudes.

Il devait se passer encore plusieurs jours avant que j'entendisse parler de ces sauvages créatures, mais je ne puis résister au plaisir de les présenter pendant que je suis sur leurs terres. J'appris également que Jászberény, une vieille ville tout à fait au nord, l'un des sites qui revendiquent d'avoir été la capitale d'Attila, possédait toujours une antique corne d'ivoire sculptée dans une défense. Bien qu'il s'agisse en fait d'un travail byzantin, on la révérait naguère comme l'olifant de Lehel, le chef de l'une des premières tribus magyares ; ce cor est aussi célèbre que celui de Roland en Occident. Je savais déjà que Charlemagne avait soumis les Avars et je me rendais compte, assez tristement, que ces milles à cheval constituaient la dernière portion de mon itinéraire qui fût liée au grand empereur : il avait paru jusqu'ici présider à tout mon voyage. Je maudissais l'ignorance qui m'avait permis de passer à hauteur d'Aachen sans savoir qu'il s'agissait d'Aix-la-Chapelle ! Personnage totalement historique, avec Alcuin d'York et sa cour d'érudits, ses dates, ses guerres, ses déclarations et ses lois bien connues, et notamment les noms bizarres qu'il donnait aux mois — « *hornung* », « *ostarmonath* » et le reste —, il s'est trouvé effleuré et métamorphosé par le nuage de la fable. Les veillées au coin du feu, les légendes, des générations de bardes et de chants de troubadours l'ont hissé quelque part entre Alexandre et le roi Arthur où il flotte, couronné de murailles, énorme, avec une barbe volumineuse, recouvert de lierre et de gui, annoncé par les aigles et les corbeaux, escorté par des chiens-loups, accompagné d'anges et d'oriflammes, entouré d'une armée de prélats, de moines et de paladins ; il est assimilé à Odin et, tel Adonis, apparenté aux saisons ; des tremblements de terre, des éclipses de soleil et de lune ouvrent sa route, des étoiles filantes et des éclairs le célèbrent ; des cors et des harpes le propulsent sur les plaines, l'emportent à travers les défilés, les forêts et au sommet de montagnes escarpées, jusqu'à ce que son auréole se confonde avec les sept étoiles de son Chariot.

En l'an 802, je venais de l'apprendre, Haroun al-Rachid fit cadeau à Charlemagne d'un éléphant. On l'appelait Abulahaz, Père du Vaillant, et l'empereur l'installa dans son parc d'Aix jusqu'à sa mort lors d'une bataille avec les Danois. On ignore absolument le chemin que l'animal avait suivi : s'agit-il de la vieille route danubienne ? Ou vint-il par Brindisi et la Via Appia ? Par Venise ou Grado, puis l'Adige et le Brenner — bien à l'est de la route d'Hannibal, cette fois —, et finalement le Rhin ? Ou fallait-il comprendre que le calife l'avait envoyé par l'Hellespont ou le Bosphore ? Il aurait pu, bien que toutes sortes de dangers fussent tapies dans les Balkans : Krum et ses boyards auraient pu débusquer l'animal pour le manger... Mais la Grande Plaine, qui restait marécageuse et boisée pour l'essentiel, constituait le pays idéal pour un éléphant. Sans doute venait-il des contreforts de l'Himalaya, ou peut-être des marais et des forêts de sāls d'Azufghur... C'est très facilement, à présent, que je me représentais Abulahaz, son cornac et ses palefreniers, et une troupe de lanciers bédouins se frayant un chemin à travers les clairières et les plaines, épiés par des charbonniers slaves arriérés, et peut-être quelque Dace égaré survivant, depuis leurs grossières tanières. Il s'était même peut-être arrêté sur ma route, à quelques milles d'ici, pour plonger sa trompe dans le Tisza et s'arroser d'eau fraîche au milieu des roseaux ombragés.

Pendant ce temps, parcourue par les ombres des nuages à fonds plats, cette terre étale restait variée, avec ses champs de blé, ses alignements de peupliers et de vergers ;

une fois, j'aperçus un moulin à vent éloigné qui interrompait la platitude ; de toutes parts on voyait des puits à balancier et de vastes prés herbus où faire paître le pâle bétail. Certains bergers, appuyés sur leurs perches semblables à des tomahawks, portaient encore leurs manteaux de peau brute ; d'autres, des capes faites d'une sorte de feutre et pourvues de savants entrelacs brodés sur les épaules. À l'entrée des fermes et des hameaux, les oies surgissaient de leurs mares pour se précipiter sur le chemin en sifflant et tendant le cou ; elles ne manquaient pas de battre des ailes d'un air menaçant quand Malek passait prudemment à leur hauteur ; si au contraire elles se trouvaient sur la terre ferme, elles se ruaient dans leur mare en soulevant des trombes d'eau. Les femmes étaient parées de tabliers, de broderies, de blouses plissées de la façon la plus imprévue et la plus exquise, et leurs cheveux pris dans des coiffes ou des foulards. La plupart fourraient des quenouilles dans de brillantes écharpes gansées. Humectant le pouce et l'index, elles tiraient et tordaient les fils sur les écheveaux de laine vierge qui ennuageaient la tête des quenouilles, puis les enroulaient de l'autre main sur leurs fuseaux. Ceux-ci montaient et descendaient comme de lents yo-yo en accumulant des bobines de fil de plus en plus épaisses ; ensuite, tendues sur leurs métiers, elles s'attelaient au tissage de ces capes raides et denses. Assise sous les roses trémières à la porte de sa chaumière, une jeune fille s'activait à son rouet, un instrument joliment sculpté et poli par des générations de labeur, le seul que j'aie jamais vu utiliser.

Ces longues étendues fertiles me laissent un souvenir de rosée et d'herbe neuve, tandis que les sabots de Malek foulaient les bois et les fleurs, que le soleil montant irradiait si clairement les feuilles, les pétales et les brins d'herbe qu'ils paraissaient enflammés. Les forêts abondaient en rouges-queues et traquets motteux, tout juste arrivés de leurs incroyables voyages, trahis par leurs croupions pointant entre les troncs, au milieu des oiseaux qui avaient déjà bâti leurs nids et, à découvert, les alouettes des champs jaillissaient de l'herbe à notre approche en chantant, comme suspendues par un fil dans le ciel. La vie ne laissait rien qui pût encore être désiré. Les oreilles alertes et le bon caractère de Malek, son pas infatigable et plaisant, et le bien-être qu'il engendrait, tout cela faisait que nos contentements se reflétaient l'un l'autre, comme il arrive souvent entre le cheval et le cavalier.

Je m'étais dirigé trop au nord dans l'obscurité, et la ville invisible de Cegléd s'étendait au sud-ouest. Nous fîmes halte et mangeâmes à l'ombre près de la rivière Zagyva. Un peu plus tard, un changement dans les cultures, la taille des arbres soudain plus élevés et l'abondance des bergeronnettes annoncèrent la proximité d'un autre cours d'eau ; bientôt il apparut, à travers les saules et les peupliers énormes et largement étalés : le vaste Tisza, le deuxième fleuve de Hongrie, qui serpentait calmement vers le sud entre ses rives basses et un friselis de roseaux. On avait tiré sous les arbres quelques barques grossières, et un pêcheur peinait sur l'autre rive avec un épervier, le ramenait encore et encore dans sa barque puis le lançait dans le courant en produisant une succession de nuages intermittents.

L'éléphant du calife me trottait dans la tête tandis que nous descendions le courant ; alors, parmi les ajoncs plumeux, se présenta un spectacle aussi inattendu, presque aussi frappant. Tout juste visible à la surface d'un bras mort, un large mufle noir, d'aspect poreux, émergea, ses naseaux béants alourdis par un grand anneau. Jaillissant en arrière sur une bosse hirsute poussaient d'énormes cornes aplaties. Des yeux sombres et liquides fixèrent les miens avec un ressentiment hébété. Non loin de là se trouvait une autre créature tout aussi énorme et inélégante, revêtue elle aussi de boue, qui agitait paresseusement une queue à l'extrémité velue. J'avais croisé bien des bœufs de trait sur la route, mais personne ne m'avait parlé des buffles d'eau, surprise plutôt effrayante. J'en revis plusieurs, par la suite, notamment en Transylvanie, qui se vautraient dans la vase ou tiraient, accolés deux à deux, de lourds fardeaux avec une lenteur et une mauvaise volonté incroyables.

Nous arrêtant à un pont qui nous eût emmenés à Törökszentmiklos — le nom commémorait les Turcs, pour une fois, en même temps que saint Michel —, nous suivîmes la rive droite vers Szolnok. Bientôt, les carrioles, le bétail, la voiture à poney qui venaient en sens inverse me firent supposer qu'un marché se terminait. Après quoi nous atteignîmes les faubourgs poussiéreux d'une ville, et j'eus vite trouvé la maison que je cherchais.

Le docteur Imre Hunyor, un personnage rubicond et enjoué, s'attendait à l'invasion. Nous nous rendîmes aussitôt chez un voisin possédant une écurie et un paddock — je suis presque certain qu'il s'agissait du vétérinaire — auquel nous confiâmes Malek. Comme nous repartions, deux setters roux nous emboîtèrent le pas avec un air intéressé. Un teckel les rejoignit. Deux chiens de berger arrivèrent. Quand toute une portée de chiots presque adultes débarqua en bondissant gauchement d'un air suppliant, le docteur et moi fîmes halte pour échanger des regards intrigués. Cependant, deux animaux indéfinissables descendaient l'allée d'un pas alerte et amical, suivis de trois autres qui tous levaient la tête, comme dans l'expectative.

— Je me demande, fit le docteur Hunyor, s'il pourrait s'agir de *cela* ?

Il indiquait les fontes de ma selle sur mon bras. Encore trop grand pour disparaître à l'intérieur, le saucisson enrubanné de rouge, blanc et vert avait reçu le soleil tout le jour, et la brise du soir dissipait son fumet sur la *puszta*, tant et si bien qu'en dépit de mon accoutumance, je finis moi-même par le remarquer. Les chiens agitaient la queue ; un ou deux commencèrent à sauter en l'air en aboyant. Résigné à sa perte, j'étais sur le point de lancer le salami au beau milieu quand le médecin m'interrompit :

— *Nein ! nein ! Es würde einen Bürgerkrieg lancieren !* Cela provoquerait une guerre civile !

Alors je sortis mon couteau et le tranchai en lamelles odorantes que j'envoyai en l'air. Les chiens en délire s'éparpillèrent et l'affaire fut réglée en un instant.

Dans le premier volume de ce récit, je mentionne un épais cahier vert acheté à Bratislava que j'utilisai comme carnet journalier, et que j'oubliai par erreur, cinq ans plus tard, au commencement de la guerre, dans la demeure campagnarde d'un ami chez qui je séjournais, en Roumanie[1]. Il y a quelques années, après des décennies de séparation, je le récupérai miraculeusement, avec sa reliure verte un peu endommagée et pâlie, mais intact. Ce journal rédigé au crayon est fort utile, sans être toutefois le soutien constant qu'il devrait. Je l'entamai en Slovaquie, avec un long passage pour chaque jour ; en ville, peut-être à cause des migraines matinales, il m'arrivait de le négliger, et il ne redémarre pas toujours en même temps que le voyage. Il devait en aller de même à Budapest et au commencement des voyages ultérieurs. De Szolnok, par exemple, je ne mentionne que le nom, et celui de l'aimable médecin qui m'hébergea : je me souviens de la délicieuse soupe de carpes, écarlate et orange, bouillante et débordante de paprika que nous engloutîmes à dîner, mais je ne l'ai pas consignée ; quant au reste, il s'est enfui. Le lendemain, il est fait mention du « baron Schossberger » et de « Pusztatenyö », une petite localité à environ douze milles au sud-est. Szolnok même ne m'a laissé qu'un

1. La maison s'appelait *Baleni,* dans la région moldave de Covurlui, non loin du Prut.

vague souvenir. Je me rappelle avoir franchi au trot le pont du Tisza, parce que je fis halte au milieu pour regarder passer un convoi de radeaux descendant vers l'aval, entre de grandes masses de peupliers assez hauts sur les rives pour qu'on y vît une forêt pâle et scintillante. Les radeaux disparurent sous le pont, émergèrent de l'autre côté avant de s'amenuiser avec leurs chargements de bois, en route vers le Danube. Peu après, j'atteignis une demeure campagnarde basse sur pattes (où l'aimable docteur Hunyor avait déjà téléphoné), et veillai à ce qu'on installât Malek dans un box pendant le déjeuner. La propriété appartenait à un ami de Tibor v. Thuroczy, un beau-frère de Pips Schey, qui s'était montré si gentil pour moi en Slovaquie ; le baron Schossberger venait d'une famille de banquiers juifs de Budapest. Grand, vif, au regard perçant, c'était un fermier passionné ; il caressa fièrement une moissonneuse-batteuse toute neuve en regagnant la maison.

Un peu plus tard, comme Malek et moi passions au petit galop devant une halte de chemin de fer endormie du nom de Pusztapo, la scène s'éclaircit un peu ; le nom m'est resté à cause de sa seule bizarrerie. Ces hameaux se constituaient pour ainsi dire d'une rangée de chaumières de part et d'autre d'une route poussiéreuse. Parfois je m'y arrêtais pour acheter de l'avoine ; quand le mot *kocsma* inscrit sur une porte, ou peint en blanc sur un carreau de fenêtre, indiquait une taverne, je mettais pied à terre et m'assseyais sur le banc extérieur au milieu des roses trémières en bourgeon, avec un petit verre de schnaps campagnard et retors qui s'appelait *seprü*, ou *cseresznye* quand il était à base de cerises. Parfois, clignant des yeux dans le soleil et la poussière, un roulier ou deux se trouvaient sur ce même banc, et bien que nous ne puissions communiquer, j'étais aussitôt entouré d'amis à cause de leur amour des chevaux : la belle allure de Malek séduisait tout le monde et chacun le flattait. « *Nagyon szép !* » murmurait-on — « Très beau ! » —, ou « *Az egy szép ló* » — « C'est un bon cheval »... (Des tentatives lexicologiques reviennent ici et là dans mon journal : *zab*, avoine ; *ló*, cheval ; *lovagolok*, je chevauche ; *lovagolni fogok*, je chevaucherai ; *lovagolni fogok holnap Mezötúrra*, je chevaucherai demain jusqu'à Mezötúr. *Gyönyörü !*, excellent ou de premier ordre, lis-je un peu plus loin, et *Rettenetes !*, terrible !, etc.) Assis, les rênes détendues dans la main sous le feuillage transparent des acacias, je me sentais comme un cow-boy solitaire égaré au milieu de tribus peu connues, et les Bohémiens comme les bergers, avec leurs houlettes en forme de tomahawks, se chargeaient de confirmer cette impression.

Quand nous laissions derrière nous un village, nous nous retrouvions seuls une fois de plus dans ce paysage plat et désormais familier, à moitié désertique et à moitié cultivé, avec ses troupeaux, ses pâtres, ses puits à balancier solitaires et ses processions de nuages à l'horizon. En fin d'après-midi, nous nous frayions un chemin au milieu d'un autre troupeau immense de bovins pourvus de ces longues cornes droites. Bientôt des taudis de Bohémiens apparurent, avec un amas de fours, d'abris, des milliers de briques mises à sécher, et un cimetière tentaculaire infesté par les mauvaises herbes ; puis les maisons en dur se multiplièrent et nous atteignîmes les faubourgs d'une ville provinciale assez importante, Mezötúr.

Plus petite que Szolnok, la localité avait tout de même une certaine taille. (Entre deux cafés, dans la grand-rue, dont la façade arborait un obligeant *kávéház*, je découvris une autre vitrine emplie de produits de beauté, de lotions et de photos de femmes aux paupières baissées qui enduisaient de crème leurs jolies peaux avec cette mystérieuse pancarte : *Szépség Szálón.* Avec quelques secondes de retard, comme dans une indolente machine à calculer, « Salon de beauté » remonta à la surface...) De nombreuses boutiques avaient un nom juif, d'origine allemande mais orthographié à la hongroise. D'autres noms étaient seulement hongrois — Kis, Nagy, Fehér, Fekete — où il faut peut-être voir des traductions de Klein, Gross, Weiss et Schwarz, modifiés au cours d'incursions magyares dans le passé [1]. Un épicier du nom de Csillag — Stern ? — m'indiqua le chemin d'une écurie. Il y avait plein de chevaux dans les parages, et de nombreuses carrioles ; de vieilles voitures à quatre roues, toutes décaties, avec leurs capotes baissées, attendaient patiemment sous les feuilles ou passaient bruyamment dans la lumière vespérale et poussiéreuse. Au bout d'une impasse, à côté de l'écurie, je liai conversation avec un ancien étudiant, du nom de Miklos Lederer. Il venait d'entrer comme apprenti chez un pharmacien ; une fois que Malek eut été nourri et abreuvé, il m'aida à transporter tout mon fourniment dans une pièce de la maison où il s'était installé. A moitié hongrois, à moitié souabe, il parlait aussi allemand. Comme tout le monde à cette heure du jour, nous déambulâmes dans la ville tandis que filaient, affairées, les hirondelles au-dessus de nos têtes ; l'atmosphère avait un je-ne-sais-quoi d'oriental. (C'est plus tard seulement que je découvris qu'au sud de certains parallèles de latitude variable, le *corso* — cette promenade vespérale universelle — se retrouve du Portugal jusqu'à la Grande muraille de Chine.) Nous partageâmes un poulet au paprika dans un restaurant, puis bûmes notre café à l'extérieur. Le bruit et la musique nous attirèrent ensuite dans un *vendéglö* beaucoup plus modeste, fréquenté par les bergers et les bouviers. Ces gaillards étaient rudes, hirsutes, tannés par le grand air, en bottes montantes ou en mocassins de cuir brut serrés par des lanières, et ils portaient de petits chapeaux noirs, fumaient des pipes

1. Mon ami R.F. m'a mis en garde contre des conclusions trop hâtives dans ce domaine. Comme bien d'autres choses en Hongrie, elles sont plus complexes qu'il n'y paraît.

étranges au fourneau pourvu d'un couvercle de métal, à la tige de roseau ou de bambou longue d'une trentaine de centimètres ; les plus élégants boutonnaient leur col jusqu'à l'apoplexie, mais ils ne portaient pas de cravate. Les instruments des Bohémiens étaient un violon, un violoncelle, une contrebasse, un cymbalum et, assez surprenante ici, une harpe ouvragée, dorée, écaillée, haute de six pieds, qu'un harpiste fort basané serrait entre ses genoux ; ses arpèges ajoutaient une note liquide aux airs tour à tour langoureux et brusquement rageurs. Certains des clients titubaient déjà : l'alcool renversé, les regards vitreux, les sourires béats abondaient. Comme tous les campagnards qui s'aventurent à la ville, les nouveaux arrivants paraissaient d'abord timides et gauches, mais pour peu de temps. Une tablée tapageuse, qui réclamait à grands cris une musique plus sauvage et un vin plus fort, menaçait de s'effondrer.

— Ils seront bientôt en larmes, dit Miklos en souriant.

Il avait dit vrai. Mais ce n'étaient pas des larmes de tristesse ; c'était une sorte d'extase qui mouillait ces orbites ridées. J'entendais parler du *mulatság* pour la première fois — c'est-à-dire l'enthousiasme, le ravissement et la mélancolie, parfois la dépression que les cordes des Bohémiens, secondées par une absorption d'alcool continuelle, peuvent engendrer. J'aimais moi aussi cette musique si souvent méprisée, et lorsque nous levâmes le siège après une ou deux heures, je me sentais gagné par la même délectation larmoyante. Nous avions englouti beaucoup de vin.

Et je me demande combien de sang cuman et jazyge se mêlait au hongrois dans les veines de ces fêtards.

Le lendemain, les nuages jusqu'ici confinés à l'horizon menaçaient de se rejoindre au-dessus de nos têtes. Un dais inquiétant se forma, et je sentis une goutte tomber sur mon cou ; Malek frissonna, ses oreilles frétillèrent d'un air interrogateur et les étoiles sombres qui se multipliaient tout autour de nous dans la poussière ne tardèrent pas à s'étendre, à grêler le sol tout entier. Mais l'averse fut brève. Le soleil revint et un arc-en-ciel enjamba le paysage à mi-distance. Les nuages se dissipèrent, la robe luisante de Malek et ma chemise furent bientôt sèches, cependant qu'une brise fraîche et humide, des teintes pluvieuses et neuves transformaient les champs et les arbres. J'aurais aimé apercevoir la *fata morgana* qui hante la Grande Plaine durant les mois d'été ; mais au-delà des minces lignes d'humidité parfois étendues au loin par le plein soleil, il n'y en avait nulle trace. J'avais lu et entendu des histoires concernant les diables de poussière de l'Alföld. Des maelstroms de poussière, de paille et de feuilles mortes tourbillonnent dans le vent, montent à de prodigieuses hauteurs avant de balayer à toute vitesse la plaine qu'ils paraissent tondre, et essuyer comme des fantômes en pleine course ; mais leur saison de prédilection est l'automne, et je devais découvrir ces phénomènes beaucoup plus tard, sur le Baragan, cette étendue steppique et désolée qui entoure l'avant-dernier méandre du fleuve, face à la Dobrogée.

Un bois s'étendait devant nous et, tout à coup, l'appel d'un coucou rompit le silence. Il grandit à notre approche, et devint si clair que les oreilles du cheval frétillèrent à nouveau. La platitude étrange du terrain, l'arc-en-ciel et le brusque coucou — un son que chacun tend à s'approprier, comme le chant du rossignol — suscitèrent un assaut de nostalgie, abrupt et inattendu. Pourquoi arpentais-je ce beau paysage, au lieu des bois et des collines familiers d'Angleterre, mille milles plus loin à l'est ? Quand nous fûmes à couvert, ce sentiment grandit, accentué par la complicité des troncs d'arbres : étais-je dans un bosquet anglais ? Noisetiers, sureaux, églantiers et cerfeuil sauvage poussaient dans une clairière, et des gouttes d'eau s'attardaient au creux des feuilles. Il y avait de la clématite sauvage, de la belladone, des ronces qui se couvriraient de mûres d'ici deux mois ; un merle qui picorait les feuilles mortes s'envola pour se percher dans les branches éclairées par les rayons obliques. J'aperçus deux chardonnerets, une grive et une fauvette à tête noire. Troublé, je m'assis sous un arbre, mangeai du pain et du fromage saupoudré de paprika, puis une pomme, et fumai cigarette sur cigarette en écoutant le coucou, la chanson du merle et les *bis* de la grive, pendant que Malek broutait l'herbe à un mètre de moi. Le coucou surpassait tous les autres ; on l'entendait comme s'il s'était trouvé au-dessus, et je le percevais encore bien après avoir quitté le bois.

Des coquelicots jonchaient les vertes récoltes, l'odeur du foin, du trèfle et de la luzerne flottait dans l'air et je voyais paître des chevaux aux crinières fauves. J'aurais aimé que ce voyage ne prît jamais fin. Mais la prochaine étape, derrière une autre ligne verte d'arbres, était la dernière, malgré mon allure traînarde à la fin de cette trop brève chevauchée. Je suivis une voie de chemin de fer, traversai un pont jeté sur une rivière impétueuse et entrai à Gyoma. Le régisseur du propriétaire de Malek y avait un ami auquel je devais confier ma monture. Je supposais que le voyage de retour jusqu'à ce château voisin de Budapest, à moitié entrevu dans son écrin de feuilles, pourrait se révéler difficile ; mais j'avais à peine parlé que mon interlocuteur balaya l'hypothèse de la main. Rien ne serait plus simple ; il confierait Malek à une personne se rendant le lendemain dans la capitale — d'après un panneau, nous n'étions qu'à cent soixante-six kilomètres de Budapest — et il serait rentré en quelques heures. Je l'abandonnai le cœur lourd.

Le docteur Vitéz Haviar Gyula était grand, brun, d'aspect légèrement oriental avec ses yeux aux paupières lourdes, son nez busqué, ses tempes hautes et étroites, un sourire plutôt triste. Je me demandais s'il pouvait être d'origine arménienne : nombre d'Arméniens, respectés pour leur agilité mentale et taquinés à cause de leur gros nez, étaient éparpillés dans le pays comme des assemblées de toucans. Mais son nom n'avait rien d'arménien, ni même de hongrois. Il arrivait que les noms roumains tirés d'une profession eussent une terminaison en *-ar*, mais je ne pense pas que ce fût le cas ici ; des gravures bien connues de Kossuth et Déak pendaient dans son salon et, avec l'allemand pas très courant dans lequel nous conversions, le hongrois était sa seule langue. Je dînai avec lui et sa famille dans un restaurant de la grand-rue sous le croissant de la nouvelle lune et une treille chargée de lilas (*orgona* en magyar : le mot me revient tout à coup près d'un demi-siècle plus tard). L'air était étouffant après l'averse et il faisait soudain très chaud. La petite ville regorgeait de flâneurs du soir, dont plusieurs s'arrêtèrent à notre table pour bavarder ; j'imaginais à quoi pouvaient ressembler les villes de la Grande Plaine au mois d'août. Le dîner, puis le lit, se matérialisèrent comme par enchantement. Nourri comme Élie par les corbeaux, je ne m'étonnais plus de rien ; mais je me félicitais constamment de ce bonheur.

Je vidai le sac de selle sur un fauteuil le lendemain pour refaire mon sac à dos et Mme Haviar ramassa quelques esquisses que j'avais laissées tomber. Elles n'étaient pas très bonnes, mais elle me pria tout de même de faire un dessin de sa fille, Erszi, une étonnante et charmante petite fille d'une dizaine d'années. Souvent, j'avais donné des esquisses à mes hôtes d'Allemagne ou d'Autriche en guise de remerciements — personne ne semblait s'offusquer de leur gaucherie —, j'acceptai donc aussitôt et Erszi monta comme l'éclair, tout excitée, pour se recoiffer. Comme elle n'avait pas reparu au bout de dix minutes, ils l'appelèrent en criant, pour la voir revenir métamorphosée sous un chapeau cloche de sa mère, de longues boucles d'oreille et une étole de renard ; elle s'était poudrée et avait souligné la courbe de ses lèvres comme l'arc de Cupidon. Juchée sur un tabouret, elle arrondit sur sa hanche un poignet orné d'un bracelet, tandis qu'elle arborait de l'autre main un fume-cigarette long de cinquante centimètres, en tapotant la cendre avec une langueur de vamp. Le tableau était convaincant et plutôt inquiétant, celui, prématuré, de quelqu'un qui s'habille trop vieux pour son âge.

— Quelle petite sotte ! fit sa mère, ravie.

Je ne suis pas sûr que mon esquisse lui ait bien rendu justice.

Un peu plus tard, quand elle eut repris son costume habituel, elle se rendit avec moi et son père à l'écurie de Malek. Je m'étais muni de quelques morceaux de sucre d'adieu et préparé à saluer mon destrier en véritable Arabe. Nous trouvâmes Malek en train de jouer avec quelques poneys à l'extrémité du paddock mais, sitôt que je l'eus appelé, il accourut au petit trot en agitant la crinière et la queue — manifestation flatteuse pour moi — et je tapotai l'étoile de son front, caressai le bel arc de son col pour la dernière fois. Je lui dis au revoir, pris congé de mon hôte et d'Erszi, et m'en fus. Mon modèle, encore enthousiasmé par sa récente transformation, n'arrêtait pas d'agiter la main, de sautiller et de crier « *Viszontlátásra !* » jusqu'à ce que nous fussions hors de portée de voix.

Le Körös me tint compagnie toute la journée. La rivière était endiguée pour parer aux inondations et entièrement bordée d'arbres, de sorte que les branches mouchetaient d'ombres le chemin et les berges tout au long. Des boules de duvet venues des épilobes flottaient au-dessus de l'eau et chacun de mes pas ou presque suscitait plusieurs plongeons de grenouilles. Des roseaux, de grands massifs d'ajoncs abritaient des familles de poules d'eau tandis que des libellules mauves planaient et se posaient sur les iris jaunes. Je m'assis pour fumer et un brusque mouvement trahit une loutre ; elle regarda autour d'elle, courut sur une racine de saule et se glissa dans l'eau avec un « plouf » qui rida le bras d'eau de cercles concentriques. Elle avait autant de nourriture qu'elle voulait : les poissons scintillaient dans l'eau claire et, un peu plus loin en amont, deux garçons s'activaient avec de longs roseaux et des bouchons de liège. Leur prise, enfilée par les branchies, était placée à l'intérieur d'un arbre creux ; nous avions à peine échangé un bonjour qu'il y eut un éclair argenté, et qu'ils en tirèrent un autre du courant. Quand je fis « *Eljen !* » — Bravo ! espérai-je — ils me le proposèrent, mais je n'avais pas grande envie de jouer les Tobies pour ma prochaine étape. Le bétail se rassemblait sous les branches et pataugeait dans l'eau jusqu'au genou pendant que les troupeaux de moutons, occupant tous les pouces d'ombre des champs, fuyaient la lumière de midi, immobiles comme des fossiles.

Une brusque nuée de Bohémiens m'incita à jeter un coup d'œil parmi les tentes et les carrioles au cas où il se serait agi de mes amis de Cegléd, mais en vain. Des hommes munis de serpettes portaient de longues bottes de roseaux sur la tête qui rebondissaient au rythme de leur marche. Les femmes s'avançaient dans l'eau jusqu'à mi-cuisse, lavaient et tordaient leurs hardes et leurs parures dépenaillées avant de les pendre en festons sur les buissons et les branches, pendant que des troupes de garçons, semblables à celles que j'avais vues à Pâques sur la rive slovaque, écumaient les berges pour faire sortir de leurs tanières des proies quasi immangeables — des campagnols, des belettes, des rats d'eau, etc. Ils abandonnaient le travail sérieux à leurs petites sœurs qui trottaient, infatigables, à hauteur de leur seule chance de la journée, en criant « *Bácsi ! Bácsi !* » — car les proies masculines des petites Bohémiennes méritent toutes le titre d'oncle honoraire ; et leurs cris aigus « Oncle ! Oncle ! » continuèrent sur environ deux cents mètres. Quand ces reproches *diminuendo* se furent enfin tus, je restai de nouveau seul avec les hirondelles qui se faisaient la courbette dans l'ombre ou l'éclair bleu-vert occasionnel d'un martin-pêcheur, les seuls phénomènes qui troublassent la quiétude des feuilles et de l'eau.

Tôt dans l'après-midi, la rivière bifurqua et je remontai le long du Sebes (rapide) Körös, jusqu'à ce qu'un clocher de bardeaux rouges m'apprît que j'étais arrivé au vieux village de Köröstadány.

A première vue, le mot magyar *kastély* — qu'on prononce assez bizarrement « *koshté* », à peu près — suggère, comme *Schloss*, une bâtisse fortifiée et crénelée, mais l'équivalent anglais le plus proche de ceux que je vis en Hongrie et en Transylvanie serait un manoir, et c'est le terme qui s'impose quand je m'efforce de me rappeler le *kastély* de Köröstadány, dont le temps a quelque peu brouillé les contours. De plain-pied comme un ranch, sans du tout produire, bien sûr, la même impression d'efficacité, c'était un long bâtiment ocre de la fin du dix-huitième siècle orné de frontons baroques chantournés et arrondis couronnant de grandes portes, de tuiles pâlies, de nids d'hirondelles et de volets écartés pour laisser pénétrer la lumière de la fin d'après-midi. Posant mes affaires sous les trophées du vestibule, je fus conduit par plusieurs pièces contiguës aux doubles portes ouvertes à la rencontre de mon hôtesse, au milieu d'une enfilade ombreuse. Elle était charmante et belle, avec des cheveux blonds et raides coupés court — je pense qu'ils étaient séparés par une raie au milieu, car c'est ce détail qui me la rappela quelques années plus tard quand je fis la connaissance d'Iris Tree. Elle portait une robe de lin blanc, des espadrilles, et tenait une cigarette allumée à la main ainsi qu'un étui à cigarettes.

— Voici donc le voyageur, dit-elle d'une voix aimable, légèrement enrouée, avant de me précéder à l'extérieur par une porte-fenêtre pour me présenter à l'ensemble de la famille — sauf son mari qui devait rentrer de Budapest le lendemain — assemblée autour du thé sous de grands marronniers dont perçaient, encore tout collants, les clochetons roses et blancs.

Je les revois, réunis comme une *conversation piece* de Copley ou de Vuillard, et parviens presque à saisir leur reflet sur la porcelaine et l'argenterie. Il y avait donc la comtesse Ilona Meran, tout juste décrite, un fils et une fille du nom de Hansi et Marcsi, d'environ treize et quatorze ans, et une autre fille beaucoup plus jeune appelée Helli, tous trois très beaux, un peu sérieux, avec de très jolies manières. Il y avait une amie, une parente peut-être, du nom de Christine Esterházy, et une gouvernante autrichienne. Tous, sauf cette dernière, parlaient anglais ; mais je ne me rappelle pas une seule parole prononcée — seulement leur mine, le spectacle sous les larges feuilles et le charme de l'heure. Nous restâmes à parler jusqu'à ce qu'il fût temps pour les domestiques d'allumer, de déverser des mares de lumière avec de grandes allumettes de papier dans l'enfilade des pièces parfumées à la lavande. Elles éclairaient les dos des reliures, les tableaux, un mobilier qui avait juste la patine pâlie requise dans une résidence campagnarde, des rideaux lavés des centaines de fois et une partition ouverte au-dessus des touches d'un clavier. Quelle musique ? Je ne m'en souviens pas ; mais voici qu'après toutes ces années, je revois une vasque posée sur le piano, pleine d'énormes pivoines blanches et rouges dont quelques pétales sont tombés sur le parquet verni.

Pendant que je me préparais pour le dîner, puis plus tard avant de me coucher, je regardai les tableaux sur les murs de ma chambre. Il y avait un Schloss Glanegg juché sur un rocher escarpé et plusieurs parents Almásy de la comtesse Ilona, ainsi qu'un certain nombre de Wenckheim parés de fourrures et de leurs glorieux cimeterres ; il y avait aussi une gravure coloriée du dix-neuvième qui m'enchanta. Elle montrait un éblouissant dandy des années 1820 — je crois qu'il s'appelait Zichy — à la barbe et aux moustaches fuselées, avec un foulard bleu à pois et une veste de chasse anglaise écarlate. C'était l'un de ces formidables centaures hongrois, si fameux dans les comtés pour leur intrépidité dans le courre. Ceux qu'on voit déambuler sur la pelouse du rendez-vous de Badminton ou dans les gravures d'Ackermann représentant les catastrophes causées par les énormes haies, avec les chiens aboyant de toutes leurs forces, ceux qui dévalent Ranksborough Gorse, franchissent le Whissendine Brook, traversent les paroisses boisées d'un clocher à l'autre, ils sont là ; et par-dessus tout, dans ces festivités nocturnes autour d'une table lourdement chargée, lorsque, superbes paladins en veste rouge de soirée, ils bondissent sur leurs pieds au milieu d'un amas de serviettes, de seaux à glace et de bouteilles vides pour brandir leurs verres dans un turbulent unisson. Les légendes qui figurent dans les coins comportent souvent, parmi les Osbaldestone et les Asshe-ton-Smith, les noms de l'un ou l'autre de ces Nemrods de la Grande Plaine[1].

Dans la bibliothèque, le lendemain, pendant qu'avaient lieu les leçons dans la pièce voisine, je collectai le plus grand nombre d'informations possible sur l'Alföld jusqu'à ce qu'il fût l'heure de partir pique-niquer. Une sorte de victoria vint s'arrêter devant la porte, en scintillant de tous ses rayons, et tout le monde s'y entassa. J'étais très impressionné par le chapeau qui allait avec la livrée noire à brandebourgs noirs du cocher. C'était une sorte de pâté en croûte de feutre noir — ou peut-être de velours ? — dont la bordure se relevait à la verticale, avec une plume noire d'autruche plantée sur la couronne décrivant un demi-cercle d'avant en arrière, tandis que deux rubans

1. Esterházy, par exemple, ou le comte Sándor, le père de Pauline Metternich ; et plus tard, bien qu'il vînt de Bohême, Kinsky, vainqueur du Grand National.

noirs flottaient sur son dos. Fallait-il y voir un legs des spahis turcs ou des janissaires ; ou pouvait-il s'agir d'une survivance des premiers envahisseurs magyars ? (Tels étaient mes thèmes constants de réflexion, à l'époque.) Notre passage suscita de nombreux saluts et levers de chapeaux, et, alors que nous avions parcouru environ un demi-mille, un appel hésitant nous parvint du bord du chemin. La comtesse Ilona fit arrêter, sauta à terre et se trouvait un instant plus tard dans les bras d'une vieille en foulard ; après des cris de reconnaissance, un long bavardage entrecoupé de rires — et aussi de larmes, je crois bien, et de nouvelles embrassades —, elle remonta en voiture, émue de toute évidence : elle agita la main jusqu'à ce que nous fussions hors de vue. Il s'agissait de la mère d'une personne du village qui avait émigré en Amérique quinze ans auparavant et venait de revenir au pays, deux jours plus tôt, malade de nostalgie.

Près d'un coude du Körös, nous nous installâmes sur un talus herbeux à l'ombre de quelques saules pour festoyer, tandis que les chevaux broutaient et agitaient la queue dans la pénombre, pas très loin. Un héron glissa à travers les branches et vint se poser au milieu des feuilles d'iris sur un banc de sable entre deux eaux. Nous étions à la lisière d'un grand bois. Il regorgeait d'oiseaux et comme la conversation languissait, dans ces heures silencieuses du début de l'après-midi, trois daims dont les bois commençaient à pointer s'avancèrent prudemment jusqu'au bord de l'eau. Sur le chemin du retour, stimulés par une chanson venue des champs, nous nous mîmes doucement à chanter : en autrichien, allemand, anglais et hongrois. Je restai muet dans cette dernière circonstance, mais ils connaissaient *Érik a, érik a búza kalász*, ma préférée à Budapest. Aucune chanson n'aurait pu mieux convenir : nous longions un champ de blé effleuré par les hirondelles où les épis verts perceraient bientôt, juste comme dans la chanson. C'était l'heure des cloches tintinnabulantes, des meuglements et des bêlements, où les troupeaux, tout embrasés par des nuages de poussière et d'or, convergeaient vers le village, et notre retour au *kastély* coïncida avec l'arrivée du maître de maison. Le *Graf* Johann — ou Hansi — Meran était très grand, les cheveux et la moustache bruns, avec des traits fins et aquilins pénétrés d'une extrême bonté. Ses enfants se ruèrent sur lui et, dès qu'il s'en fut dépêtré, il accueillit les autres en baisant d'abord les mains puis les joues, selon cette coutume à la fois polie et affectueuse que j'avais découverte en Haute-Autriche.

Les charmes de ce lieu et de ses habitants paraissent trop grands, trop complets pour être vrais. Cela ne m'échappe pas, mais je suis bien obligé de les décrire comme je les ai ressentis. Du reste, ce séjour avait une autre dimension, inattendue, qui donna une réalité soudaine à des pans entiers de l'histoire européenne du siècle précédent. Une fois encore, ce furent les tableaux de ma chambre qui me mirent sur la piste. L'un d'eux montrait l'archiduc Charles, étendard en main, chargeant les armées napoléoniennes à travers les roseaux d'Aspern. (Sa statue, face à celle du prince Eugène sur la Heldenplatz de Vienne, le saisit au même instant, sur un destrier frénétiquement cabré. Comme cela l'aurait surpris ! Il avait refusé toutes les statues et tous les honneurs au cours de sa vie.) C'est en contemplant le Marchfeld, outre le Danube, peu après avoir quitté Vienne, que j'avais commencé de penser à lui : c'était là, à quelques milles de Wagram, que la bataille, la première victoire alliée sur Napoléon, avait été farouchement remportée. La gravure suivante montrait son frère, le sujet de cette interminable chanson en dialecte bas-styrien intitulée *Erzherzog-Johanns-Lied :* je l'avais d'abord entendue dans une auberge faisant face à Pöchlarn, et souvent par la suite. Ces deux frères, qui comptaient bien d'autres frères et sœurs, étaient les petits-enfants de Marie-

Thérèse, les neveux de Marie-Antoinette et les fils de Léopold II ; et leur frère aîné, qui monta sur le trône sous le nom de François II, fut le dernier empereur du Saint-Empire. (De peur que Napoléon ne tente d'usurper ce fantastique honneur, il y renonça et devint empereur d'Autriche, un peu plus de mille ans après le couronnement de Charlemagne.)

Mais l'archiduc Jean était le plus intéressant de tous. Il prit courageusement la tête d'une armée contre Napoléon à l'âge de dix-huit ans, gouverna ses provinces avec sagesse et justice, et se vit souvent confier des charges importantes aux heures critiques. Intelligent, décidé, pétri des principes de Rousseau, ce fut un adversaire farouche de Metternich, et sa passion pour la vie simple des montagnards en fit une sorte de roi sans couronne de la chaîne des Alpes, depuis la Croatie jusqu'à la Suisse. Sur cette gravure romantique, datant de 1830 peut-être, il s'appuyait sur un *alpenstock,* environné de sommets arborés, une carabine sur l'épaule et coiffé d'un chapeau à larges bords rejeté en arrière. Quelle joie de pouvoir parler des qualités de ces parangons de Habsbourgs ! Courage, sagesse, compétence, imagination et passion pour la justice les guidaient dans des directions tout opposées au triste sort de leur dynastie, et ce prince-là mit le dernier point à sa détestation de la capitale en concluant une alliance morganatique avec la fille d'un maître de poste styrien. Ses enfants et elle reçurent le nom de la ville alors appelée Meran, dans le Sud-Tyrol, et aujourd'hui Merano dans le Haut-Adige.

— Oui, fit la comtesse Ilona quand je m'enquis de lui, c'était l'arrière-grand-père de Hansi, et voici — elle indiqua du doigt un tableau — la charmante Anna. Elle fut terriblement heureuse quand elle crut discerner chez son premier-né la marque de la lèvre des Habsbourgs, la pauvre enfant ! (La trace en était peu perceptible chez son mari et semblait avoir complètement disparu chez leur progéniture.)

Elle m'exposa toute l'histoire avec patience et humour, secourue de temps à autre par le comte Hansi qui lisait son journal en fumant dans un fauteuil voisin.

— Je dois avouer, poursuivit-elle en riant, que lorsqu'il y a eu naguère toutes ces discussions pour savoir qui devait être roi, je ne pouvais m'empêcher de me dire (et elle désigna son mari d'un signe de tête) : pourquoi pas *lui* ?

Son mari se récria sur un « Allons ! Allons » désapprobateur, ricana dans sa barbe, et revint à son journal.

J'aurais presque souhaité, en repartant, que mon plan m'emmenât dans une autre direction, car deux jours de marche vers le nord-est m'auraient conduit au désert de Hortobágy, avec ses troupeaux de chevaux sauvages et ses fameux et farouches bergers. (Assez bizarrement, ces gauchos à éperons maniaques du fouet étaient de stricts protestants ; Debrecen, la capitale de leur steppe, n'avait pas cessé d'être un fief calviniste depuis la Réforme.) Mais les vieilles cartes vues la veille dans la bibliothèque m'avaient convaincu, en présageant suffisamment d'éloignement et de désolation dans l'itinéraire du sud-ouest où je m'engageais. Un siècle auparavant, l'essentiel de cette partie de l'Alföld n'était qu'un vaste marais dominé ici et là par quelques oasis plus élevées. Les hameaux y étaient distillés au compte-gouttes, et, à la différence du vieux village de Körösladány, la plupart étaient des fondations du dix-neuvième siècle qui n'avaient germé qu'après l'assèchement du marais. L'atmosphère désolée était renforcée par ces grands puits à balancier dressant leurs poutres dans le néant. Dans la région méridionale de la province cumane célébrée par Petöfi — quelle étrangeté, la manière dont les noms des poètes hongrois pointaient à tout bout de champ dans la conversation ou dans les livres ! —, de lourdes plaines isolaient fréquemment les villages sur leurs petites éminences en constituant des archipels qu'on ne pouvait atteindre que par des barques à fond plat. Il est vrai que, pour rétablir l'équilibre, certaines régions proches de Szeged se trouvaient complètement asséchées en juillet et août au point de n'être plus que des étendues scintillantes de cristaux de soude et, pour les voyageurs imprudents, déjà intrigués par les mirages et les trombes de poussière, ces hectares cristallins devaient constituer le bouquet final des hallucinations estivales. On avait vu des lacs peu profonds s'assécher complètement puis se remplir à nouveau, et, après une brève interruption dans la chaîne de l'évolution, les roseaux repoussaient, les poissons nageaient, suivis par les têtards puis par les grenouilles qui commençaient à coasser. C'est avec un frais soulagement qu'on pensait aux lacs éternels pleins de carpes du sud-ouest et à l'abondance débordante du Tisza ; et j'oubliais ces poissons que les garçons puisaient par pleines brassées dans le rapide Körös ! Aux jours où les tristes bois qui m'entouraient restaient inexplorés et sans possesseurs, les Betyárs les avaient infestés : affables bandits de grand chemin et brigands qui détenaient les voyageurs contre rançon, ravissaient les troupeaux de moutons et de bœufs, et levaient tribut sur les nobles isolés dans leurs châteaux. C'était un pays de dangers, de légendes et d'actions intrépides.

Mon étape n'était pas longue. Déclinant vertueusement l'offre d'un conducteur de carriole, je peinai sur la route de Vesztö que j'atteignis dans l'après-midi. Le comte Lajos — c'est-à-dire Louis, bien qu'on lui donnât toujours un surnom — était un cousin de mes amis de Körösladány. (En Europe centrale, à l'époque, à partir du moment où vous faisiez la connaissance d'un comte, vous aviez toutes chances, si vous rencontriez sa parentèle, de tomber sur toute une série d'entre eux. Mon érudit de la

Wachau m'avait beaucoup amusé avec cette question de la prolifération des titres, y compris le sien. « Un comte vaut à peu près un *earl* », m'avait-il dit, « de sorte que Lady Clara Vere de Vere, si elle était née dans cette partie du monde, aurait facilement pu être la grand-mère de cent comtes [1], et pas seulement leur fille — avec un peu de chance, naturellement. Dix fils, et dix fils par fils. Cela vous fait une centaine, au lieu d'un seul, comme en Angleterre. »)

Je le trouvai se promenant dans l'avenue qui conduisait à la demeure. Il devait avoir dans les trente-cinq ans. Il avait l'air fragile, tremblait légèrement, arborait une expression angoissée — qui n'était pas destinée qu'à moi, heureusement — qu'éclairait un assez douloureux sourire. Un vilain accident de voiture après s'être endormi au volant avait renforcé la lenteur naturelle de son élocution. Il avait quelque chose de touchant et de vraiment gentil, et, en écrivant ces lignes, je regarde deux esquisses de lui faites au dos de mon carnet ; elles ne sont pas très bonnes, mais je retrouve un peu de l'impression qu'il me fit.

Outre le magyar, il ne parlait qu'allemand.

— Venez voir mes *Trappen !* me dit-il.

Je ne comprenais pas le dernier mot, mais nous contournâmes la maison vers un bosquet sous lequel se tenaient deux énormes oiseaux. Au premier regard, on avait l'impression d'un mélange d'oie et de dinde, mais ils étaient plus grands, plus nobles et plus massifs que l'une ou l'autre et, à y regarder de plus près, totalement différents : le plus gros oiseau faisait bien plus d'un mètre du bec au bout de la queue. Il avait le cou gris pâle avec un collier pourpre, le dos et les ailes d'un beige rougeâtre tacheté et d'étranges moustaches tombantes lui paraient le bec comme des vibrisses de *dundrearies* jaune pâle. Leur démarche était imposante ; quand notre approche les fit

1. « La fille d'une centaine de comtes », Tennyson *(N.d.T.)*.

détaler, Lajos me tint en retrait. Il continua à avancer et répandit des graines : le plus gros oiseau se laissa gratter la tête. A la grande désolation de Lajos, le fermier qui les avait trouvés le mois précédent leur avait rogné les ailes ; cependant, quand le mâle ouvrit les siennes, puis étala une belle queue en éventail ressemblant à celle d'une dinde, il parut un instant tout à fait blanc avant de s'assombrir de nouveau en les refermant. C'étaient de grandes outardes, des oiseaux rares et sauvages que les gens associaient à tort aux autruches. Elles aiment les endroits désolés comme la *puszta*, et Lajos avait l'intention de les garder jusqu'à ce que leurs plumes eussent suffisamment repoussé pour qu'elles puissent reprendre leur vol. Il aimait les oiseaux et savait leur plaire, car ceux-ci le suivaient dans l'escalier de leur démarche royale, puis à travers le salon et le vestibule jusqu'à la porte d'entrée, et quand il la referma, nous pûmes les entendre la frapper de temps en temps avec leur bec.

Au cours du dîner, il aborda les migrations printanières et automnales des grues et des oies sauvages. Ces dernières voyagent parfois en formation triangulaire, à d'autres moments en file indienne, sur des milles d'affilée ; contrairement aux cigognes qui, comme je l'avais vu deux semaines plus tôt, se déplacent en groupe interminable, lâchement structuré, aussi effiloché que les meutes de nomades des âges sombres du Moyen Age. Je savais qu'il avait un excellent coup de fusil. Il venait de parler des bécasses et, alors que je pensais qu'il avait fini, il articula, très lentement :

— Leur nom latin est *scolopax*...

Un long silence s'ensuivit ; puis il reprit :

— ... *rusticola*.

Enfin, après un silence encore plus long, il ajouta un autre « *rusticola* », comme en transe.

Sa femme était partie et, pendant le dîner comme

par la suite, au cours de notre conversation à la lueur des lampes, je sentais la solitude peser sur la maison (je suppose que c'est à ce moment-là que je fis mes esquisses, si j'en juge par l'ombrage), et quand il me demanda de rester un ou deux jours, j'eus l'impression que ce n'était pas simple politesse ; mais je devais avancer.

On servit le petit déjeuner dans une pièce ensoleillée près de ses appartements.

— Je ne suis pas un oiseau très matinal, dit-il, tendant sa tasse pour qu'on lui resserve du café.

Il portait encore ses chaussons et une chemise de nuit tuyautée à l'ancienne mode, avec sur la poitrine les initiales W.L. [1] sous une discrète couronne à neuf boules, et j'étais sûr, en écoutant le rythme presque rêveur de ses phrases, qu'un cœur très bon battait là-dessous. Après quoi les gens ne cessèrent d'entrer et sortir pour prendre les ordres : certains lui baisaient la main ; un lent bavardage et des rires emplirent bientôt la pièce. L'atmosphère avait quelque chose de moliéresque, un parfum de *petit lever du roi* [2] ; tout en s'habillant lentement, tandis qu'un valet modèle et attentif lui présentait chaque pièce de son costume, il répondait sans hâte et d'un ton absorbé à ses visiteurs ou régisseurs, avant d'émerger finalement dans un costume de golf et des souliers de marche étincelants. Il prit un peu de maïs dans un panier du vestibule et nous sortîmes à la rencontre des outardes.

— Ne portez-vous pas de canne ? s'enquit-il dans le vestibule comme je chargeais mon sac, sur le point de partir.

Je lui répondis que j'avais perdu mon bâton. Il en saisit un sur le porte-cannes et me le remit assez solennellement.

1. En hongrois, le nom précède le prénom.
2. En français dans le texte.

— Voici ! Un souvenir de Vesztö. C'était mon vieux berger qui les faisait, jadis. Mais il est mort.

C'était une très belle canne, bien équilibrée et toute sculptée d'un motif de feuilles, avec au milieu, un peu plus bas sur la tige, les armes de Hongrie : les fasces de droite symbolisaient les fleuves du pays, cependant qu'à sénestre une triple colline avec une croix de Lorraine au milieu matérialisait les chaînes montagneuses et la foi prévalente, les deux partitions étant coiffées par la couronne apostolique avec sa croix de guingois. Ce cadeau m'enchanta. Il venait d'ailleurs à point : ma dernière canne s'était égarée la semaine précédente. Pour rehausser les pattes des étriers de Malek, je l'avais fourrée dans un buisson, et, une fois en selle, n'y avais plus pensé. (Elle y est peut-être encore. L'embout ferré étant tombé, elle a pu prendre racine et pousser de quinze mètres, depuis le temps.)

On m'attendait dans la soirée, après une journée de marche facile, chez un autre de ses parents.

— Oui, fit-il, nous sommes nombreux, *aber wir sind wie die Erdäpfel, der beste Teil unter der Erde* (nous sommes comme les pommes de terre, la meilleure partie est sous terre).

Je ne savais trop s'il fallait y voir une parole très sérieuse ou une plaisanterie. Après l'au revoir, je me retournai et le vis lancer ses grains au-devant des immenses oiseaux.

A certains moments, la plaine paraissait déserte sur des milles ; à d'autres, peu après, vous vous trouviez au milieu de champs et de noues, ou traversiez la cour d'une ferme pleine de canards et de pintades qui paraissait s'être matérialisée par enchantement de la *puszta*. (En fait, c'était parfois le contraire qui arrivait : on a vu de grosses bâtisses s'enfoncer de cinq ou six pieds dans le sol meuble.) J'atteignis Doboz à la nuit tombée et reçus un accueil enthousiaste du cousin de Lajos, Lászlo : on devait avoir eu vent du dangereux personnage qui écumait le sud-est de l'Alföld, et Dieu merci ! je ne saurai jamais si l'on en parlait comme d'une menace ou sur un ton plaisant. C'est de cette dernière manière, en tout cas, que me considérait le *Graf* Lászlo (ou plutôt *gróf*, en hongrois) ; un instant plus tard, je me retrouvai devant un verre et il me fallut lui raconter — ainsi qu'à sa blonde *grófnö* — mon voyage. Il était rubicond et impérieux, et quant à elle — on me l'avait dit, mais je l'avais oublié — elle était anglaise, de Londres en fait, « comme mon accent l'indique », remarqua-t-elle gaiement. Elle était montée sur les planches — « pas d'une façon très relevée, j'en ai peur », m'avait-on aussi appris — comme danseuse ou chanteuse, et bien qu'elle n'eût plus rien d'une sylphide, on voyait encore combien elle avait été belle, et combien elle restait gentille. Tous deux rayonnaient de bonté. En Allemagne et en Autriche, dès que j'avais révélé mes intentions, la première question qu'on posait était toujours : où se trouvaient mon père et ma mère ? Après ma réponse : « Aux Indes et en Angleterre », une deuxième question s'ensuivait régulièrement : « *Und was denkt Ihre Frau Mama davon ?* », « Qu'en pense votre mère ? Vous devez lui manquer, à vagabonder comme cela dans un pays si éloigné... », et c'est ce qui se passa en ce jour. Je leur déclarai que tout allait bien et que je lui écrivais souvent.

Ils semblaient également inquiets à l'idée de mon passage en Roumanie. Ni l'un ni l'autre n'y étaient jamais allés, mais ils nourrissaient de sombres pressentiments.

— C'est un endroit terrible ! Ce sont tous des voleurs et des filous ! On ne peut leur faire confiance. Ils vous prendront tout ce que vous avez et... — ils se mirent ici à chuchoter — des vallées entières sont infestées par les maladies vénériennes : oh ! soyez prudent !

L'anxiété de leurs regards trahissait leur sincérité et je commençais d'éprouver une certaine inquiétude en même temps que de l'excitation. Les jours passés sur la rive slovaque du Danube, où la plupart des habitants étaient hongrois, m'avaient donné un premier aperçu de la puissance des convictions hongroises irrédentistes. Le préjugé anti-slovaque était fort ; mais, depuis que le traité de Trianon leur avait ôté la Transylvanie, le simple mot de Roumanie les faisait bouillir et je pense que cette amputation était encore plus mal et plus amèrement ressentie que la perte de la Slovaquie ; beaucoup plus que l'abandon d'une partie méridionale de la Hongrie d'avant-guerre à la Yougoslavie. Il me faudra revenir un peu plus tard sur ce problème insoluble et déchirant. Bien sûr, ce n'était pas la première fois que j'entendais aborder cette question et j'avais eu le temps de saisir l'intensité des passions.

Tout à coup, mon hôtesse s'élança à l'étage et revint avec un bel étui de cuir qui semblait un tout petit peu trop grand pour un jeu de cartes.

— Vous *devez* faire attention à vous, mon cher, dit-elle.

Le *gróf* Lászlo hocha gravement la tête. Je me demandai ce qui se trouvait à l'intérieur de l'étui. L'idée me vint, mais pour une seconde de folie seulement, qu'il pouvait s'agir de quelque talisman contre les insidieuses menaces médicales des vallées.

— C'est qu'on rencontre toutes sortes de drôles de types dans les tournées théâtrales ! Cet objet me fut offert il y a bien des années par l'un de mes admirateurs, poursuivit-elle. Il ne peut plus me servir aujourd'hui, alors prenez-le.

En dégageant la languette de cuir de sa fente, je découvris un minuscule pistolet automatique, ce qu'on appelait jadis un pistolet de dame ; la crosse était recouverte de nacre et il y avait une boîte de munitions de tout petit calibre. C'était le genre d'objet que les femmes extirpent de leurs réticules sur la scène quand leur honneur est en jeu. Je me sentais assez excité, et très touché. Mais leur anxiété, sans fondement comme l'avenir le prouva, était réelle.

Le lendemain, le Körös me barra le chemin. Il n'y avait pas de pont en vue ; je suivis donc la berge regorgeant de lapins jusqu'à ce qu'un vieux pêcheur, pâle comme un fantôme et tout de blanc vêtu, me fît passer à la godille de l'autre côté. Les clients de l'auberge semblaient différents, et je tendis les oreilles en entendant une langue slave. Il s'agissait de Slovaques installés là depuis des siècles, à des centaines de milles de leur ancien territoire, après l'expulsion des Turcs, et c'étaient des luthériens pieux de la confession d'Augsbourg, à la différence des protestants de Debrecen, calvinistes jusqu'au dernier.

Le chemin se faisait plus long que prévu. Pour une fois, j'aspirais à stopper une voiture ; je ne voulais pas être en retard et, au moment même où je formais ce vœu, un nuage de poussière apparut, suivi d'un tonneau mené par un humble paysan coiffé d'une casquette de mouton, qui transportait deux bonnes sœurs. L'une d'elles me fit de la place en souriant dans un cliquetis de chapelet. Nous parcourûmes plusieurs milles, assez pour distinguer à l'horizon, sur la droite, la ville de Békéscsaba, avec les deux flèches jumelles de la cathédrale catholique et le vaste couvre-théière du dôme de cuivre vert des protestants scintillant derrière les grandes tiges de maïs. Tous trois avaient de nouveau disparu quand les sœurs me déposèrent à mon carrefour. Elles étaient plutôt impressionnées par ma destination, tout comme moi.

Le frère aîné de Lászlo, Jószi (Joseph), le chef de cette nombreuse famille, et sa femme Denise, étaient les seuls de mes bienfaiteurs sur la Grande Plaine que je connusse déjà. Cela s'était passé lors d'un déjeuner plutôt somptueux dans leur maison sur le versant de Buda ; en apprenant que je faisais route vers le sud-est, ils m'avaient invité à séjourner chez eux. Un autre frère, Pál, un diplomate dont l'urbanité raffinée était celle d'un Norpois hongrois, m'y avait exhorté :

— Allez-y absolument ! Jószi est un grand personnage, dans le coin. C'est une étonnante maison, mais nous l'aimons beaucoup.

Une fois passé le grand portail, je fus un instant perdu. Une forêt d'immenses arbres exotiques se mêlait aux chênes, aux tilleuls et aux marronniers. Les magnolias et les tulipiers allaient fleurir, les branches des cèdres bibliques traînaient leurs éventails sur le sol, tous résonnaient du chant des grives et des merles ou du roucoulement quasi soporifique d'un millier de colombes, et la demeure qui se trouvait au milieu, quand les arbres s'écartèrent, paraissait plus extraordinaire à chaque pas. C'était une vaste bâtisse couleur beige, édifiée peut-être à l'emplacement d'une maison plus ancienne, dans les dernières décennies du dix-neuvième siècle. Blois, Amboise et Azay-le-Rideau (que je ne connaissais que par photo interposée) venaient aussitôt à l'esprit. On y voyait des pinacles, des frontons, des pignons baroques, des ogives, des meneaux, des toits d'ardoise pentus, des tours où flottaient des drapeaux et des volées de marches couvertes s'achevant sur des colonnades d'arcs en doucine.

De vastes ailes entouraient une cour et, depuis la terrasse de la grand-porte, une double volée d'escalier descendait en fer à cheval. Alors que je traversais cette *place d'armes*[1], plusieurs personnes sortaient de la maison, parmi lesquelles le comte Jószi. Averti par Lászlo, il me reconnut sur-le-champ.

— Vous êtes justement celui qu'il me faut ! cria-t-il en me saluant de la main. Venez !

Je le suivis, lui et ses compagnons, à travers la cour jusqu'à un appentis.

1. En français dans le texte.

— Avez-vous jamais joué au polo à bicyclette? s'enquit-il en me saisissant le coude.

J'en avais eu un aperçu au collège, en jouant avec des cannes et une balle de tennis sur un court de tennis en dur ; c'était assez mal vu. Mais ici, ils avaient de véritables cannes de polo taillées comme il faut, une vraie balle de polo, et l'appentis regorgeait de bicyclettes endommagées, mais robustes. Jószi était mon capitaine et un célèbre joueur de polo à cheval dirigeait l'autre équipe ; deux autres invités, deux valets de chambre et un palefrenier formaient le reste des joueurs. C'était un jeu de vitesse, d'intrépidité, riche en collisions, mais quelle joie de frapper la balle correctement ! Elle faisait un gros bruit bien net et donnait une idée séduisante de ce à quoi pouvait ressembler le véritable jeu. Je n'arrivais pas à m'expliquer que toutes les guiboles ne fussent pas ouvertes jusqu'à l'os, ni qu'aucune des fenêtres de la maison ne fût brisée, dans la mesure où l'un des goals y était adossé. L'équipe adverse triompha, non sans que nous ayons marqué quatre buts et, nos montures une fois rentrées à l'écurie, nous gagnâmes en boitillant l'escalier, d'où la comtesse Denise, sa sœur Cécile et quelques autres nous avaient regardés, appuyées sur la balustrade, comme des dames du temps jadis, les yeux plongés sur la lice du combat.

Quelle chance, ces bonnes sœurs arrivant à point nommé ! me dis-je un peu plus tard en sirotant du whisky à l'eau dans un verre très lourd. On me conduisit par un haut couloir jusqu'à ma chambre où je retrouvai l'un des jeunes valets de pied, de nouveau impeccable, mais la mine embarrassée, comme il s'efforçait vainement de disposer avec élégance les affaires sorties de son sac. Nous ne pouvions nous dire un mot, mais je me mis à rire et il m'imita : se flanquer à bas d'un vélo renverse bien des barrières. Je m'enfonçai dans une énorme baignoire.

La comtesse Denise et le comte Jószi étaient cousins au

premier degré, imitant en cela des générations plus anciennes.

— Nous sommes plus étroitement liés que les Ptolémées, me dit-elle au cours du dîner. Nous devrions tous être fous.

Cécile comme elle étaient brunes, avaient de beaux traits et partageaient l'air mélancolique de toute la famille ; mais leur sourire savait lui aussi y substituer la même chaleur amicale. Le visage distingué de son mari, sous ses cheveux grisonnants ramenés en arrière, faisait une impression identique. (Très jeune, sous le coup d'un accès dépressif, il s'était tiré une balle dans la poitrine, manquant de peu son cœur.) Il avait fort belle allure, dans une vieille veste de smoking bordeaux. La famille de Dürer venait de la ville voisine de Gyula, déclara la comtesse ; on avait traduit le mot hongrois Ajtós — portier — en haut-allemand, Thürer, qui s'était transformé en Dürer quand la famille avait émigré pour s'établir dans l'orfèvrerie à Nuremberg. Au salon, un peu plus tard, mon ami valet de pied vint apporter au comte Jószi une incroyable pipe dont le tuyau de cerisier faisait plus d'un mètre et se terminait par une embouchure d'ambre. Le fourneau d'écume de mer, à l'autre bout, était déjà allumé et, après l'avoir posé confortablement sur son cou-de-pied, le comte ne tarda pas à être environné de fumée. S'apercevant de ma fascination et de celle d'un autre invité, il demanda deux autres calumets de ce genre, qui entrèrent quelques minutes plus tard, déjà rougeoyants ; avant de les présenter, on trempait leur embouchure dans l'eau. La délicieuse fumée me paraissait le summum du luxe oriental, car ces pipes étaient les seules descendantes des longs *chibouks* décrits par tous les voyageurs du Levant, et représentés dans toutes les gravures ; les Turcs de l'Empire ottoman y voyaient un substitut du narguilé. (Quant à cet ustensile sinueux qu'est le *houkah* turc, il subsistait encore dans tous les

Balkans et, avant la fin de l'été, je devais tirer dessus, comme un pacha, dans bien des *khans* bulgares. Mais la Hongrie était le dernier pays au monde où le *chibouk* s'attardât. En Turquie même, comme je le découvris à l'hiver, il avait complètement disparu, tels le *khanjar* et le *yatagan*).

Ybl, l'architecte du château, s'en était donné à cœur joie avec les détails héraldiques. Bêtes, casques, couronnes et armoiries partaient dans tous les sens, et l'on retrouvait les épées et les ailes d'aigle du blason familial sur tous les drapeaux, rideaux de lit et courtepointes. L'esprit de Sir Walter Scott et de Dante Gabriel Rossetti semblait présider à cet endroit, et comme j'avais été plongé dans cette atmosphère dès mon plus jeune âge, que tout ce qui avait trait aux châteaux, sièges, écussons, tournois et croisades me faisait battre la chamade, tous ces ornements m'enchantaient.

Des champs de jeune blé parsemés de coquelicots entouraient les jardins boisés et le château ; comme nous les traversions le lendemain matin au retour d'une promenade à cheval, Cécile, la sœur de mon hôtesse, jeta un coup d'œil à sa montre et s'écria :

— Je vais être en retard à Budapest !

Nous l'escortâmes jusqu'à un champ où attendait un petit avion ; elle y grimpa et agita la main, le pilote lança l'hélice, l'herbe s'aplatit comme sous un sèche-cheveux gigantesque, et ils disparurent. Szigi, le fils aîné, m'emmena ensuite au sommet de la tour d'où nous avions vue sur une infinité de cultures parcourues par les ombres calmes des nuages. Il partirait pour Ampleforth[1] dans quelques trimestres ; était-ce bien ? Je lui dis qu'à mon sens c'était une excellente école, et que les moines y arbitraient les matches en enfilant des vestes blanches pardessus leurs robes, détail qui parut le satisfaire. En

1. Fameuse *public-school* catholique dans le Yorkshire *(N.d.T.)*.

explorant la bibliothèque, je tombai en arrêt devant une étagère peu accessible chargée des volumes des débats de la Diète hongroise au début du dix-neuvième siècle ; non pas à cause de leur contenu — parlotes relatives au droit de métayage, à l'irrigation, à l'extension ou à la limitation du cens, etc. —, mais parce qu'ils étaient tous rédigés en latin, et je fus sidéré d'apprendre que, jusqu'en 1839, ç'avait été la seule langue employée, tant à l'oral que par écrit, au Parlement et dans les cours de province.

Le polo à bicyclette qui suivit le thé fut encore plus brutal que la veille. Un *chukka* s'acheva par une culbute générale, et nous tâchions de nous dépêtrer lorsque la maîtresse de maison nous appela depuis la balustrade.

Une voiture à deux chevaux, conduite par un cocher coiffé d'un chapeau à plume et enrubanné, s'approchait du pied de l'escalier. Abandonnant aussitôt son maillet, notre hôte alla aider l'unique visiteur à descendre et il s'inclina dès que ce dernier eut mis pied à terre. Ce nouveau venu, grand, légèrement voûté, aux cheveux et à la barbe blanche taillés à la mode élisabéthaine ou édouardienne, vêtu d'un chapeau vert et d'une cape de loden, était l'archiduc Joseph. Établi dans un domaine voisin, il appartenait à une branche des Habsbourgs devenue hongroise et, pendant la période troublée consécutive à la défaite et à la révolution hongroises, il avait brièvement exercé les fonctions de Palatin du royaume — c'est-à-dire d'une manière de régent — jusqu'à ce que les alliés victorieux l'en évincent. Notre hôtesse avait commencé de descendre l'escalier pendant que l'archiduc le gravissait lentement, en disant d'une voix tremblante « *Kezeit csókólóm kedves Denise grófnö* » — Je vous baise la main, chère comtesse Denise —, et quand il s'inclina pour ce faire, elle fit la révérence, de sorte qu'ils s'abaissèrent d'environ quinze centimètres sur les larges marches, de biais et simultanément, avant de se redresser lentement. Puis, quand on nous eut fait monter, suants et échevelés, pour nous présenter, nous ressautâmes en selle, pédalâmes et maniâmes énergiquement le maillet jusqu'à ce qu'il fît trop noir.

On me prêta quelque chose de plus présentable que mon pantalon de toile et mes chaussures de gym pour le dîner. L'archiduc s'associa par la suite à la cérémonie du *chibouk*, et le souvenir de ces vapeurs odoriférantes auréole encore la dernière nuit et la dernière demeure de la Grande Plaine.

Quelqu'un m'avait dit (bien que ce fût inexact, à mon avis) que les autorités roumaines ne permettaient à personne de franchir la frontière à pied : la traversée devait s'effectuer par le train. De sorte que, pendant toute la journée du lendemain, je me frayai un passage à travers les champs de blé dans la direction de Lökösháza, l'ultime gare avant la frontière : une région vide ponctuée de quelques fermes, aux innombrables alouettes, où les cultures alternaient avec les pâturages. Une boussole oubliée dans l'une des poches de mon sac me permit de tenir le cap du sud-est au milieu d'un réseau lâche de sentiers secondaires. Il y avait des bosquets de trembles, de nombreuses zones marécageuses et le chant des courlis ; oisons et canetons suivaient leur guide le long des chemins de village. La seule circulation était constituée par des carrioles menées par des ânes et de longues charrettes, hautes sur roues, pourvues de bâches arrondies. Conduites par des Slovaques blonds, celles-ci allaient rapidement derrière leurs chevaux puissants, aux queues et aux crinières blondes, harnachés par trois, comme à une troïka russe. Des pompons rouge vif décoraient leur harnais, et des poulains et pouliches, attachés de part et d'autre, galopaient avec application pour rester à leur niveau. La plaine résonnait de coucous.

Je choisis une meule de foin à l'approche de la brune. Une large corniche avait été taillée aux deux tiers de sa hauteur, où une échelle oubliée permettait de monter facilement. J'y fus bientôt juché et déballai le pain beurré, le porc fumé et les poires qu'on m'avait donnés à O'Kigyos. Après quoi je finis le vin entamé à midi. Cette solitude soudaine, le fait de se coucher avec les poules, tout cela semblait un peu triste après toute une semaine de soirées pleines de gaieté ; mais l'impression était contrebalancée par le plaisir de dormir à la belle étoile pour la quatrième fois, et parce que je savais approcher du commencement d'un nouveau chapitre de mon voyage. Enveloppé dans ma capote, la tête posée sur mon sac, je m'étendis, fumai — avec précaution, étant donné l'inflammabilité de mon nid parfumé — et m'abandonnai à d'enthousiastes pensées. C'était comme cette première nuit passée sur les bords du Danube : j'avais le même sentiment, presque extatique, que personne ne savait où je me trouvais, pas même un porcher, cette fois ; bien que j'eusse un petit regret à l'idée de quitter la Hongrie, tout me souriait. D'ailleurs, ce n'était pas un adieu définitif aux Hongrois, Dieu merci : des haltes préétablies saupoudraient déjà les marches occidentales de la Transylvanie. Un vague souci, toutefois, associé à un soupçon de culpabilité, flottait dans l'air : moi qui avais prévu de mener la vie d'un vagabond, d'un pèlerin ou d'un goliard, de dormir dans les fossés, sur les meules, et de ne frayer qu'avec les oiseaux de ce plumage, je flânais de château en château, sirotais du tokay dans des gobelets de cristal taillé et fumais des pipes longues d'un mètre avec des archiducs, au lieu de partager des sèches avec des clochards. On aurait difficilement pu attribuer ces déviations à de l'arrivisme : le mot implique à tout le moins un effort répété, alors que mes changements imprévus de niveau s'étaient produits aussi facilement qu'une ascension en ballon. Mes remords ne durèrent pas longtemps. Après tout, en Aquitaine comme en Provence, on rencontrait souvent des goliards dans les châteaux ; et, continuai-je en moi-même, il me faudrait toujours jouer par la suite les hommes-grenouilles dans les bas-fonds de la société.

Pastillées de coquelicots, les vagues vertes et mordorées des champs de blé se décolorèrent. Le soleil rouge parut tomber sur l'une des extrémités d'une balance à l'horizon et relever simultanément une lune orange de l'autre côté. A deux jours de sa plénitude, elle s'éleva derrière un bois, perdant rapidement ses couleurs au cours de son ascension, jusqu'à ce que le blé ressemble à une mer métallique et hérissée au crépuscule.

Un hibou s'éveilla dans les arbres et, quelques instants plus tard, un friselis m'arracha à la somnolence qui m'envahissait. Les tiges et les épis frémissaient, et deux formes pâles galopaient à découvert, se chassaient sur le chaume, s'arrêtaient pour se dévisager dans un transport de bonheur. Il s'agissait de deux lièvres. Paraissant beaucoup plus gros qu'en grandeur nature, immobiles et frappés par la lune, ils restaient assis bien droits comme des *i*, les oreilles dressées.

CHAPITRE IV

Les marches de Transylvanie

Quand le train du soir en provenance de Budapest arriva, cela faisait des heures que je l'attendais sur le quai de la gare de Lökösháza, et une fois que j'y eus grimpé et que le drapeau rouge, blanc et vert de la Hongrie eut disparu, la nuit était tombée.

Cette région limitrophe était la frontière la plus détestée de toute l'Europe, que de récentes conversations en Hongrie avaient encore contribué à noircir. Eh bien ! me dis-je, au moins, je n'ai rien à déclarer... Je me redressai en sursaut dans le coin de ma voiture vide : et le pistolet automatique ? M'imaginant déjà conduit en prison, j'extirpai la petite arme indésirable du fond de mon sac et défis la languette de l'étui ; sa petitesse, sa légèreté et sa crosse de nacre lui donnaient l'air d'un jouet. Avais-je intérêt à quitter ces sièges de bois et à le cacher dans le capitonnage d'un compartiment de première classe, à côté ? Ou à le glisser derrière la citerne des toilettes ? Ou simplement à le balancer dans cette zone frontalière ? Finalement, je le cachai dans un grand pli de ma capote, tout en bas, en l'y attachant avec trois épingles à nourrice, fourrai l'habit coupable sur le filet et me rassis dessous, le cœur battant à rompre, tandis que le train frayait son chemin au clair de lune.

Quelques milles plus loin, nous atteignions la frontière

et le drapeau bleu, jaune et rouge du poste roumain. Le bureau, à l'intérieur, était dominé par une photographie du roi Carol sous son heaume à plumes blanches, une cuirasse de fer et une cape blanche fermée par une croix sur l'épaule. Une autre photo montrait le prince Michel, beau petit garçon en jersey, aux grands yeux doux, à la chevelure épaisse et bien coiffée ; il avait déjà régné trois ans pendant l'abdication de son père. Ce fut un grand soulagement — et une sorte de déception — quand le préposé bâillant aux corneilles tamponna mon passeport sans jeter le moindre regard à mon équipement. Le document défraîchi porte encore la date : *Curtici, 27 avril 1934*, la sixième frontière du voyage.

Je croyais avoir été le seul passager, mais un groupe de *rabbis* barbus à lunettes, en longs manteaux noirs et larges chapeaux, était descendu du wagon de queue ; ils étaient entourés d'étudiants dont les papillotes tombaient en tire-bouchon sur leurs joues d'une pâleur de cire, et cette assemblée de sombres silhouettes sur le quai paraissait aussi étrange au clair de lune qu'un conciliabule de corbeaux. Trois d'entre eux portaient un costume différent : des bottes russes en cuir souple, des cafetans noirs et des queues de renard autour de leurs toques de castor, dont la couleur reproduisait exactement celle de la barbe de l'un d'eux. C'est un costume que je devais revoir plusieurs fois en Moldavie du Nord et en Bucovine ; et, encore plus tard, chez les fidèles qui descendent en hâte les allées escarpées de Jérusalem vers le mur des Lamentations. Ils parlaient yiddish, et je parvins à peu près à comprendre que les queues de renard coiffaient des Polonais du Sud, de Cracovie ou de Przemyśl, des représentants, peut-être, de la secte zélote des *hassidim* ; et je crois qu'ils se rendaient tous à quelque importante réunion à Bucarest. Quand ils furent remontés en voiture, le train repartit dans la nuit, les forces de l'ordre disparurent, et je me retrouvai bientôt seul dans les rues miséreuses de Decebal : l'endroit devait son nom au dernier roi de Dacie, avant la conquête romaine.

Il n'y avait que des chiens dans les parages. Trois d'entre eux me barraient le chemin, grognant, découvrant leurs gencives, aboyant et me montrant les crocs, mauvais comme des dingos sous la clarté brillante de la lune, avec leurs ombres qui se croisaient et s'interpénétraient tandis qu'ils reculaient dans la poussière de la grand-rue aux volets tirés.

Après la date toute nue du passage de la frontière, une brume s'installe, et la notation du lendemain est presque aussi brève : « *27 avril, Pankota* — loge chez Imre Engelhardt, propriétaire du cinéma Apollo. » Je viens de retrouver la localité sur une carte — Pîncota en roumain —, mais le cinéma comme son propriétaire se sont évanouis dans les sables. Il s'agissait probablement de l'un des colons d'Allemagne du Sud, sous Marie-Thérèse ; on leur donne à tous le nom vague et générique de Souabes.

Lorsque la brume se dissipa, le paysage parut peu changé par rapport à la Grande Plaine que je croyais avoir quittée, à l'exception des collines boisées à l'horizon. C'était un puzzle géométrique de labours couleur chocolat zébré d'orge, de blé, d'avoine et de maïs, avec un peu de tabac et l'éclat soudain, jaune-vert, de la moutarde sauvage. Des bosquets l'interrompaient, et tous les trois ou quatre milles on voyait s'élever des clochers couleur rouille ou soufre entre des toits de bardeaux. Chaque village comptait son église en baroque rustique pour les catholiques, une autre pour les uniates et parfois, bien que ce ne fût pas très fréquent dans le coin, une troisième pour les calvinistes ou les luthériens ; car, bien que la Contre-Réforme eût triomphé en Autriche, des poches de rémanence, toujours vives, subsistaient en Hongrie et en Transylvanie. Ces églises avaient la même apparence extérieure mais, une fois entré, leur obédience éclatait au regard, selon qu'on reconnaissait le chemin de croix, une iconostase ou l'austérité des Dix Commandements en magyar accrochés au-dessus de la table de communion. Il y avait des nids de cigogne, des puits à balancier, des troupeaux de moutons ou de bœufs, et des Bohémiens en route. Plus je découvrais les buffles, plus je les aimais ; leurs gros yeux liquides, qui semblaient dépouillés du ressentiment que j'avais cru remarquer sur les rives du Tisza, paraissaient à présent nager dans le pathétique. Mais les gens étaient fort différents. Après ces dernières semaines de visages magyars carrés, les traits avaient changé — ou fallait-il simplement voir dans cet « air latin » l'effet de mon imagination et de mes récentes lectures ? Je me joignis à un groupe de porteurs de faux et de faucilles qui transportaient leurs bébés sur le dos. Leurs amples tuniques blanches étaient retenues par des ceintures aussi larges que des sangles de selle, parfois cloutées, et, excepté ceux qui allaient pieds nus, ils étaient chaussés du mocassin à bout recourbé bien connu, serré par des lanières de cuir brut. Leurs vestes en peau de mouton à l'odeur forte étaient retournées, le côté fourré à l'extérieur, et leurs coiffures — des cônes bulbeux de laine noire ou blanche hauts de plus d'un pied — leur donnaient une mine sauvage et désinvolte. Tous, ils comprenaient mes bribes chèrement gagnées de magyar ; mais je ne tardai pas à avoir l'impression que la langue qu'ils se parlaient l'un l'autre serait beaucoup plus facile à apprendre. Un homme était un *om*, une femme une *femeie ; ochi, nas, mâna* et *foaie* étaient les yeux, le nez, la main et une feuille. Que je pointe le doigt en tous sens d'un air interrogateur les intrigua un peu, au début. Chien ! Bœuf ? Vache ? Cheval ? *Câine, bou, vaca, cal !* C'était merveilleux : *homo, femina, nasus, manus, folium, canis, bos, vacca* et *caballus* se ruaient dans ma tête, comme une armée en délire. *Câmp* était un champ et *fag* un hêtre (« *... quatit ungula campum...* », « *... sub tegmine* *fagi...* » !). Quelle bizarrerie de trouver ces mots latins échoués si loin des leurs ! La mer Noire les contenait à l'est, le slavon au nord et au sud, tandis que l'ouest était barré par les dactyles finno-ougriens des Magyars.

Vers la fin de l'après-midi, ces échanges linguistiques nous amenèrent à la petite ville d'Ineu — « Borosjenö » sur ma carte d'avant-guerre — où se terminait le marché. L'endroit regorgeait de meuglements, de bêlements et de couinements ; on chargeait les charrettes, démontait les enclos et entassait les claies. Les femmes et les filles s'évertuaient, à l'aide de longues gaules, à empêcher les volailles de s'éparpiller. Elles avaient noué sous le menton des foulards de différentes couleurs, et des jupes plissées munies de tabliers brodés devant comme derrière jaillissaient de ceintures tressées jaunes et rouges. Certaines portaient des bottes qui leur montaient jusqu'au genou, comme des danseuses des Ballets russes.

Je me rendais chez un ami du nom de Tibor — je l'avais rencontré à Budapest grâce à son homonyme — qui m'avait invité à séjourner chez lui à la date où nous étions à peu près : tout à coup, je l'aperçus, en conversation avec quelques fermiers sous un acacia, un soulier posé sur le marchepied d'un élégant cabriolet mené par un poney gris qui agitait la queue ; gai, baronnial, rubicond, coiffé d'un chapeau de chasse à plume, c'était un ancien artilleur à cheval dans le même régiment que l'autre Tibor. Son visage s'illumina de bienvenue, et deux eaux-de-vie de prune apparurent sur un plateau comme par magie. Quand nous les eûmes englouties, nous filâmes vers les collines ; Tibor soulevait cérémonieusement son chapeau en réponse aux saluts des bonnets.

Tout au long de l'après-midi, les collines n'avaient pas cessé de gagner en importance, et voici qu'elles déferlaient à l'horizon derrière une éminence pentue et solitaire, revêtue de vignes jusqu'au sommet. Nous nous engageâmes dans le portail qui se trouvait à ses pieds, et une longue allée d'herbe nous amena devant une façade palladienne au moment même où la nuit tombait. Deux hérons prirent leur essor à notre approche ; la pénombre respirait l'odeur du lilas. Derrière les portes-fenêtres, une servante en coiffe et pieds nus, munie d'une grande allumette, était en train d'allumer les lampes d'une vaste pièce, et chaque nouvelle mare de lumière révélait les formes d'un mobilier Biedermeier, de fauteuils et de sofas où ne subsistaient que quelques morceaux de la tapisserie originale ; il y avait des rideaux prune décolorés et un piano à queue surchargé de photos encadrées et de vieux albums de famille à fermoirs de cuivre ; des trophées pointaient leurs entrelacs de bois, un lynx empaillé dressait les oreilles, des ancêtres en tuniques de fourrure et munis d'épées prenaient la pose dans l'ombre. Un poêle blanc s'élevait entre les bibliothèques, des peaux d'ours s'étendaient à vos pieds ; et, comme à Kövecsespuszta[1], une table d'appui supportait une collection d'étuis à cigarettes en argent aux armes ou aux chiffres des amis qui les avaient offerts en remerciement pour avoir été le parrain d'un enfant, le témoin d'un mariage ou le second d'un duel. Il y avait un fragment d'obus poli datant de quelque bataille silésienne, une banquise de gobelets grands comme des dés à coudre, un cimeterre au fourreau incrusté de turquoise, des journaux repliés — l'*Az Újság* et le *Pesti Hirláp* envoyés de Budapest, et le *Wiener Salonblatt*, un *Tatler* autrichien rempli de photos de parties de chasse, de réunions équestres et de bals élégants tout là-bas, lui aussi posté de Vienne. Parmi les cadres d'argent figuraient un daguerréotype de l'impératrice Elisabeth — ou plutôt de la reine, dans cette province perdue de l'ex-royaume —, un autre du régent dans sa tenue d'amiral d'une flotte évanouie, et un troisième de

1. Voir *Le Temps des offrandes*, p. 362.

l'archiduc Otto dans tout son plumage de magnat hongrois. Rouges, verts et bleus, les volumes trapus de l'*Almanach de Gotha* étaient prêts à vous sauter dessus. Un volume in-folio scintillant recouvrait presque entièrement une petite table et son titre, *Az ember tragediája,* était gravé à l'or : *La Tragédie de l'homme* par Imre Madács. C'est un long poème dramatique du dix-neuvième siècle, d'inspiration philosophique et contemplative, dont aucune demeure hongroise, même la moins lettrée, ne pouvait apparemment faire l'économie — un peu comme les maisons anglaises de l'Omar Khayyām illustré par Edmund Dulac. Enfin, un râtelier dans un coin contenait de longues pipes turques. Ce catalogue de détails constitue l'archétype dont descendaient toutes les demeures vues par la suite en Transylvanie.

A l'autre bout, derrière les doubles portes d'une pièce qui tenait à la fois du bureau et de l'armurerie, on découvrait encore d'autres trophées. Des gens se déplaçaient à la lueur des lampes, j'entendais les voix des invités ; je me hâtai de monter me laver et de brosser un peu ma poussière avant de faire leur connaissance. Comme ils jouent tous un rôle dans les semaines suivantes et que leurs maisons se succèdent comme des pierres de gué, j'attendrai que nous les atteignions plutôt que de les présenter maintenant.

Le lendemain révéla la façade d'un édifice de la fin du dix-huitième siècle. Entre les ailes, quatre colonnes toscanes largement espacées s'avançaient et montaient jusqu'au dernier étage, formant ainsi une splendide loggia. Des volets blancs à claire-voie prolongeaient la ligne des fenêtres de part et d'autre, chacun touchant son voisin quand ils étaient ouverts, et laissaient la lumière se déverser sur les planchers ; fermés lorsque le soleil devenait trop chaud, leurs lattes inclinées projetaient des barres d'ombre et de lumière sous vos pieds. Une roue crantée munie d'une poignée permettait d'abaisser l'immense oblique d'un store blanc, et lorsqu'on regardait au loin, on aurait pu se croire sur le pont d'un schooner peint par Tissot, avec les cimes des arbres en guise de vagues. A l'horizon, la colline hémisphérique de Mokra couverte de vignes se dressait comme une île volcanique devant les agrégats neigeux des nuages et la pâleur du ciel. Des bouffées de lilas, de buis et de lavande s'égaraient dans la pièce, les chardonnerets sautillaient sur les branches et, de temps en temps, les hirondelles de cheminée blotties sur la corniche s'aventuraient à l'intérieur, y décrivant des cercles désespérés, ou traversaient la maison de part en part.

Au milieu de cet espace aéré, je retrouvai Tibor allongé sur un sofa à la Récamier, une serviette nouée autour du cou et fumant un cigare d'après petit déjeuner, pendant que son valet lui savonnait le menton.

— Gyula sera à toi dans un instant, fit-il en envoyant un rond de fumée magnifique vers le plafond à caissons.

Je me vis bientôt étendu et emmitouflé sous le rasoir de Gyula, et couronné, à l'imitation de mon hôte, d'une odoriférante nuée de fumée. Tibor se promenait de long en large, s'asseyait sur le rebord de fenêtre devant un arrière-plan d'oiseaux, et me racontait des anecdotes sur la guerre, les Bohémiens, les filles des cabarets, entremêlant ses aventures à Paris, Bruxelles et Constantinople d'histoires amusantes et scandaleuses. Comme nous redescendions, le menton tout cuisant d'eau de Cologne, il se demandait ce que nous aurions à déjeuner ; nous aperçûmes, dans la cour en contrebas, la cuisinière assise à l'ombre de sa cuisine, tout environnée de plumes.

— Parfait ! Margit plume un poulet.

Et nous partîmes inspecter les champs et les cultures dans une voiture découverte, derrière la plume d'autruche noire du cocher, et ses rubans agités par le vent.

« Voilà comment il faut vivre », me disais-je tandis que nous roulions sous les frondaisons.

Mais la grande attraction de Borosjenö, c'était Ria, qui présidait à tout. Le nom lugubre de gouvernante ne rendrait pas justice à ce charmant et amusant visage, à cette silhouette pleine de jeunesse qui démentait des cheveux coupés à la garçonne prématurément blanchis. Elle était polonaise, fille d'un éditeur musical de Cracovie frappé par quelque malheur. Je me demandais si une histoire romanesque ne les avait pas unis, elle et Tibor. Si oui, elle était terminée ; mais une grande amitié demeurait, et Ria jouait le rôle de maîtresse de maison sous ce toit de célibataire. Elle parlait un beau français, le polonais, l'allemand et le hongrois, et un peu de roumain aussi. Comme elle inspectait la garde-robe emmêlée que je lui tendais pour qu'elle fût lavée ou réparée, elle me demanda combien j'avais de mouchoirs. Tous perdus, sauf deux.

— *Et quels torchons*, fit-elle en les tenant en l'air. *Regardez-moi ça ! Il faut que je m'occupe de toi*[1] *!*

Elle tint parole. Elle acheta une douzaine de mouchoirs de lin manufacturés dans la ville campagnarde d'Arad, y broda mes initiales, les noua soigneusement dans un ruban rouge et me les fourra dans la main comme un paquet de sandwiches :

— *Au moins tu auras de quoi te moucher*[2].

Sa voix était ravissante, et nous passions des heures à chanter au piano chargé de ses photos : des chansons françaises et allemandes, et quelques polonaises. Je pouvais l'accompagner dans l'une de ces dernières, que j'appris comme un perroquet ; au moment où je trace ces lignes, sa mélodie pleine d'entrain et ses paroles me reviennent[3]. Ria était très amusante et peut-être plus civilisée que Tibor. Lorsqu'elle partait rendre visite à des voisins dans le cabriolet ou la voiture, je venais avec elle et

1. En français dans le texte.
2. En français dans le texte.
3. « *Pojekai, Hanka, tam u hrustu, tam u hrustu, tam u hrustu...* »

ne tardais pas à être informé d'une douzaine de biographies hilarantes. Tout le monde l'aimait, et je ne faisais pas exception.

Le rythme de mon voyage s'était ralenti, tout sentiment de durée s'était évanoui, et c'est seulement aujourd'hui, un demi-siècle trop tard, que j'éprouve des remords soudains et rétrospectifs d'avoir accepté si souvent l'hospitalité ; mais ils ne sont pas très vifs. La révolution industrielle avait épargné ces régions, et la cadence de la vie retardait de plusieurs décennies sur l'Ouest — cent ans, peut-être, lorsque les séjours à la campagne étaient aussi longs et oisifs qu'ils le sont dans les romans anglais et russes de cette période ; et dans cette province isolée où les Hongrois hospitaliers se sentaient coupés de la vie, on accueillait avec effusion les visiteurs occidentaux. Du moins l'espérais-je, car les trois mois suivants de paisibles séjours dans les marches et les régions méridionales de la Transylvanie devaient rendre ce printemps et le début de cet été complètement uniques au sein du voyage. Bénédictions et bonheur descendirent sur ma tête.

La Transylvanie[1] est presque trois fois plus grande que le pays de Galles et, de tous les désastres consécutifs à la guerre, sa perte semblait la plus douloureuse aux Hongrois. Par sa position dans la double monarchie, leur pays s'était trouvé inextricablement lié aux fortunes de l'Autriche, et par voie de conséquence à celles de l'Allemagne et finalement, en 1918, au chaos de la défaite. Mais des calamités ultérieures — l'éphémère république soviétique

1. Au sens strict, la région ne commence qu'à trente milles environ à l'est du point où je me trouvais. Mais la zone étroite qui la sépare de la frontière roumano-hongroise d'après-guerre — celle que je venais de traverser — ne semble pas avoir de nom spécifique, et les gens l'assimilent souvent à tort à la Transylvanie : le nom est commode pour désigner tout le territoire abandonné à la Roumanie en 1920, et je recours parfois à cet usage imprécis.

de Béla Kun, son invasion par les Roumains qui y mirent fin, et la Terreur blanche qui suivit —, aucune ne semblait aussi catastrophique que le démembrement du pays lors du traité de Trianon. Certes, les abandons de souveraineté au profit de la Tchécoslovaquie et de la Yougoslavie étaient amers, mais comparativement simples, et littéralement périphériques. Il en allait tout autrement avec la Transylvanie : être juste avec les deux parties était et reste impossible ; et l'impossibilité réside dans la masse compacte des Hongrois de Transylvanie, isolés à deux cents milles à l'est de leurs compatriotes par une masse encore plus grande de Roumains. A moins de faire de cette énorme enclave magyare un avant-poste détaché de la Hongrie — incrusté dès lors dans une Roumanie hostile, à la manière du futur Pakistan oriental, et peut-être pour connaître le même sort —, il n'y avait pas de solution. En outre, les Roumains de Transylvanie étaient plus nombreux que les Hongrois d'un bon demi-million, de sorte que, *mutatis mutandis*, il eût été également impossible de dessiner des frontières raisonnables, la Hongrie eût-elle vaincu, aux yeux des Roumains. L'inévitable injustice — relégation de leurs parents transylvaniens pour les Hongrois, perpétuation du *statu quo* pour les Roumains — devait dépendre en dernier ressort de l'issue de la guerre. La Hongrie appartenant au mauvais côté, le résultat était inéluctable : on détruisit des frontières qui, la domination turque exceptée, étaient restées intactes pour près de mille ans, et les deux tiers de son territoire se trouvèrent dépecés au profit des vainqueurs ; désormais, le drapeau hongrois était en berne, aux sens propre et figuré.

Les Hongrois justifiaient leur revendication territoriale par des raisons historiques plus qu'ethniques, tandis que les Roumains avançaient les deux ordres de raisons. Ceux-ci prétendaient descendre d'un croisement des antiques Daces (dont le royaume s'étendait exactement à cet endroit) avec les Romains qui avaient conquis et colonisé le pays sous Trajan, en 107 de notre ère ; une autre théorie — car les théories évoluent — voulait qu'ils eussent été romanisés par l'occupation qui avait duré jusqu'en 271, date à laquelle les flots irrésistibles des Goths avaient obligé l'empereur Aurélien à retirer ses troupes au sud du Danube. Pendant les cent soixante ans qui séparent Trajan et Aurélien, un peuple de langue latine, les Daço-Romains, comparables aux Gallo-Romains, s'était constitué, qui demeura au même endroit (un peu comme les autochtones parlant latin qui succédaient aux légions, en Occident, après leur rappel en métropole) lors du retrait des troupes d'Aurélien en léguant sa langue à ses descendants. Les Roumains attribuent l'élément slave du roumain à la dissémination ultérieure des Slaves sur toute l'Europe de l'Est, apport linguistique qu'on peut assimiler aux éléments franciques en Gaule du Nord après que les Francs eurent franchi le Rhin. Les Daço-Romains, par conséquent, formeraient la première strate de l'agrégat ethnique et linguistique du pays. Les envahisseurs le parcouraient, les yeux fixés sur l'horizon occidental ; certains s'attardaient un moment ; mais tous disparaissaient, l'un après l'autre. Pendant ce temps, tout au long de l'âge sombre privé d'histoire, les Daço-Romains menèrent une vie de bergers nomades — constituant peut-être une caste de nobles grossiers ayant barre sur des vassaux — et firent paître leurs troupeaux à cet endroit jusqu'au jour où les Magyars, pivotant vers l'est après leur occupation de la Grande Plaine, envahirent la Transylvanie et les soumirent : joug qui devait peser, selon cette théorie historique, jusqu'au traité de Trianon libérateur.

La version hongroise, quant à elle, s'accorde avec la roumaine jusqu'à Aurélien. Pour les Hongrois — qui se fondent sur le seul texte traitant de la question[1] —, le

1. L'historien romain tardif Flavius Vopiscus, dans l'*Histoire Auguste*.

retrait des troupes et de l'administration s'accompagna d'un exil complet des colonisés. Et les quelques Daces restants, s'il y en eut, étaient censés avoir été dispersés ou engloutis par les Goths, de même que leur habitat submergé par la récente expansion slave : le seul peuplement trouvé par les Magyars au neuvième siècle aurait été un saupoudrage de Slaves, qui furent vite assimilés ; le premier chroniqueur qualifiait la région de « déserte ». Comblant le vide, les Magyars installèrent leurs parents guerriers, les Szeklers, dans les Carpates (à moins que ceux-ci ne les eussent devancés), où ils continuent de former le gros de la population hongroise. Après quoi ils firent venir les « Saxons » du Rhin inférieur ; et c'est seulement à ce stade, au début du treizième siècle (affirment les Hongrois), que les Roumains entrent en scène : non pas comme descendants des Daço-Romains et détenteurs constants de cette terre, mais bien comme des immigrés de la fameuse population valaque des Balkans et de Macédoine, qui auraient conservé un langage bas-latin depuis la période de soumission à l'Empire. Pour les Hongrois, ils avaient erré dans le nord avec leurs troupeaux, chassés peut-être par les Cumans, ou peut-être pas, et plus probablement de concert avec les sauvages Pechenegs. Ils se seraient frayé un chemin en Transylvanie méridionale pour s'installer sur les sommets des Carpates, et auraient reçu un apport constant de nouveaux arrivants valaques ; jusqu'à ce qu'ils deviennent finalement plus nombreux que les Magyars — ainsi que les Szeklers et les Saxons —, et de beaucoup.

La langue des Roumains et celle des Valaques des Balkans doivent avoir une origine commune. Elles se ressemblent trop pour qu'il en aille autrement ; on trouve peu de langues romanes qui présentent autant d'étroites similitudes, et il est assez stupéfiant que les siècles comme la distance qui les séparent aient eu si peu de prise sur elles. Jusqu'il y a un demi-siècle, les deux groupes étaient indifféremment appelés Vlaques ou Valaques par le reste du monde (mais jamais par les Roumains eux-mêmes), ce qui renvoie sûrement à une origine commune. Où ? Extérieure à la Transylvanie, affirment les Hongrois : ils n'y sont entrés qu'en immigrés tardifs ; locale, insistent les Roumains, car c'est seulement par la suite qu'ils se sont disséminés vers le sud... C'est ici que le nouveau venu qui prend connaissance du problème commence à s'interroger : la réponse ne pourrait-elle résider quelque part au milieu ? Les Valaques saupoudraient tout le Sud-Est européen ; est-il impossible qu'il s'en soit trouvé quelques-uns en Transylvanie lors de l'invasion magyare, comme il se trouva des nomades slaves[1] ? De même, ces Valaques hypothétiques de Transylvanie ne pourraient-ils avoir fait partie d'une dissémination plus importante, sans nécessairement former le noyau originel de toute la race, comme le soutiennent les Roumains ? Les deux camps répondraient non : les Hongrois insistent sur une apparition *ex nihilo,* les Roumains sur un foyer bourgeonnant. Est-il besoin de dire que les polémistes des deux camps, à coups de citations et de contestations des sources, d'arguments supplémentaires puisés dans la linguistique, l'archéologie, la géographie, l'onomastique locale et la religion, sont à même de confirmer ou d'infirmer toute théorie avec l'aisance persuasive que donne une longue pratique ?

Du point de vue roumain, les Koutzo-Valaques, ces « Macédo-Roumains » des Balkans, seraient quelques-uns des descendants éparpillés des nouvelles fondations « daces » décidées par Aurélien pour installer les popula-

1. Une source hongroise, le Notaire anonyme du roi Béla (1234-1270), rapporte une tradition selon laquelle les envahisseurs hongrois avaient eu à triompher de la résistance d'un certain Gyalou, chef des tribus valaco-slaves de Transylvanie centrale, avant de soumettre la province.

tions évacuées en Mésie — la Serbie moderne et la Bulgarie — le long de la rive méridionale du fleuve. Un personnage intéressant scintille un instant parmi ces Daces transplantés un siècle après l'évacuation aurélienne : l'étonnant saint Nicétas de Remesiana (la ville s'appelle aujourd'hui Bela Palanka, en Serbie), l'auteur non seulement du Te Deum — que la tradition attribuait à tort, jusqu'au début de ce siècle, à saint Ambroise et saint Augustin —, mais aussi de l'un des articles du Credo. C'était un ami de Paulin de Nole, qui lui dédia une ode en saphiques lors de sa visite en Italie du Sud ; cela le place à une seule génération de distance d'Ausone et du Bordeaux romain. Après quoi l'obscurité engloutit ce phare du crépuscule.

Si seulement nous savions ce qui s'est passé lors du retrait d'Aurélien ! Mais, à part les obscures formules de Vopiscus, nous l'ignorons complètement. L'on sait que le recul romain eut lieu en 271 (plus d'un siècle avant que les Romains ne quittent l'Angleterre), mais après cela — Gyalou excepté — les premières mentions d'habitants de langue latine en Transylvanie datent de 1222 et 1231, où l'on cite « la région des Valaques » et « la forêt des Pechenegs et des Valaques ». Ils sortent — ou ressortent — de l'ombre à l'apogée des dynasties des Valois et des Plantagenêts, vingt ans seulement après la reconquête de Constantinople et rien que six après la Grande Charte de Jean sans Terre. On a peine à s'expliquer et à croire que si peu de choses soient connues de leurs contemporains de Transylvanie. Certains en attribuent la responsabilité à l'invasion mongole, un siècle auparavant. De fait, les Mongols détruisirent tout : pas seulement les châteaux, les églises et les abbayes, mais, semble-t-il, tous les documents, jusqu'au dernier, que ceux-ci abritaient. On se prend à rêver de la découverte de quelque château fort enfoui et miraculeusement préservé depuis que Batu Khan y a mis le feu, trouvaille de quelque forestier transylvain, par exemple, voulant déloger un renard ou un blaireau, et qui dégringolerait tout à coup à travers ronces et racines dans une cave voûtée et sèche pleine de coffres de fer débordant de parchemins...

On comprend évidemment que, du point de vue des polémistes, l'absence de preuves soit beaucoup plus avantageuse. Libre à eux d'édifier leurs théories dans le vide, en quelque sorte, et ils ne sont pas même obligés d'intégrer les bribes occasionnelles de faits avérés — linguistiques, géographiques, ethnologiques ou religieux — dans quelque puzzle que ce soit ; d'ailleurs, ils ne le pourraient pas, car les autres pièces sont manquantes ; compte tenu de quelques lignes imprécises, l'orateur peut les arranger comme il lui sied. On découvre ainsi des interprétations aussi différentes que le travail de deux paléontologistes dont l'un reconstruirait un dinosaure et l'autre un mastodonte, à partir de la même poignée de fragments osseux. « Supposons » devient quelques pages plus loin « Nous pouvons supposer », puis « Comme nous l'avons montré », et il suffit de quelques paragraphes supplémentaires pour que l'hypothèse initiale se soit transformée en un repère avéré et inamovible, sans qu'à aucun moment on ait apporté le moindre commencement de nouvelle preuve. Les faits favorables sont montés en épingle, les éléments gênants promptement et discrètement élagués comme s'ils n'avaient jamais existé. L'obscurité règne en maître. C'est une lugubre région où la *suggestio falsi* et la *suppressio veri*, ces deux divinités funestes et tutélaires des conflits historiques, marchent à grands pas dans l'ombre, avec leur lanterne sourde et leur garrot.

Ces antiques incertitudes ne seraient prétexte qu'à débats érudits si d'amères rivalités n'étaient venues s'y greffer, qui continuent de les hanter. L'antériorité historique, si elle pouvait être prouvée, serait décisive et vitale dans cette querelle d'héritage ; et c'était là une donnée encore plus importante au début de ce siècle, avant que les considérations ethniques ne deviennent les facteurs déterminants qu'ils furent par la suite : la possession par droit de conquête, fondée sur une continuité historique, affermie par des traités, restait une justification valide et respectable. Les empires coloniaux de la Grande-Bretagne et de la France fleurissaient sans contestation, et la Russie jouissait d'une main ferme, jusqu'à très récemment, des annexions colossales des tsars en Asie. Dans semblable atmosphère, le chercheur qui prétend à l'objectivité et ose exhumer des faits nuisibles aux intérêts de son camp ne peut être tenu que pour un traître.

Il va de soi que mon ignorance était presque totale à l'époque, mais comment aurais-je pu rester aveugle ? Lors des longs séjours que je fis par la suite en « vieille » Roumanie — *Regat*, ou le Royaume, ainsi qu'on la désignait toujours en Transylvanie —, je compris plus ou moins la teneur de la conception roumaine, sans qu'on la développât à l'excès, car on eût difficilement trouvé personnes moins chauvines que la famille et les amis que je fréquentais en Moldavie — et je lus tout ce qui me tombait sous la main dans les deux camps. Les deux causes contraires étaient adroitement plaidées, et persuasives ; l'une et l'autre comportaient un infaillible enchaînement logique ; toutes les objections étaient prises en compte et réfutées ; et si, abandonnant un argument, j'examinai son contraire, le même phénomène se produisait toujours, me laissant échoué au milieu. Je suis à ma connaissance le seul qui ressente autant de sympathie pour l'un des plaignants retranché dans son camp que pour l'autre, et je souhaiterais avec ferveur qu'ils pussent se réconcilier. La découverte de ces parchemins imaginaires sous les ruines résoudrait-elle le problème ? Ma situation inconfortable, à l'entre-deux, me rend inutile à l'un et l'autre parti.

Les propriétaires terriens de Transylvanie ressentaient une amertume supplémentaire. Les réformes agraires les avaient expropriés en redistribuant le gros de leurs terres aux paysans. Quelle que fût la justice de cette mesure, personne n'aime perdre une propriété, et les cris outragés fusaient. Ils l'ignoraient, mais ces cris n'étaient pas différents, en substance, des lamentations audibles dans les demeures des boyards roumains dont les domaines s'étaient trouvés dépecés de la même manière. Bien plus, ces boyards étaient convaincus — et exaspérés par cette idée — que leur propre gouvernement roumain offrait un traitement de faveur aux nouveaux et involontaires citoyens hongrois, pour se les concilier. Lorsque j'appris ce fait aux Transylvains hongrois, lors de mes visites ultérieures, leur conviction d'être la cible de la discrimination était si ancrée qu'ils demeuraient sidérés et incrédules. Ils fulminaient devant la partialité du régime et la vénalité des nouveaux bureaucrates du *Regat*. Les histoires de corruption abondaient, et leur comportement vis-à-vis du nouvel État et de ses maîtres d'au-delà des Carpates n'était pas sans rappeler la méfiance et le mépris des planteurs du Sud pour les profiteurs du Nord dans l'Amérique d'après la guerre de Sécession. Assurément, certains faits ne plaidaient pas en faveur du nouveau pouvoir : un manque de tact et de scrupules se renforçait peut-être d'un désir de vengeance, après l'absolutisme hongrois d'autrefois. Car les Hongrois avaient longtemps traité avec une extrême brusquerie leurs sujets allogènes — et même leurs compatriotes en dessous d'un certain rang : dédain, oppression, féodalisme aveugle, absence totale de représentation dans toutes les instances, politique rigoureuse de magyarisation, toutes les erreurs avaient été commises. (Au cas où ces iniquités rassureraient la conscience de mon lecteur anglais, qu'il sache que l'attitude hongroise à l'égard de ses ilotes n'a pas meilleur équivalent que le comportement anglais en Irlande après la conquête cromwellienne, et la satire qu'en fit Swift.) L'abcès gonfla, s'envenima ; il crevait de temps en temps sous la forme de révoltes meurtrières suivies d'impitoyables châtiments. Un renversement eût-il placé les Hongrois sous suzeraineté roumaine pendant ces tristes siècles, je ne vois pas que le joug aurait été plus léger à porter : le pouvoir roumain s'était montré aussi asservissant et opprimant vis-à-vis de ses sujets que les Hongrois pour les leurs. Ce furent des temps douloureux en Europe de l'Est, et qui perdurent.

Mais de cette rancœur, les traces étaient rares dans la vie de tous les jours. Pour le meilleur ou pour le pire, les maîtres et les paysans se connaissaient depuis des générations, alors que les bureaucrates du *Regat* étaient des nouveaux venus pour les premiers comme pour les seconds ; sur place, une certaine chaleur de sentiment avait résisté aux changements de frontières et de propriétaires, ainsi qu'aux antagonismes d'autrefois. « Je me souviens du vieux comte », entendis-je dire plus tard à un berger roumain, « avec tous ses chevaux, et ses voitures ! C'était bien beau à voir. Et regardez-le aujourd'hui, le pauvre vieillard ! » Des émotions comparables prévalaient souvent à l'autre bout et dans l'autre sens, et, si j'en juge par ma modeste expérience, les hobereaux qui tonnaient, un peu gris, contre les iniquités de l'État veillaient bien à ne pas s'en prendre aux gens du cru qui avaient reçu leurs hectares. Si l'antique lien féodal avait disparu, il en subsistait des symboles tenaces dans ces chapeaux levés, ces mains baisées et ces adresses cérémonieuses, toutes choses qui conféraient un air presque désincarné d'atemporalité à la vie en Transylvanie. Les circonstances avaient obligé la plupart des petits propriétaires terriens à devenir des citoyens roumains ; très peu d'entre eux, toutefois, s'étaient rendus à Bucarest. Ils la tenaient pour une distante Babylone, poussiéreuse, corrompue et fornicatrice, jurant de n'y jamais mettre les pieds s'ils pouvaient l'éviter, ni même de traverser l'ex-frontière vers l'est. Le cœur plein de la couronne de saint Étienne, ils n'avaient plus d'yeux, d'oreilles ni de cœur que pour leur royaume mutilé de l'ouest.

Il reste enfin à remarquer que cette détresse était à peine visible par l'étranger. (En ce qui me concerne, je conserve surtout le souvenir d'une gentillesse illimitée.) Les domaines, fort réduits, existaient encore, et il semblait par moments que rien n'eût changé. Le charme et la *douceur de vivre* [1] continuaient de flotter dans ces décors surannés à l'intérieur, et tout conspirait à enchanter au-dehors. Encerclés par la rustique multitude roumaine, différent par la race et la religion, encore hantés par les fantômes de la suzeraineté perdue, ces gentilshommes confinés dans leurs *kástelys* exhalaient le même genre d'atmosphère que les seigneurs anglo-irlandais dans leurs domaines délabrés de Waterford et de Galway, avec toute leur tristesse et leur magie. Nostalgiques du passé, n'ayant de rapports qu'avec leurs congénères des propriétés environnantes ou les paysans qui y travaillaient, ils nourrissaient un rêve rétrospectif, généalogique, presque confucéen, et nombreuses étaient leurs phrases qui se terminaient sur un soupir.

Ria possédait d'innombrables livres français que j'empruntais à mon gré. Si Tibor ne lisait pas, ses ancêtres avaient dû le faire, car la bibliothèque était riche, surtout en ouvrages hongrois et allemands. Renonçant à mes espérances en magyar, j'aspirais à plonger plus profondément dans l'allemand et commençai à lire tous les couplets rimés sous les merveilleux dessins de *Max und Moritz* et *Hans Huckebein*, dans un gros volume de Wilhelm Busch. Transporté par ce dernier, animé d'une plus grande ambition, je passai au *Tod in Venedig* de Thomas

1. En français dans le texte.

Mann, dont le début fut lent et laborieux — je cherchais un mot sur deux, et demandais l'aide de Ria quand j'étais coincé. Cependant, j'arrivai à le finir en deux semaines environ, et si l'on songe que je n'avais commencé l'allemand que cinq mois plus tôt, le progrès paraissait spectaculaire. Je passais mes matinées entre la bibliothèque et une table de plein air, absorbé dans l'histoire de l'Europe centrale — hongroise et transylvanienne en particulier — dans le *Meyers Konversationslexikon* ; puis je me transportai à l'époque de Béla Kun, grâce aux livres plutôt hauts en couleur de Jean et Jérôme Tharaud — *La Fin des Habsbourgs, Quand Israël est Roi.* Les deux frères français, dont l'un fut académicien, étaient fort appréciés dans cette région du monde. Bien que chacun fût fort instruit du passé de l'Europe centrale, les connaissances s'arrêtaient net sur les pics des Carpates. L'histoire roumaine — en d'autres termes, celle de la Valachie et de la Moldavie, les deux principautés d'au-delà des montagnes qui devaient finir par s'unir sous un seul prince pour devenir le royaume de Roumanie — restait hors de leur atteinte ; on l'écartait à tous les coups d'un *die wilde Wallachei* — « la sauvage Valachie » (peut-être s'agissait-il d'une citation ; de qui ?) —, comme si elle se trouvait au fin fond des steppes mongoliennes.

Changeant de sujet, mais sans trop m'éloigner, je découvris que l'équivalent français de *gelding* [1] est « hongre » — on attribuait aux Hongrois l'origine de la pratique — alors que le mot allemand est *Wallach,* ce qui renvoie à une origine roumaine, chacun de ces pays s'éloignant de plus en plus vers l'est. Quant à ma joie d'apprendre que le mot « hussard » était magyar — *husz,* « vingt », évoquant un escadron de vingt hommes —, elle fut brève car les plus récents lexicographes le font descendre, par le truchement du serbe, de l'italien *corsaro,*

1. Le mot anglais renvoie à une origine allemande *(N.d.T.).*

« pirate », en substituant allégrement une quille de bateau à des sabots. Certains ont voulu naguère dériver « ogre » des Hongrois — ou plutôt de leurs ancêtres les Ougriens ; mais en réalité, le mot provient d'Orcus, le dieu romain des Enfers. Au moins l'étymologie de « cravate », rattachée à Croatie, semblait-elle avérée ; le mot s'était acclimaté en France avec le foulard volant à tous vents de la cavalerie des mercenaires croates recrutés par Louis XIV. Quant au mot « coche », il provient de la ville hongroise de Kocs[1], sans doute parce que c'est l'endroit où l'on bâtit le premier véhicule de ce type.

Les matinées passaient vite. Les cigognes y présidaient, et les coucous chantaient dans plusieurs bois, aussi longtemps qu'il faisait clair. Durant trois jours consécutifs, j'assistai à l'arrivée d'oiseaux que je n'avais encore jamais vus ; le premier, au plumage jaune et noir étincelant, au chant court et obsédant, était un loriot ; le lendemain, ce furent les éclairs bleu-vert-jaune des guêpiers ; le troisième jour enfin, deux huppes arpentaient l'herbe, ouvrant et fermant leurs coiffures de Peaux-Rouges, s'envolant et se pourchassant dans les feuilles, transformées en petits zèbres volants par leurs ailes, jusqu'à ce qu'elles se reposent.

La sœur de Tibor et quelques amis arrivèrent de Vienne, donnant le signal de réjouissances, de déguisements et de pique-niques, tout cela culminant en une fête nocturne au sommet des vignobles. On alluma un feu de bois ; une voiture cracha quatre Bohémiens — un violon, un alto, un cymbalum et une contrebasse — qui se groupèrent sous un arbre. Le vin ambré que nous avalions, appuyés sur le coude autour des flammes, était sorti de grappes mûries sur les pentes mêmes qui dégringolaient tout autour. Les vignerons avaient grimpé la

1. Se prononce « Kotch » en hongrois *(N.d.T.)*.

colline et formaient cercle autour de nous ; lorsque nous fûmes à sec, ils descendirent chercher d'autres bouteilles dans leurs chaumières, et remplirent nos verres jusqu'à ce que le premier chant du coq, dans une ferme invisible, marquât le signal impérieux du réveil à travers l'ombre ; d'autres coqs l'imitèrent ; puis l'on vit scintiller en contrebas l'extrémité de la Grande Plaine et pâlir toute chose, sauf les Bohémiens. Leurs cordes et leurs voix nous tinrent compagnie tout au long de la descente, puis quand nous franchîmes le portail et parcourûmes l'allée d'herbe entre les arbres. Nos pas laissaient des empreintes grises dans la rosée ; lorsque nous atteignîmes les colonnes du fronton, le bruit des nids étonnés, du réveil des oiseaux, et les claquements d'ailes d'une cigogne sur la corniche laissèrent entendre qu'il était trop tard pour se coucher.

Tels étaient les sons quotidiens du réveil. Ils ne tardaient pas à s'associer tous les matins au frôlement des faux remontant jusqu'aux murs de la demeure, aux chansons des faucheurs qui chantaient en travaillant ; si l'un d'eux s'interrompait un instant, on percevait bientôt le raclement d'une pierre à aiguiser sur la lame. L'odeur du foin inondait la maison, les faucheurs ponctuaient le paysage et alignaient les rangées d'éteule comme des bandes d'argent sur le chaume pâle. Ma chambre ouvrait sur un champ où l'on était en train d'édifier une grosse meule dont les strates montaient dans le sens des aiguilles d'une montre autour d'un grand mât central. Des femmes armées de fourches, enfoncées jusqu'au genou dans une charrette, balançaient le foin que les hommes juchés sur le cône effilé disposaient soigneusement, comme les spirales d'une ammonite. Les chariots grinçant sur les chemins transportaient des masses si hautes qu'elles abandonnaient des bouts de paille mêlés de coquelicots morts sur toutes les branches basses.

Je passais la plus grande partie de la journée aux champs avec Tibor ou arpentais les collines sur des milles, en recueillant des bribes de roumain. Mais je renonçai pour un temps à tenir mon journal, sous prétexte, je suppose, que ces parenthèses statiques n'avaient pas lieu d'être dans un livre de voyage. Je regrette aujourd'hui cet orgueil : ces trous me font vite perdre le décompte exact des jours, voire des semaines. Cependant, des notations éparses et quelques esquisses faites au dos du cahier m'aident à reconstruire ces moments enfouis ; l'une d'elles, notamment, repère sans doute possible un moment particulier. Comme mû par une inspiration enthousiaste et soudaine, Tibor m'avait annoncé qu'il me conduirait à Arad — il se souvenait de devoir y faire quelques courses —, puis à mon étape suivante, où nous devions tous nous retrouver par la suite. Après le thé, une automobile, qu'on ne sortait que pour les trajets dépassant le rayon d'action des voitures à chevaux, vint s'immobiliser assez solennellement devant le perron. Tibor semblait un peu mystérieux au sujet de cette escapade.

Arad avait environ la taille d'un chef-lieu et, contrairement à la campagne, le magyar y semblait plus répandu que le roumain. Les enseignes hongroises abondaient, ainsi que les juives et une multitude d'allemandes appartenant aux immigrés souabes. L'endroit doit sa célébrité dans l'histoire hongroise à l'exécution par les Autrichiens de treize généraux hongrois à la fin du grand soulèvement de Kossuth contre le pouvoir des Habsbourgs, en 1848 (je venais de lire quelques pages à ce sujet). Mais nous n'avions pas le temps de faire beaucoup de tourisme ; les « courses » de Tibor se résumaient à une longue visite chez une grande fille brune, extrêmement jolie, du nom d'Ilona, une de ses grandes favorites, qui habitait une rue discrète et ombragée conduisant à la rivière Mureş. Elle avait convié, je suppose à mon intention, une amie tout aussi jolie, mais dans un genre différent, appelée Izabella. Celle-ci avait des cheveux très blonds, des yeux bleu foncé, et ne parlait que hongrois, mais cela n'avait aucune importance. (Je me demande si son extrême blondeur venait d'un soupçon de sang slovaque : j'avais remarqué les descendants tout aussi blonds des immigrants nordiques dans les parages de mon avant-dernière étape hongroise, à O'Kigyos ; ce n'était pas très loin, à vol d'oiseau.) En tout cas, la voici, serrée comme un pétale dans les dernières pages de mon cahier, soigneusement dessinée, la tête posée sur l'avant-bras, à me regarder sous l'arc de ses sourcils, et presque aussi jolie, par chance, qu'elle l'était en réalité. « *Iza, Arad, 16 mai 1934* », telle est la mention figurant en haut de la page.

Une fois revenu au nord d'Arad, le lendemain matin, la ligne mobile des collines avait reculé de quelques milles et le manoir bas sur pattes, aux allures de ranch, de Tövicsegháza, que j'ai vainement cherché sur la carte, s'étendait au milieu des champs de blé, sous un bosquet d'ormes.

Dès qu'on nous eut introduits dans la pièce du billard, Tibor remarqua un fusil à canon double posé contre le rebord de la fenêtre. Il eut tôt fait de l'ouvrir et de faire sauter les cartouches que renfermait la culasse.

— Regarde ça ! Je te demande un peu ! fit-il en riant, avant de les déposer sur une étagère. *Polnische Wirtschaft !* C'est comme ça qu'on entend la tenue d'une maison, en Pologne !

A cet instant, Jaš (prononcer « Yash »), le maître de maison, entra dans la pièce et déclara qu'il gardait toujours ce fusil chargé, et à portée de la main, contre les corbeaux.

— ... sans quoi on ne trouverait pas un seul épi de jeune blé intact sur des milles à la ronde.

On tenait pour une négligence grossière, dans ce milieu, le fait de ne pas informer les nouveaux venus de la situation des gens qu'ils devaient rencontrer. La circonspection anglaise, l'imprécision calculée, n'étaient pas ici de mise, et encore moins une crainte de paraître snob ou impressionné par l'orgueil du blason ou la pompe du pouvoir. « Jaš ? » m'avait-on dit. « Il vient d'une excellente famille de Pologne méridionale, plus de trois mille hectares, non loin de Cracovie. Son arrière-grand-père fut l'ambassadeur d'Autriche à Saint-Pétersbourg et ils doivent leur cimier turc sur leurs armes à la capture de trois étendards tatars en Ukraine.

« Sa femme Clara ? Issue d'une vieille, vieille, vieille... *uralte* (les paupières de mon informateur se fermaient rêveusement à l'idée d'une telle antiquité) famille des montagnes des Hautes Tatras. Ils habitent l'un des plus anciens châteaux de Hongrie — ou de Slovaquie aujourd'hui, hélas ! Comtes depuis le règne du roi Mathias. Ils portent un double chevron en sautoir sur trois salamandres et cinq carpes en chef ; armes qui imagent, vous vous en doutez, les rivières de la région et les poissons qui les habitent. » (Lorsqu'on commençait à mentionner la faune héraldique, la pièce ou la pelouse me paraissaient un instant envahies de lions aux queues farouches, regardant prudemment derrière eux, nantis de griffes et de crocs bleus ; de licornes et de taupes, de griffons, de chimères, de petits et gros dragons, rayés ou crachant le feu ; aigles et faucons étaient lâchés, l'air s'emplissait de corbeaux, de merlettes et de cygnes aux cous ceints de spirales d'or.)

Ce n'est qu'après avoir exposé ces points capitaux qu'on abordait les questions secondaires comme le caractère, l'allure, les aptitudes. Malgré quelques litiges territoriaux, les Hongrois nourrissaient d'évidence une sympathie certaine pour les Polonais ; quelle joie de trouver une exception dans cette haine universelle pour son voisin qui semblait infester l'Europe de l'Est ! Cette bienveillance résultait d'une inimitié ancienne et partagée pour les Allemands, les Turcs et les Moscovites, et avait reçu une illustration signalée à la fin du seizième siècle lorsque les Polonais élirent Étienne Báthory, le prince hongrois de

Transylvanie, au trône de Pologne. Il défit tous leurs ennemis, s'empara d'une vingtaine de villes russes et chassa du royaume Ivan le Terrible.

Jaš était mince et blond, avait le nez effilé, les cheveux coupés *en brosse*[1], des yeux bleu vif derrière des lunettes à monture de corne fort épaisses, un air à la fois vague et bienveillant. Toutes sortes d'idées agitaient son esprit, au sujet de toutes sortes de domaines, archéologie, histoire, religion et physique, et il avait la réputation de nourrir mille théories expertes (lesquelles avaient tendance à échouer dans la pratique) sur l'économie, l'assolement, le dressage des animaux, le fourrage en hiver, la gestion des forêts, l'apiculture, les bains parasiticides ou la meilleure méthode pour engraisser les oies avant le marché de printemps. Les conceptions excentriques étaient toujours bienvenues chez lui, et nous n'étions pas arrivés depuis cinq minutes qu'il nous demandait ce que nous pensions d'une théorie selon laquelle la Terre serait vide, pourvue d'un petit soleil en son centre et d'une lune beaucoup plus grosse tournant autour, dont l'ombre produirait le jour et la nuit. Et de millions d'étoiles d'une taille comparable à Vienne ou Varsovie, gravitant autour du Soleil à différentes distances, à des vitesses diverses ? Il avait reçu par le courrier du matin un discours en trois langues de l'inventeur de cette théorie, et ses yeux pâles étincelaient derrière leurs lentilles.

— *Die Welt ist eine Hohlkugel!* lisait-il sur la couverture. *Le monde est une boule creuse*[2]*! Ze vorld iss a hollow ball, my dear!* expliqua-t-il en me posant la main sur l'avant-bras.

Puis, tournant les pages avec émotion, il entreprit la lecture des passages les plus saisissants. Quand Tibor

1. En français dans le texte.
2. En français dans le texte.

nous dit au revoir, je perçus l'ombre fugitive d'un clin d'œil sur son visage.

Si la pratique n'était pas chez lui à la hauteur de la théorie dans certains domaines, il fallait reconnaître que Jaš était un tireur exceptionnel. Il avait vite rechargé le fusil après son entrée dans la pièce et de temps en temps, au milieu d'une phrase et apparemment sans viser, il tirait par la fenêtre et dans l'air, d'une seule main et en s'interrompant à peine ; une seconde plus tard, tel un lourd colis, on voyait s'écraser un oiseau sur la pelouse, tombé de l'énorme colonie qui ombrageait la maison. J'étais navré ; ces tournoiements et ces croassements me rendaient nostalgique. Mais des « pan-pan » irréguliers ponctuaient chaque heure du jour dans cette maison.

Clara, l'héritière de ces vénérables remparts des Hautes Tatras, avait l'air d'une sauvageonne ignorant l'usage du peigne. Elle adorait les chevaux, et sa vie tournait autour de deux beaux animaux noirs qu'un palefrenier borgne et buté gardait superbement propres et soignés.

— ... contrairement à moi, remarquait-elle à juste titre, sautant en selle.

Aussi légère qu'un jockey, elle montait à merveille et survolait d'immenses barrières. Jaš avait renoncé à monter — « Pas le temps » —, aussi partions-nous tout seuls pour de longues chevauchées dans la fraîcheur du soir.

Aux heures chaudes de la mi-journée, on plongeait des cubes de glace dans ce vin d'un or profond que je n'arrête pas de mentionner. Cela paraît barbare, mais c'était délicieux — *Spritzer,* tel était le nom du mélange en allemand, et *hoszú lépés* (« un grand pas ») en magyar, qui désignait un degré de dilution précis entre beaucoup d'autres. Du point de vue générique, on ne pouvait s'y tromper, tous ces vins venaient de cette même région, et pourtant chacun semblait changer selon le toit sous lequel on le buvait. On pouvait le boire dès lors que la récolte avait cessé sa fermentation, mais après quelques années dans de fraîches caves, il surpassait toute louange. Pendant le dîner, on en vidait flacon sur flacon, sans plus le diluer, à la lumière des chandelles placées dans de grands bougeoirs de verre en forme de tulipe. Jaš aimait à parler jusque fort avant dans la nuit, et développer ses théories intrépides et variées. Lorsqu'il levait l'index, on se taisait une minute pour écouter les rossignols. Une infatigable géométrie de lucioles fusait sous la masse trapue des marronniers et une nuit, alors que nous allions monter nous coucher, nous trouvâmes des grenouilles arboricoles minuscules, couleur d'émeraude, qui se cramponnaient aux feuilles comme des naufragés miniatures et verts sur des radeaux.

Mon dernier après-midi, nous le passâmes Clara et moi à parler sur un talus au bout de la pelouse. A l'intérieur de la maison Jaš jouait, avec un indéniable talent, des fugues plutôt compliquées, et s'interrompait de temps en temps quelques secondes, après lesquelles on percevait un « pan-pan » et un bruit de chute, de sorte que le tournoiement affolé des oiseaux n'arrêtait pas au-dessus de la maison. Tout au long de la pelouse, les bougies des marronniers avaient commencé de déverser leurs fleurs, et l'on distinguait ici et là un disque rose parmi les pétales blancs recouvrant le gazon. Au bout de la perspective nous apercevions les deux chevaux, dessellés quelques minutes plus tôt, qui se roulaient par terre, extatiques, avant de se remettre sur pieds en s'ébrouant et de brouter, en agitant une queue rêveuse contre les moucherons. C'est l'un d'eux, au matin, qui me transporta jusqu'à l'étape suivante et m'éloigna des coups de feu de moins en moins audibles.

Ötvenes était le terme de cette succession d'amis et de maisons dont j'avais rencontré les propriétaires, cette fois encore, lors de la soirée passée chez Tibor. La famille faisait partie de ces Souabes qui s'étaient installés sur les territoires repris aux Turcs, et l'étendue de leurs biens les avait vite mis au rang des plus distingués. Peut-on comparer les siècles de conflits antérieurs au long cours de la *Reconquista* espagnole, et substituer les Ottomans aux Arabes ? Sans doute les premières campagnes, avec les victoires de Hunyadi, Báthory et Zrinyi, y ressemblent-elles beaucoup ; mais les héros transylvains ultérieurs consacrèrent surtout leur énergie à faire de la principauté, au moins pendant un certain temps, et sous suzeraineté turque, le bastion des libertés magyares contre les Habsbourgs. Ces derniers, en s'alliant habilement avec l'héritière de la couronne hongroise, puis en proclamant que cette couronne était héréditaire et non élective, avaient pu engloutir la Hongrie ; et lorsque les armées impériales descendirent finalement vers l'aval, les Impériaux en étaient venus à considérer les Hongrois comme un peuple conquis. D'où les enclaves étrangères et l'abondance de noms n'étant pas hongrois qui parsemaient tout à coup les terres rachetées. On avait invité des immigrés à s'installer ; et pendant les trois derniers siècles, le Saint-Empire romain comme la Hongrie étaient devenus cosmopolites, et par-dessus tout dans le commandement de leurs armées ; mais il y avait beau temps que leur progéniture était assimilée. Illustration de cette politique, deux frères venus rendre visite depuis leur domaine voisin portaient le fameux nom génois de Pallavicini. Descendaient-ils du margrave qui assassina le cardinal Martinuzzi, le sauveur de la Transylvanie, un demi-Vénitien lui-même ? Je venais de découvrir son histoire, mais n'osai pas poser de questions. Une autre invitée, une princesse de haute taille, mariée à un propriétaire terrien et naturaliste érudit du nom de Béla Lipthay, de Lovrin dans le Banat, était une descendante (mais pas en ligne directe, j'espère) du pape Innocent XI, de la célèbre maison des Odelscalchi, seigneurs de Bracciano [1].

Georgina, la jeune femme de la maison, avait l'air d'une Anglaise blonde en safari, et montait aussi bien à cheval que Clara. Séparée d'un mari tchèque depuis longtemps, elle s'efforçait sans grand espoir d'obtenir une annulation afin d'épouser un cavalier encore plus émérite qu'elle ou Clara. Ce dernier était tanné par le soleil, maigre, délicieux et sourd comme un pot. Pleins d'anxiété, ses gentils parents, et notamment sa mère, prenaient très au sérieux les dangers qui me menaçaient au cours de ce voyage. L'un de leurs fils se trouvait au Brésil depuis quinze ans, et si j'avais laissé faire la mère, elle aurait fourré toute sa garde-robe dans mon sac à dos.

Tous les détails de cette demeure, et de toutes les autres, sont encore présents à ma mémoire ; et les habitants, les domestiques, les chiens, les chevaux et les paysages sont intacts eux aussi. Il est probable que ma condition d'étranger dans cette société confinée abaissait certaines des barrières habituelles, car je devins un familier de leurs vies, et les sentiments couraient plus profondément et beaucoup plus durablement que ceux qu'eussent dû susciter ces semaines rapides passées dans les marches de Transylvanie. La joie de ce séjour fut encore accrue par l'arrivée de Ria, pour les dernières journées. Nous admirâmes la construction d'une meule énorme et parcourûmes les bois au petit galop à l'occasion d'un rallye-papier ; le dernier jour, nous découvrîmes quelques fusées de feux d'artifice dans un appentis, que nous lançâmes après dîner.

1. Selon Sir Walter Scott (ou Macaulay le citant ; je les ai feuilletés en vain l'un et l'autre, et tomberai naturellement sur le passage après la parution de ce livre), Bracciano, au bord de son lac et de ses roseaux, fournissait le meilleur exemple imaginable de forteresse médiévale : ses tours cylindriques regroupées s'élèvent dans le ciel du Latium en étalant des corolles et des mâchicoulis narcissiques, très loin au-dessus de leurs reflets immobiles plusieurs brasses plus bas.

Il n'était pas une région, parmi celles que j'avais jusqu'ici traversées, qui ne dût être déchirée et dévastée par la guerre ; de fait, à l'exception de ma dernière étape avant la frontière turque, tous les pays que ce voyage parcourt allaient être disputés par deux puissances impitoyablement destructrices ; quand la guerre éclata, tous ces amis s'évanouirent dans une obscurité soudaine. Après quoi, les déracinements et les ravages s'exercèrent sur une échelle si formidable qu'il fallut parfois des années pour que la nuée s'éclaircisse un peu et que je commence à réunir quelques indices, ici et là, pour tâcher de reconstruire ce qui avait pu se passer dans l'intervalle. Presque tous, ils s'étaient trouvés précipités malgré eux dans le conflit, et le désastre les renversa tous. Mais la tragédie qui vint frapper cette maisonnée charmante et gaie ne devait rien à la guerre : une nuit, un incendie se déclara qui réduisit en cendres l'ensemble de la famille, et sa demeure inflammable.

CHAPITRE V

Je traverse la forêt

— *Frater Petre, possumusne kugli ludere post Vesperas ?*

— *Hodie non possumus, fili,* dit le frère Pierre. *Tarde nimium est. Cras poterimus.*

— *Quando ? Qua hora ?*

— *Statim post Missam. Expecte me ad eggressum ecclesiae.*

— *Bene, frater, sed nonne ante Missam fieri potest ?*

— *Velnon. Est contra regulam nostram.*

— *Eheu !*

Pas difficile de repérer l'intrus, avec son latin de cuisine ! *Kugli* — *Kegeln* en allemand — est le mot magyar pour désigner le jeu de quilles. Le frère Pierre était, dans l'abbaye conventuelle franciscaine de Maria Radna, le maître hôtelier adjoint dont le visage cordial, le crâne tonsuré, les sandales, la robe de bure brune et la corde blanche nouée autour d'une taille confortable rappelaient de façon saisissante le confesseur de Robin des Bois, le frère Tuck ; comme nous n'avions aucune langue vivante commune, le latin était notre seul recours possible. (Mes reparties ne coulaient pas de source, comme on pourrait le croire plus haut. Je concoctais chaque phrase bien à l'avance, en souhaitant placer un supin en *-um ;* et je fus frappé par l'emploi de *velnon.* Dans la mesure où je n'ai jamais pu le trouver dans un dictionnaire latin par la suite, je présume qu'il s'agissait d'une association des deux adverbes, une négation employée seulement dans les milieux ecclésiastiques pour remplacer un « non » inexistant ; le mot semblait un tout, cependant. « Oui » se disait *étiam.*) Si j'excepte les heures naguère passées à traduire du latin à l'école, ou mes déclamations poétiques sur la route, je n'avais pas plus l'habitude de m'exprimer en latin que quiconque, aussi avais-je l'impression enivrante de remonter à l'époque où le latin était la langue commune de l'Europe des lettrés : ces phrases évoquaient le monde des clercs gyrovagues que j'avais présomptueusement choisis comme modèles avant de partir, et dont je m'étais récemment plutôt éloigné.

La route quittant Ötvenes ce matin-là courait vers le sud-est jusqu'à une brèche dans les collines boisées, à environ vingt milles à l'est d'Arad, où je rejoignis la belle vallée du Maros ; puis, un peu en amont, j'aperçus les coupoles de bronze de Maria Radna irradiées par la lumière de l'après-midi. La fondation de l'abbaye remontait à 1520, mais nul, *a priori,* n'aurait associé cette haute bâtisse baroque à l'ordre des Franciscains. Détruite au seizième siècle par l'armée de Mustapha II, elle avait été reconstruite sous cet aspect après l'éviction des Ottomans cent ans plus tard. Après quoi une image miraculeuse de la Vierge la rendit célèbre ; les mécènes se succédèrent, et l'église se remplit de pèlerins et d'ex-voto.

Moucheté par les ombres des feuilles de marronniers, un large escalier grimpait entre les hautes statues baroques de saint François d'Assise et saint Jean Népomucène. A son sommet, je tombai sur le frère Pierre qui disposait des quilles. Il cherchait un compagnon de jeu, je tombais donc à pic, et nous jouâmes pendant toute la fin d'après-midi, joyeusement, même si nous ne pouvions échanger que quelques mots latins maladroits. Cela demandait une certaine force de projeter les lourdes boules au milieu de ces gigantesques quilles : tous deux, nous étions en nage quand la cloche des vêpres vint mettre un terme à notre jeu, et c'est après que je l'eus aidé à tout ranger qu'eut lieu le colloque reproduit ci-dessus. Les vêpres dites, il me conduisit à une chambre d'hôte puis au réfectoire où quarante moines environ étaient attablés, cependant que l'un d'eux lisait à voix haute, d'abord en latin puis en magyar[1]. Je le retrouvai dans le cloître après complies, et m'enquis :

— *Dormitum ibant omnes ?*

Cela faisait un moment que j'y pensais ! mais il se contenta de sourire en posant un doigt sur ses lèvres : c'était la première nuit que je passais sous un toit monastique, et le *magnum silentium* avait commencé.

Le lendemain, le 2 juin, était un dimanche, et il devait s'occuper de visiteurs ; aussi me montrai-je patient comme il me l'avait demandé, redoutant un peu qu'il ne soit obligé de me répondre un *non possum*. Mais il survint dans un bruissement de robe et de corde, et lorsque nous eûmes joué notre partie, je tâchai de lui laisser un peu d'argent : il l'écarta de la main — j'étais un étranger, un *viator* et un *peregrinus* ; je me contentai donc de jeter quelques pièces dans un tronc de l'église, en les faisant sonner dans ma main pour ne pas perdre la face.

— Dieu vous accompagne, dit-il en latin, tout en m'aidant à charger mon sac, et il ajouta : *Quoniam angelis suis mandavit de te, ut custodiant te in omnibus viis tuis.*

Impressionné, plutôt intrigué, je redescendis le grand

1. Les seuls sectateurs du rite romain dans cette partie de la Roumanie étaient les Hongrois et les Souabes. Le reste de la population était pour l'essentiel uniate, me semble-t-il : en d'autres termes, des catholiques de rite oriental dont la liturgie orthodoxe était chantée en roumain depuis la fin du dix-septième siècle, après la période grecque qui conserva le slavon originel.

escalier vers le fleuve ; il avait eu l'air de prononcer une citation, mais de quoi [1] ?

Lorsque j'avais quitté le Danube un mois plus tôt, puis le Tisza et enfin la Grande Plaine hongroise, j'avais eu le sentiment de dire au revoir à d'illustres repères. Mais je n'avais jamais entendu parler du Maros [2].

C'est la rivière principale de Transylvanie, dont les tributaires s'étalent en éventail comme des terminaisons nerveuses sur toute la pente occidentale des Carpates, la dévalent et se fondent en un grand courant qui serpente vers le sud-ouest à travers des contreforts mineurs, longe l'abbaye et débouche en Hongrie. Il se jette dans le Tisza à Szeged, à environ soixante-dix milles au sud du pont que Malek et moi avions franchi, *clip-clop clip-clop,* à Szolnok ; après quoi les eaux assemblées dévalent la Yougoslavie et pénètrent dans le Danube ; bientôt, le Save, gonflé par des affluents de Slavonie et des Alpes, s'associe au grand fleuve sous les murs de Belgrade puis, toute individualité étant noyée dans les courants danubiens, c'est l'avancée vers les Portes de Fer et la mer Noire.

Des collines entouraient la rive septentrionale de ce coude précis, et j'avais à peine perdu de vue le monastère que se dressaient les ruines effilées du château de Solymos sur son piédestal de rochers ; ç'avait été une place forte du grand Jean Hunyadi, mais beaucoup plus ancienne que lui. Après quoi les arbres des premières collines commen-

1. La solution devait m'être donnée vingt ans plus tard à Saint-Wandrille en Normandie. Il s'agit du onzième verset du Psaume 91, chanté tous les soirs à complies, et que j'avais dû entendre, par conséquent, la veille.

2. Le nom roumain, et donc officiel, est Mureş (prononcer Mouresh), mais le hasard a voulu que je n'entende que la forme magyare Maros (Marosh) tout au long de cette partie du voyage, et c'est pourquoi j'ai peine à le désigner autrement. A partir de maintenant, les repères géographiques ont souvent deux ou trois noms ; je demande pardon au lecteur des inévitables confusions qui pourraient s'ensuivre.

cèrent de s'entasser en vagues successives, saupoudrées d'embruns de lilas sauvage. Leurs sœurs de l'autre rive les toisaient, et le grand fleuve serpentait nonchalamment au milieu. Parfois, il faisait une ample boucle en arrière sur un ou deux milles, puis revenait, et les nuages de saules et de trembles qui marquaient ses méandres se piquetaient de peupliers, minces comme des fuseaux ou étalés comme des filets à papillons. Les femmes des champs portaient des fichus sur la tête, sous des chapeaux de paille tressée aussi larges que des roues de charrette ; des feuilles semblables à des sagaies brisées emplumaient les hautes tiges des maïs ; le blé s'inclinait parfois sous la brise ; les vignobles, tous protégés au sulfate, s'étageaient en terrasses. Le bétail pâle aux larges cornes droites paissait par groupes et les buffles trouvaient des bauges idéales dans les marais et les noues entourant le fleuve ; luisants comme des phoques ou emplâtrés de boue séchée, leur armure contre les insectes, il arrivait que seules des bulles ou un naseau émergé permissent de les repérer dans la boue ou les marigots. Dès que j'apercevais des chevaux, des juments et leurs poulains broutant en liberté sur l'herbe, je pouvais m'attendre à tomber sur quelques tentes effilochées. Tout, dans ces courbes roselières, exhalait une calme inertie, un charme ensommeillé de croissance et d'abondance sereine.

Je trouvai un bosquet de sureaux rempli de pissenlits, de coquelicots et de boutons d'or, mangeai un peu de pain et de fromage, avant de m'abandonner à la léthargie ambiante ; puis m'éveillai pour découvrir des verdiers, et un nuage de moucherons qui s'agitaient au-dessus de ma tête. Je n'avais pas loin à aller. Il était convenu que je passerais la nuit chez M. v. Konopy. On m'apprit que j'avais dépassé le *kastély* de quelques milles, aussi arrêtai-je une charrette de foin dont le conducteur m'indiqua bientôt une demeure qui pointait entre les arbres, sur la colline.

J'aurais pu me croire dans un presbytère de campagne, et M. v. Konopy, avec la douceur de ses manières et ses cheveux argentés, aurait pu poser à l'ecclésiastique ; une aura de vêpres flottait autour de lui. Sa passion était l'hybridation des céréales, et ses deux collègues suédois qui séjournaient dans la demeure étaient aussi calmes et posés que lui. Des épis de blé jonchaient le mobilier, et l'un des Suédois, qui maîtrisait parfaitement la terminologie anglaise de son hobby, m'expliqua, en passant d'un spécimen à l'autre, les différences entre le plein épi et l'espèce commune à barbes ; puis nous inspectâmes la variété polonaise, appréciâmes les petits épis, les barbes, les fleurs médianes et la glume. Il avait apporté à M. v. Konopy une édition allemande de l'*Histoire de San Michele*[1], qui faisait fureur en Angleterre quelques années plus tôt. Deux paisibles journées s'écoulèrent, durant lesquelles il lut le livre à voix haute. Tout cela me changeait de l'atmosphère récente de trophées de chasse, de sabots évidés, et des souvenirs de Tibor buvant le champagne à même des escarpins de danseuses.

Les collines de la rive septentrionale grandissaient et, avec l'abondance croissante des arbres, j'avais l'impression de m'enfoncer de plus en plus inextricablement dans des contrées inconnues. Vers le milieu de l'après-midi j'atteignis Soborsin[2], où un château des Nádasdy se blottissait dans les bois, et traversai le pont pour passer sur l'autre rive. Bien que cette région du sud du fleuve restât d'allure transylvaine, c'était déjà le coin nord-est du vieux Banat de Temesvár, du nom de sa capitale — Timişoara en roumain — qui s'étend à l'ouest. Perdue par la Hongrie au profit des Turcs au seizième siècle et largement dépeuplée, elle fut reconquise par le prince

1. Voir *Le Temps des offrandes*, p. 73 *(N.d.T.)*.
2. Şavarşin.

Eugène et le comte Pálffy deux siècles plus tard, et recolonisée. Les Roumains constituaient la masse homogène la plus importante de la province moderne, comme ç'avait été le cas, du reste, tout au long de mon itinéraire, mais l'on disait que les nouveaux venus étaient d'origines si variées qu'un caméléon placé sur une carte coloriée des populations du Banat aurait explosé [1].

Au bout d'une ou deux heures, j'arrivai à pas lourds, épuisé, entre les ombres allongées, au *kastély* de Kápolnás. Une double volée de marches menait sur une terrasse à balustrade où les gens goûtaient la sérénité précédant le crépuscule ; on apercevait les pièces éclairées par les portes-fenêtres. Le comte Paul Teleki, mon aimable et bienfaisant géographe de Budapest, avait écrit au propriétaire, son cousin au premier degré, et j'avais moi-même téléphoné la veille. C'était le comte Eugène — Jenö en hongrois —, qui se leva et s'avança vers moi d'un pas lent et hospitalier.

— Ainsi, vous y êtes arrivé ? dit-il gentiment. Venez donc vous jucher ici, ajouta-t-il d'une manière un peu étonnante.

C'était un homme de haute taille, corpulent, simple, entre deux âges, aux lunettes cerclées d'or, au visage remarquablement intelligent, un peu laid et fort drôle ; comme celui de son cousin, il avait un vague air asiatique. Je le savais entomologiste expert et grand spécialiste des phalènes, notamment celles de l'Extrême-Orient, et l'on disait qu'il entretenait en permanence deux chasseurs de spécimens, l'un en Chine, l'autre au Japon, qui lui envoyaient un flot constant d'échantillons. De fait, les

1. Un « ban », mot perse importé dans ces contrées par les Avars, était un gouverneur militaire étendant sa juridiction sur un « banat », terme ultérieurement appliqué à quelques provinces limitrophes de la Hongrie, la Slavonie et la Croatie ; mais le « Banat » tout court a toujours désigné cette région, ce qui est assez bizarre, dans la mesure où elle ne fut jamais soumise à un « ban ».

lépidoptères paradaient dans des vitrines installées dans toute la maison. Certains étaient grands, duveteux, aux couleurs vives, d'autres gris, filiformes ou transparents, certains même presque trop petits pour être vus. Outre cette passion, il avait tous les instincts de l'érudit : tout suscitait son intérêt, et l'incitait à escalader maladroitement l'escalier de la bibliothèque. Il adorait le bavardage, les histoires drôles, et avait une véritable passion pour les quatrains salaces, les plus scabreux possible. Il s'abandonnait pendant des heures à ses réminiscences, une anecdote fascinante en entraînant une autre : nombreuses étaient celles qui dépeignaient des personnages fameux et vénérables sous un jour absurde et souvent plaisant. Il attendait qu'on lui serve des histoires analogues, et vous récompensait par un rire irrépressible quoique presque muet, des abîmes d'inaudible hilarité qui l'obligeaient à essuyer soigneusement ses lunettes avec son mouchoir jusqu'à ce qu'il retrouve son calme. Il avait beaucoup voyagé et connaissait bien les îles Britanniques ; son anglais était presque parfait, enrichi par une nourrice écossaise d'une collection d'expressions prononcées entre des guillemets à peine perceptibles. Quand on lui demandait son opinion sur un voisin, il répondait : « J'avons nos doutes » ; et s'il lui fallait affronter quelque dilemme, il déclarait : « J' devons nous y faire. » (Avant-guerre, on n'aurait su exagérer l'influence des nourrices britanniques sur certains enfants d'Europe centrale ; ils apprenaient à compter les moutons sautant la barrière avant de savoir leur chapelet, et la souris verte était trempée dans l'huile bien longtemps avant qu'on reçût les premières leçons de catéchisme sur la Trinité.) Sa femme, la comtesse Catherine — Tinka —, était grande, brune, belle, très bonne, très intelligente et fort cultivée dans de tout autres domaines que lui. A un égard au moins, elle était littéralement à part dans cette société hongroise abandonnée : elle était roumaine ; mais d'une façon un peu spéciale. De fait, un certain nombre de familles hongroises de Transylvanie avaient jadis été d'extraction roumaine, quelle que fût la ferveur ultérieure de leur obédience hongroise. Les ancêtres de la comtesse avaient appartenu à ce groupe, avec cette nuance qu'ils n'avaient pas oublié leurs origines, bien qu'ils fussent désormais des nobles hongrois, et ils soutenaient les revendications roumaines. Peut-être le magyar était-il leur langue maternelle depuis des générations ; ils n'en exprimaient pas moins des opinions peu orthodoxes sur leurs bancs de députés au parlement de Budapest. Or le comte Jenö, rejeton de l'une des grandes maisons hongroises de Transylvanie, nourrissait une rancœur aussi tenace, après la guerre, que le premier hobereau venu, bien qu'il ne l'exprimât pas avec emphase ; tandis que la comtesse Tinka, si l'occasion s'en présentait, défendait l'autre point de vue avec une discrète éloquence ; quand l'un d'eux venait à avancer des opinions discutables, l'autre ne manquait pas de dire par la suite aux invités, en privé, qu'elles lui paraissaient absurdes (« Quel dommage ! Jenö est si intelligent, mais il a de tels préjugés ! », ou : « Eh bien ! je crains que Tinka n'ait perdu la tête une fois de plus... »). Ils s'aimaient profondément et étaient beaucoup trop civilisés pour se contredire publiquement. Le château abritait aussi un joli garçon, plutôt gâté, du nom de Michael, avec son tuteur hongrois, ainsi qu'une troupe changeante d'invités ; et l'on savait qu'une aile de la demeure logeait la mère de la comtesse, récemment frappée d'invalidité.

— Elle n'est plus tout à fait en forme, disait mon hôte.

Des bois épais se dressaient à pic derrière la demeure. Devant, des champs ondoyants descendaient en pente douce vers le Maros, non sans que les bois escarpés ne trouvassent leur pendant sur la rive nord.

— Elle ne date que du dix-neuvième siècle, remarquait le comte en désignant la bâtisse, et on peut la juger vaguement prétentieuse.

Le rez-de-chaussée était habillé de pierres de taille rustiquées, des pilastres s'élevaient jusqu'à la corniche et des colonnes corinthiennes cannelées ponctuaient toute la façade, ornée de masques de sibylles, de nymphes et de satyres.

La terrasse était le refuge du comte, dans l'après-midi et la soirée. Il pouvait rester des heures à bavarder, assis dans l'un des fauteuils d'osier, ou déambuler en dissertant doctement sous une ombrelle de lin gris à rayures vertes. Une promenade plus ambitieuse le menait jusqu'aux écuries. Un pigeonnier abritait des colombes et une troupe de pigeons acrobates qui s'élevaient, planaient, faisaient des pirouettes, la chandelle, avant de redresser dans un bel émoi de plumages neigeux : j'adorais les regarder. Le chemin du retour était ombragé de lilas. Les pivoines perdaient leurs ultimes pétales, et l'air était lourd du parfum des tilleuls en fleur.

La bibliothèque, avec ses milliers de livres, ses filets, ses tubes et son matériel de collectionneur, n'en était pas moins son repaire préféré. Il m'y conduisait après le petit déjeuner, et j'explorais les rayonnages à l'aide de l'échelle pendant qu'il s'installait derrière sa table en soupirant de plaisir. Il ouvrait des paquets couverts de timbres étranges, postés sur les contreforts du Fuji-Yama ou dans quelque port des rives du Yang-tsé, en extrayait le contenu avec des pinces à épiler et entreprenait son examen sous la loupe ou le microscope, en l'accompagnant d'un commentaire murmuré et polyglotte : « ... *Jól van... gyönyörü !...* Quelle beauté. Regardez-moi ce gaillard ! Ah ! vous *voilà* enfin !... et voici *Euploea leucosticus...* de Java, je parie... *Salut ! Qu'est ceci ?...* Je vais l'identifier dans Hampson... Ou Kirby... *I dinna ken, I dinna ken...* Ou dans Breitenbach, peut-être... » Difficile d'imaginer une personne plus heureuse. Quant à moi, j'étais sollicité par d'innombrables trésors : des rangées d'encyclopédies en plusieurs langues, les poèmes latins cyniques de Janus Pannonius, l'évêque hongro-croate de Pécs au dix-septième siècle, le Martial hongrois ; des mémoires et des gravures de la vie d'autrefois en Transylvanie, des lettres patentes, des transferts de serfs, des actes d'anoblissement sur parchemin nantis de gros sceaux de cire rouge ; des généalogies scintillantes avec les armoiries légendées et coloriées, aux couleurs un peu passées ; les nombreux et merveilleux volumes, enfin, de la *Géographie universelle* d'Élisée Reclus. Vingt tentations me faisaient perdre ma matinée.

Le comte était enclin à s'absorber dans d'ésotériques recherches. A cette heure, il était fort séduit par la théorie de Hugo v. Kutschera concernant les juifs ashkénazes d'Europe centrale : pouvaient-ils vraiment descendre des habitants du vieil empire khazar, dont les chefs avaient abandonné le paganisme pour embrasser la foi juive dans la période la plus obscure du Moyen Age ? Il était particulièrement intéressé par la preuve d'un échange de correspondance entre Itil — la capitale khazar près de l'embouchure de la Volga, environ sur le site d'Astrakhan — et les érudits hébreux de Cordoue : ces lettres étaient-elles des faux ? Le roi Joseph des Khazars et le *rabbi* andalou Hazdai ibn-Shaprut s'étaient-ils vraiment écrit[1] ? Une fois, comme il cherchait un renseignement sur les inscriptions runiques des Goths, il s'égara, se plongea dans un nouveau livre et, relevant la tête, me demanda d'une voix étonnée si j'avais une idée du vêtement porté par les Huns. Je

1. Le souvenir de la théorie du comte Jenö devait me revenir lors d'un déjeuner avec Arthur Koestler dans une taverne athénienne, il y a environ vingt ans. Koestler manifesta aussitôt son intérêt, et me dit que la question l'intriguait depuis longtemps sans qu'il pût l'éclaircir. Un ou deux ans plus tard, il publia *La Treizième Tribu* qui fit un certain bruit parmi les historiens juifs. Se peut-il que notre conversation ait été le catalyseur qui l'incita à se replonger dans ce problème ? Il est trop tard pour le lui demander.

répondis que je les imaginais *a priori* vêtus de peaux non traitées, pourvues de fibules ici et là.

— C'est aussi ce que j'aurais pensé, dit-il, mais nous nous trompons.

Et il me lut le compte rendu de l'ambassade auprès d'Attila que nous fait Ammien Marcellin : « Ils portent des vêtements de lin ou des peaux de campagnols cousues ensemble[1]. »

Depuis toujours, sa famille était férue de voyages, de science et de littérature. L'une de ses branches avait exploré l'Afrique centrale, et découvert des lacs et des volcans à la frontière éthiopienne ; mon ami de Budapest avait cartographié des archipels en Extrême-Orient ; le comte Samuel Teleki, un astucieux chancelier de Transylvanie au dix-huitième siècle, avait rassemblé quarante mille volumes à Máros-Vásarhély — Târgu Mureş en roumain — dans une bibliothèque spécialement construite à cette fin qu'il avait léguée à la ville : elle regorgeait d'incunables, d'éditions *princeps* et de manuscrits, dont l'un des plus anciens de Tacite (ce doit être lui aussi qui rassembla et édita les épigrammes de Pannonius). Un comte Joseph Teleki, voyageant en France avec son cousin bibliophile, devint un ami et un partisan de Rousseau, et lança une attaque subtile contre Voltaire qui connut trois éditions ; je la découvris sur le rayon : *Essai sur la foiblesse des esprits forts*, Leyde, 1760. Ma chambre abritait une partie du raz de marée de la bibliothèque : Henty, Ballantyne, *Jock of the Bushveld, Owd Bob, The*

1. Bruce Chatwin, pour qui les nomades avaient fort peu de secrets, m'apprend que cette phrase est confirmée par la trouvaille archéologique de 400 avant J.-C., dans un *kurgan* (tumulus) turc, à Katanda dans l'Altaï, d'un chef nomade conservé par la glace et vêtu d'un pourpoint de losanges de dix centimètres sur douze, teints en orange, bleu, jaune et rouge, des morceaux de peau de petits mammifères, peut-être de ces gerboises qui abondent sur la steppe.

Story of the Red Deer, Black Beauty, The Jungle Books et les *Just so Stories.* Il y avait toutes les éditions Tauchnitz que je pouvais souhaiter, industrieusement explorées par des insectes, pâlies par les ultimes étés de la monarchie des Habsbourgs, exhalant l'odeur de ces moments paisibles où, excepté les fusillades intermittentes et habituelles dans les Balkans, on n'entendit pour ainsi dire pas un seul coup de feu entre la bataille de Sedan et Sarajevo : Ouida, Mrs. Belloc Lowndes, *The Dolly Dialogues, My Friend Prospero, The Cardinal's Snuffbox, The Indiscretions of Ambrosine, Elizabeth and her German Garden*[1]; Maupassant, Gyp, Paul de Kock, Victor Margueritte, les premiers Colette... Mais le butin le plus important, le plus révélateur, c'était la demi-douzaine de romans historiques de l'écrivain hongrois Mór Jókai (1825-1904) traduits à l'époque victorienne : *Midst the Wild Carpathians, Slaves of the Padishah, An Hungarian Nabob, The Nameless Castle, The Poor Plutocrats, Pretty Michael, Halil the Pedlar, Ein Fürstensohn* — il y en avait beaucoup d'autres. Les intrigues se situaient aux périodes agitées : la révolte de Kossuth, les guerres contre les Turcs qui virent incendier toute la Transylvanie ; des châteaux vertigineux, des gouffres béants, des loups, des haines séculaires entre magnats, des janissaires, des spahis, des pachas à six queues de cheval, des sièges, des champs de bataille et des soldats résistant jusqu'au dernier ; des récits qui mettaient en scène tous les grands personnages de l'histoire locale : Hunyadi, Zrinyi, Thököly, la dynastie des Rákóczi, les Bocskay, Bethlen, Báthory, Bánffy — les B semblent abonder chez les princes et les chefs transylvains ; et les Teleki, bien sûr. Les intrigues étaient un mélange enivrant de Scott, Harrison Ainsworth et Dumas père, transposés dans les Carpates et sur la *puszta.* C'est après que je m'y

1. *Elisabeth et son jardin allemand,* Elisabeth v. Arnim, traduit par F. Dupuigrenet-Desrousilles, Salvy, 1989 *(N.d.T.).*

fus plongé et eus posé des questions au sujet de ces livres, sur les berges du Maros où la comtesse nous avait emmenés pour un pique-nique mâtiné de baignade, que naquit l'idée d'une excursion historique.

Elle impliquait l'apparition de la voiture, solennel événement dans ces contrées peu carrossables. La comtesse était au volant, et si un buffle vagabond nous barrait le chemin, le comte, qui se souvenait des régates de Cowes, levait la main en murmurant « Priorité à la voile », et nous attendions que l'animal ait traversé d'un pas somnolent. Nous fîmes route vers l'est sur la berge nord et ombragée du fleuve, puis tournâmes vers le sud à hauteur de la colline escarpée, couronnée de ruines, de Deva [1] avant de nous arrêter quelques vallées plus loin où de hautes et précaires piles de pierres soutenaient un pont étroit au-dessus du gouffre.

De l'autre côté se dressait le château de Vajdahunyad [2], la plus importante des places fortes du grand Jean Hunyadi, une bâtisse si fantastique et théâtrale qu'elle semble tout à fait irréelle, à première vue. Comme bien des châteaux, il avait été ravagé par un incendie et reconstruit à l'identique ; mais il était scrupuleusement authentique. Le pont menait à une poterne ménagée dans une haute barbacane couronnée d'une colonnade et d'un toit vertigineux cunéiforme, rappelant les grandes barbacanes pragoises : piques de métal ou de bardeaux érigées de manière à faire trébucher les cavaleries infernales qui volent bas à la nuit tombée. Des tours, regroupées à différents niveaux, certaines rondes, d'autres carrées, toutes crénelées et pourvues de mâchicoulis, s'inséraient dans la muraille à pic. Sous la lumière qui perçait entre les

1. Hantée par le sacrifice de la femme du maître maçon, comme le pont d'Arta en Épire, et Curtea de Argeş en Valachie. Ces trois histoires ont donné de vieilles ballades.

2. Hunedoara.

piliers, sous son grand capuchon anguleux, la barbacane avait l'air de flotter en l'air, un peu comme par magie, et l'étroit espacement des arcs-boutants renforçait encore le dynamisme vertical. Partant du fond de l'abîme, ces piles de maçonnerie s'élançaient d'un seul tenant sur le rempart, le donjon et la grand-salle, avant d'éclater tout là-haut en une succession de tours octogonales qui couraient sur la façade en demi hors d'œuvre, toutes percées de fenêtres à meneaux, cependant qu'un réseau de dentelle d'un gothique tardif s'épanouissait tout autour et les reliait avec toute l'énergie complexe du style flamboyant français.

Le long de l'avant-toit, sous ce toit précipiteux, les tours protubérantes se terminaient en poivrières, en cônes alternant avec les pyramides octogonales et qui alignaient une procession de lances, devant des toits diaprés de tuiles peintes disposées en motifs compliqués, comme ceux de Saint-Étienne de Vienne, ou les toits bourguignons. Une fois passée la poterne, on découvrait dans la cour des galeries, des balustrades et des empilements d'arcatures romanes ; des ogives trilobées ouvraient sur des escaliers en colimaçon ; à l'intérieur, jaillies de chapiteaux feuillus, couronnant des piliers polygonaux de marbre rose, de belles voûtes d'un gothique tardif se rejoignaient au-dessus de la salle des Chevaliers. Je n'avais rien vu de tel depuis Vienne et Prague ; cette soudaine explosion de moulures flamboyantes me rappelait la Hradcany et les bords de Loire[1].

J'avais l'esprit tout occupé de Hunyadi, et c'est très excité que je parcourus les cours, me ruai dans les escaliers

1. Une réplique exacte de ce château se dresse entre les peupliers sur une île du Parc municipal de Budapest. On l'a érigée à la mémoire de Hunyadi pour l'anniversaire, en 1898, du premier millénaire de l'histoire hongroise, et je crois bien que c'est le souvenir de cet aperçu fugitif qui avait conféré à l'original transylvain un air presque onirique.

pour explorer ces salles voûtées. C'est le personnage le plus vénéré de l'histoire hongroise ; les Roumains le revendiquent à juste titre comme un des leurs ; il fut le plus grand champion, au quinzième siècle, de toute la chrétienté. Il était entré tout jeune au service du roi Sigismond de Hongrie (le fils du roi aveugle de Bohême tué à Crécy ; ultérieurement empereur du Saint-Empire), et l'on prétendait parfois qu'il en était le fils naturel. Il remporta de brillantes victoires, gouverna la Transylvanie à une période difficile, avant d'administrer l'ensemble du royaume. Grâce à sa campagne dans les Balkans, il brisa le pouvoir du sultan en Herzégovine, Bosnie, Serbie, Bulgarie et Albanie ; et sa plus grande réussite consista à mettre en déroute, sous Belgrade assiégée, l'armée de Mehmet II, trois ans après que ce sultan conquérant eut pris Constantinople. Cette délivrance, le triomphe remporté sur l'invincible Mehmet, étaient journellement célébrés par des carillons, à midi, dans tout le monde catholique. Ils continuent de l'être en Hongrie. Cette victoire donnait un répit supplémentaire au royaume, jusqu'à la bataille de Mohács, soixante-dix ans plus tard. Connu dans toute l'Europe sous le nom de Chevalier Blanc, ce ne fut pas seulement un grand chef militaire et un homme d'État, mais un roc de dignité morale, dans un royaume et à une époque abondant en conspirations [1].

Né au temps des Plantagenêts, c'est un contemporain de Jeanne d'Arc et de la guerre des Deux Roses. (C'est seulement grâce à ce genre de rapprochements, et parfois en m'aidant aussi des costumes, que je suis en mesure d'arrimer ces personnages historiques dans leur période ;

1. Certains experts, dont David Rosenthal, son traducteur le plus récent, sont persuadés que la grande épopée catalane, *Tirant lo Blanc*, retrace les exploits de Hunyadi. Écrite quelques décennies après sa mort, ce fut l'un des livres préférés de Cervantès ; et si, comme le croient certains, *lo Blanc* veut dire *le Vlach* (*v* et *b* étant interchangeables), alors la théorie de son ascendance roumaine est renforcée.

je me permets donc de les glisser ici et là dans ces pages, dans l'hypothèse où mon lecteur me ressemblerait.) Les enjolivements architecturaux sur la façade du château étaient peut-être dus à son célèbre fils, qui l'agrandit[1]. Mathias, quoique un peu différemment, fut aussi remarquable que son père. On lui donne généralement le nom de Mathias Corvin, d'après le corbeau figurant sur son bouclier ; il prit part aux campagnes de son père dès l'âge de douze ans ; par la suite, il fut élu au trône de Hongrie par quarante mille nobles intrépides, réunis sur le Danube gelé, et devint l'un de leurs plus grands rois. De nouvelles victoires sur les Turcs vinrent poursuivre l'œuvre paternelle dans les Balkans ; il éparpilla les armées des Polonais et de l'empereur, et affronta les hussites ; les catholiques tchèques l'élirent roi de Bohême. Il investit Breslau, occupa Ancône, reprit Otrante aux Turcs, et sa soumission d'une moitié de l'Autriche fut parachevée par une entrée triomphale à Vienne. Il n'eut pas que des talents martiaux, mais aussi d'homme d'État, de législateur, d'orateur, et même d'érudit singulièrement averti qui avait coutume de passer la moitié de la nuit à lire. S'il faut en croire un historien anglais, c'est « indiscutablement le plus grand homme de son temps, et l'un des plus grands souverains de tous les temps ». Profondément cultivé, polyglotte, humaniste passionné, il fonda la fabuleuse bibliothèque Corvine et construisit de nombreux palais — un splendide prince de la Renaissance, en fait ; mais à la différence de plusieurs d'entre eux (continue notre historien), « bien qu'il ait fait l'expérience de l'ingratitude et de la traîtrise, il ne se rendit jamais coupable d'une seule action cruelle ou dictée par l'esprit de revanche ».

L'état de conservation parfait de la bâtisse contrastait avec le désintérêt, voire la destruction, qui semblaient

1. Il devait l'être davantage par Gábor Bethlen, le fameux chef militaire de la guerre de Trente Ans.

frapper les monuments hongrois, et dont on m'avait parlé. Il y avait à cela une raison fort simple. « János Hunyadi », selon l'*Encyclopaedia Britannica* — et la plupart des historiens —, « était le fils de Vojk (ou Vaic), un Valaque magyarisé » ce qui signifie que ce grand croisé était d'extraction roumaine. Les Roumains ressentaient, et continuent de ressentir, une fierté compréhensible d'être à l'origine de ces deux êtres d'exception, en particulier du père ; il se peut que le champ d'action occidental du fils, son identification encore plus grande avec l'Église catholique, l'aient trop éloigné de l'orbite de l'Orient orthodoxe. Il va de soi que les Roumains en tiraient un orgueil légitime. Toutefois, quiconque lisait les notices explicatives à l'intérieur du château aurait eu tendance à croire que Hunyadi était un héros purement roumain : des actions relatives à la Hongrie dont sa vie abonde, on parlait si peu que c'est à peine s'il paraissait avoir eu un lien avec le royaume. Il était assez triste de plonger cette figure étincelante dans des querelles boueuses de territorialité. La splendeur pâlissait aussitôt, devenait provinciale.

Le comte Jenö réagit avec fatalisme :

— On a l'impression qu'ils considèrent que le traité de Trianon les a rendus dépositaires de l'histoire hongroise aussi bien que de nos terres, fit-il en débouchant rêveusement une bouteille, à peu près comme les Corses qui célèbrent Napoléon sans mentionner la France.

Tournant le dos à quelques usines métallurgiques pleines de laideur, nous nous étions installés sous un arbre. Le château se dressait devant nous.

— Eh bien ! fit la comtesse en déposant des assiettes sur l'herbe et en distribuant les sandwiches au poulet, il faut croire que les Hongrois ont sous-estimé le côté roumain.

Il faut sans doute le croire.

C'est ainsi que s'écoulèrent les premières semaines de juin, à lire, converser, faire des excursions, et en visites données ou reçues. De nombreux voisins venaient nous voir ; les cheveux de l'un d'eux étaient à l'évidence teints en un roux très vif.

— Il est très drôle, disait le comte. Mais quelle allure ! Si seulement nous avions le pouvoir de nous voir avec les yeux des autres ! s'exclama-t-il en dialecte écossais [1].

Ils m'emmenèrent déjeuner dans le château Nádasdy, de l'autre côté du fleuve ; c'était la demeure d'un couple distingué, de haute taille : des Hunyadi, comme le héros, mais je ne crois pas qu'ils en descendissent. Un diplomate hongrois, le baron Apor, séjournait chez eux — quelle bizarrerie, la manière dont des visages qu'on n'a jamais vus qu'une fois se gravent dans la mémoire, avec tous leurs détails ! Il avait un crâne sphérique, tout à fait chauve, et je revois son éclat, et la pierre dure veinée de sa chevalière, comme s'il venait de quitter la pièce ; mais impossible de se souvenir de la moindre bribe de conversation.

Un cousin de la comtesse vivait à Bulci, à quelques milles de là, et le soutien familial apporté aux intérêts roumains dans le Parlement hongrois d'avant-guerre ne lui avait pas nui, bien au contraire, à présent qu'elle était finie. Il avait le nez effilé, un menton fuyant, la cinquantaine, cosmopolite, urbain et fin, excellent tireur, et le roi Carol l'avait nommé *Grand Veneur du Roi* [2] ; il s'agissait de chasse au gibier, de rabatteurs et de fusils plutôt que de chevaux et de meute. (Mon hôte m'expliqua — avec un certain mépris, me semble-t-il — que le fait que son beau-cousin eût un pied dans l'un et l'autre camp avait pu donner au roi l'idée d'en faire un intermédiaire entre tous

1. Couplet du poète écossais Robert Burns : « *O wad some power the giftie gie us / To see oursels as ithers see us !* » *(N.d.T.)*.

2. En français dans le texte.

les Transylvains, qu'ils fussent roumains ou hongrois ; mais il haussa les épaules en s'exclamant « Quel espoir y a-t-il ? ») Le Grand Veneur recevait des invités venus de Bucarest.

— Il les amène pour qu'ils se remplissent la panse ! commenta le comte quand on les vit arriver.

Et durant tout leur séjour, il y eut des allers-retours quotidiens entre les deux demeures.

A l'exception des paysans et de mon hôtesse — laquelle ne comptait en fait qu'à moitié, de ce point de vue —, c'étaient les premiers Roumains que je rencontrais ; et les tout premiers sortis du *Regat* ou vieux Royaume. L'un d'eux était un diplomate de haute taille portant monocle, plutôt calme et hautain, un ambassadeur en vacances du nom de Grégoire Duca[1]. Les habits campagnards bien coupés — à Paris — et les colliers de perles des dames, leurs parfums discrets mais toutefois perceptibles, nous transportaient dans les pages de *Vogue*. Toutes parlaient bien anglais, mais — chose assez incroyable — conversaient entre elles en français, comme s'il se fût agi de leur langue maternelle ; et c'était bien le cas, aussi étrange que cela puisse paraître. L'une d'elles, extrêmement belle, aux énormes yeux gris-vert, était la fille d'un ancien ministre des Affaires étrangères. (A Paris, à l'Opéra, alors qu'il assistait à la conférence de la Paix, un ami lui avait demandé quelle sorte de mariage avait fait un autre Roumain de leur connaissance ; il avait répondu, sincèrement, la vérité : « *Une grue, hélas*[2] *!* » Quelques minutes plus tard, une main apparut, venue de la loge voisine, qui tendait la carte de visite du mari en question ; ils se

1. Son frère Jean, le précédent Premier ministre, avait été assassiné par la Garde de fer six mois plus tôt. « Quel ramassis de forbans ! » commenta succintement le comte Jenö, avant d'ajouter : « Et quel dommage ! Duca était le meilleur politicien du pays. »

2. En français dans le texte.

battirent en duel au pistolet, son père reçut une balle dans l'estomac et passa le reste de sa vie à souffrir le martyre.)

— Leurs duels sont bien pires que nos combats au sabre, où il ne s'agit que de se taillader, m'expliqua le comte. Ils se servent de pistolets ou d'épées — ce qui revient au même.

Une autre femme — d'une blancheur de craie, tout de noir vêtue, pourvue d'un long fume-cigarettes de jade et transfigurée en permanence par une nuée de fumée — était une joueuse de bridge passionnée, célèbre et assez effrayante ; une troisième, Marcelle, intelligente et jolie, aimait un beau diplomate, grand et charmant, Josias v. Rantzau. Quand des chauffeurs tirés à quatre épingles les eurent emportés dans deux scintillantes voitures noires, le comte nous suggéra de boire « un p'tit coup » dans la bibliothèque ; c'est alors qu'il me parla d'eux :

— Rantzau est premier secrétaire à l'ambassade d'Allemagne ; il vient du Holstein ; ce sont de grands personnages là-bas. Lié avec la cour de Mecklembourg-Strelitz, ou est-ce Schwerin ? Je n'arrive jamais à me rappeler. Louis XIV a fait l'un d'eux maréchal de France, mais Mazarin l'a enfermé à la Bastille... (Je répète ces détails, parce que ces nouvelles connaissances devaient réapparaître trois cents milles et cinq mois plus loin ; Josias v. Rantzau et moi devions apprendre à bien nous connaître, comme on le verra[1] ; et certains d'entre eux revinrent dans ma vie, encore plus tard, bien après la fin de ce périple.)

— Comme ils sont élégants, fit la comtesse d'un ton un peu piteux. On a l'impression d'être bien gauche et rustique, à côté d'eux.

— *Et c'est alors... quand ils ôtèrent l' couvercle !*

1. C'était un ami intime d'Adam v. Trott qui fut mêlé, par la suite, à la conspiration de Stauffenberg, bien qu'il semble avoir hésité à approuver le meurtre. Voyez l'autobiographie de Tatiana Metternich, *La Dame aux cinq passeports* (Orban), et les *Berlin Diaries, 1940-45* de Missie Vassiltchikov (Chatto, 1986).

murmura le comte Jenö en soulevant le couvercle d'une boîte de spécimens arrivés du matin.

Malgré son ardent désir d'en découvrir de nouveaux, il restait fidèle aux couplets grivois appris dans sa jeunesse.

— *Et c'est alors... quand ils ôtèrent l' couvercle !* répéta-t-il ravi, les pinces à la main.

Le mot « glousser » aurait pu être inventé pour lui. J'avais réfléchi à une devinette pendant la nuit, et la lui soumis au petit déjeuner :

— Quelle est la plus entomologique des pièces de Shakespeare ?

— Je donne ma langue au chat, fit-il après un instant de réflexion.

— *Antenne et Coléoptère*[1].

Le mot eut beaucoup de succès et se mêla aussitôt aux commentaires et soliloques polyglottes, aux bribes de *limericks* qui accompagnaient son travail de déballage et de classification :

— Ah ! v'là un joli p'tit gars !... *Kenspeckle !* Antenne et Coléoptère, vraiment ! *Retenetes !*

Tandis qu'il ajustait les molettes de son microscope, je m'installai avec une pile de livres pour jouir d'une nouvelle matinée paisible.

Peu après, cependant, la comtesse entra dans la pièce, l'air ennuyé. L'état de sa mère venait soudain de s'aggraver : il semblait que le *kastély* dût sous peu s'endeuiller. Ma halte suivante était déjà prévue ; elle se trouvait à Zám, de l'autre côté du fleuve, quelques milles en amont ; je décidai, malgré les dénégations polies, de partir dans la matinée.

Zám était en fait ma première étape transylvaine au sens strict. La frontière de la vieille principauté se trouvait juste à l'ouest du village, et la rivière constituait sa limite

1. *Antoine et Cléopâtre*, bien sûr *(N.d.T.)*.

méridionale. Xenia, l'hôtesse du *kastély* local, avait trente ans, mais paraissait beaucoup plus jeune. Très belle, elle était fort peu conventionnelle. Son père, Michael Czernovitz, dont tout le monde parlait avec affection, était allé à l'école en Angleterre, avait voyagé tout autour du monde, et les grands arbres exotiques qu'il avait rapportés ombrageaient les allées et les mares. Lorsqu'il devait servir de mentor à un nouveau venu (comme ç'avait été le cas pour moi), le comte Jenö faisait surgir l'histoire de la terre et du ciel. Il m'apprit donc que Czernovitz comptait parmi ses ancêtres collatéraux le fameux Arsenius, le patriarche orthodoxe indépendant d'Ipek [1], qui se trouve à la limite de l'Albanie, du Montenegro et du vieux Sanjak de Novipazar. Sur l'invitation de l'empereur, il avait attaqué les Turcs lors de la grande avancée du prince Eugène, en 1717, laquelle avait débouché sur un nouveau sac de Belgrade. Mais lorsque la reconquête de la forteresse par les musulmans fit craindre d'horribles vengeances, l'empereur donna asile à Arsenius et aux siens (d'où la présence de la famille de Xenia à Zám), et ses quarante mille alliés serbes se répandirent dans toutes les possessions des Habsbourgs. Les Czernovitz restèrent orthodoxes — « Grecs d'Orient », comme on disait dans le coin — et le comte Jenö ainsi que ses autres amis avaient coutume de taquiner Xenia sur son sang de sauvageonne serbe. Il y avait quelque chose de captivant, d'inoubliable, dans sa complexion ivoirine, ses cheveux de corbeau et ses grands yeux noirs de biche. La demeure était restée inhabitée pendant quelque temps, si bien qu'elle exhalait une touche de mélancolie, et aussi de magie. C'est du

1. C'est aujourd'hui la ville de Peć, en Yougoslavie septentrionale. Le vieux monastère du patriarche est toujours debout, ombragé de platanes, rempli de merveilleuses fresques. La région est presque entièrement peuplée, aujourd'hui, de ces musulmans albanais qu'on appelle Kosovars.

moins ce que je ressentis pendant les quelques jours que j'y passai, à marcher sous les arbres de l'Himalaya et de Patagonie en regardant vers le Maros, en contrebas, que la lune transformait en mercure. Les bois et les ruisseaux étaient pleins de rossignols.

L'ultime et vrai séjour transylvanien, le plus long, se déroula quelques milles plus loin le long du Maros, et chaque détail en est resté gravé dans ma mémoire.

J'avais entendu parler d'István [1] dès mon passage à Budapest, et nous nous étions croisés une ou deux fois entre les phalènes et les *limericks* de Kápolnás, où on l'appréciait beaucoup. Il avait été élevé au Theresianum, cet établissement viennois fondé par Marie-Thérèse pour les rejetons de sa noblesse, *kshatriyas*, dans une hiérarchie quasi brahmanique qui devait perdurer jusqu'à la disparition définitive de l'Empire et du Royaume. (C'était un lieu qui avait des rapports étroits avec la Konsularakademie, dans la bibliothèque de laquelle j'avais consulté des cartes en février ; et, chose qui m'impressionnait plutôt, les étudiants des deux écoles avaient porté des bicornes et des épées d'apparat, comme l'*Élève Törless*.) Il s'était enfui pour s'engager dans un régiment de hussards pendant la guerre, et recevoir une commission d'officier juste à temps pour profiter de tous les désastres. Puis, sous le régime de Béla Kun, il faussa compagnie à l'un des pelotons d'exécution de Szamuely, et fut mêlé aux événements compliqués qui suivirent ; peu après, la Transylvanie revenait à la Roumanie. Cultivé, grand, beau avec son nez de faucon, son front haut et ses larges yeux

1. Si certaines personnes ont quitté la scène, il en est d'autres toujours aussi vivantes que moi, comme István ici, ou Angéla dans le chapitre suivant, et il me paraît préférable de modifier leurs noms. Je me sens plus libre pour recomposer leur conversation. Et puis, bien des choses ont changé, depuis cette époque facile et bénie.

bleus de faisan, c'était un excellent tireur, un brillant cavalier et *steeplechaser*, bref, un virtuose en tout ce qu'il entreprenait. Il était alors dans les premières années de la trentaine, et à l'apogée de sa vigueur ; son impétuosité, son charme, son esprit d'entreprise et son humour faisaient que tous l'aimaient, bien qu'il se retrouvât parfois dans de beaux draps, dont quatre duels au sabre, sans qu'il eût jamais été à l'origine du défi. Les réformes agraires étaient vite venues à bout d'un domaine qui, quoiqu'il eût toujours prospéré, n'avait jamais été énorme. Sa famille y était installée depuis longtemps ; ses vieux parents y vivaient encore. Un profond atavisme l'attachait à ce lieu et, même si la gestion de ce qui restait de terres arables et de forêts l'avait empêché de chercher fortune à l'étranger, cette immobilité forcée l'irritait. Lorsque nous abordâmes mes anciens projets d'engagement dans l'armée indienne, ses yeux se mirent à étinceler.

— J'aurais adoré cela ! Serait-il encore temps de le faire ? Qu'en penses-tu ?...

(Un O'Donnell, un Irlandais, avait été gouverneur de Transylvanie au dix-huitième siècle.)

— ... et puis il ne faut pas oublier ce garçon du Holstein — ce parent des Rantzau — qui commanda une armée de Louis XIV ! Je serais très heureux de commander un escadron de lanciers du Bengale !

Il se voyait fort bien dans ce rôle, et moi aussi [1]. Il nous reversa un verre en soupirant ; le monde était devenu si étriqué et provincial ! Je l'admirais beaucoup ; il était terriblement drôle, et nous devînmes de grands amis. (Comme tout le monde dans ces pages, il disparut au commencement de la guerre, et les déracinements et dispersions ultérieurs interposèrent huit ans de silence avant que nous ne puissions, par hasard, renouer le fil.)

Pourquoi ne restais-je pas un mois ou deux, insistait-il.

1. Voir *Le Temps des offrandes*, p. 171.

Ou un an ? Et quelle hâte y avait-il à partir, du moment que j'avais décidé de reprendre la route ?

— J'ai une idée ! s'exclama-t-il pendant le déjeuner. Nous allons tous nous associer et t'acheter une génisse ! Tu pourrais la pousser devant toi sur la route. Quand elle aura suffisamment grandi, tu pourras la présenter à un taureau, et tu auras une autre génisse ; un peu plus tard une autre. Tu pourrais arriver à Constantinople avec un énorme troupeau, au bout de quelques années...

Pendant ce temps, avec sa gentille hospitalité, il entendait bien m'associer à tout. L'un des voisins auxquels nous rendîmes visite était un Souabe âgé qui me demanda ce que j'étudiais ; je ne savais que répondre. Les langues ? L'art ? La géographie ? Le folklore ? La littérature ? Aucune réponse n'était vraiment satisfaisante. Les secondes passaient et je lançai, en désespoir de cause :

— *Gar nichts !*

Absolument rien ! Le silence scandalisé de mon hôte dura encore plus longtemps, et fut encore plus inconfortable. Aux yeux d'un Allemand adorateur de la diligence et de l'application — *Fleissigkeit*, en vérité —, mon aveu était blasphématoire, et István en riait encore par intermittence sur le chemin du retour. Son absence nous empêcha de rendre visite à un autre voisin dont il pensait qu'il m'intéresserait. Le *gróf* K., qui habitait la vallée du Hátszeg, au-delà de Vajdahunyad — Hunedoara —, avait l'air d'être une manière de Squire Western [1], apparemment relevé d'une pincée de Mytton et de Waterton.

— Un jour, je l'ai vu monter sur un cheval à la suite d'un pari, fit István. Puis quelqu'un s'est approché pour

1. Le Squire Western est un personnage du *Tom Jones* de Fielding, Mytton et Waterton des gentilshommes campagnards renommés pour leurs excentricités à la chasse à courre *(N.d.T.)*.

lier un sac autour de la tête de l'animal qui est devenu fou, ce qui n'a pas empêché notre ami de rester en selle cinq bonnes minutes.

Le roumain d'István était courant pour tout ce qui touchait aux questions agricoles pratiques, et il arrivait même que les expressions roumaines lui vinssent plus facilement aux lèvres dans tel ou tel domaine de l'administration de la ferme, sans qu'il fût en mesure de soutenir une conversation abstraite ou érudite. Un beau soir, nous soupâmes avec quarante paysans et fermiers, dont certains étaient les nouveaux propriétaires de ses terres, autour d'une table installée sur des tréteaux près d'un boqueteau de bouleaux ; il m'emmena voir un vieux berger qui raconta des histoires d'esprits, de fées et de loups-garous. (Il mentionna des *priculici*, parents des *vrkolak* slaves ; il s'agissait de vampires. Ainsi que des *stafi* et des *strigoi*, qui évoquaient un mélange d'esprits mauvais et de fantômes ; et de sorcières aussi, s'il fallait voir dans *strigoi*, comme dans l'italien *strega*, un descendant du latin *strix*.) Tous les campagnards des environs croyaient en ces êtres surnaturels et les redoutaient ; des loups-garous embusqués ici et là étaient tout prêts à se métamorphoser à la brune ; et malheur à l'homme ou à l'animal qui s'abreuvaient d'eau de pluie dans l'empreinte d'un ours ! Mon ami me conduisit aussi auprès d'une vieille toute ratatinée, une sorcière, et la pria de réciter quelques incantations rimées. Elle les entonna à travers des gencives qui ne comportaient plus qu'une seule dent noire, comme la sorcière de Blanche-Neige, et j'en notai quelques-unes phonétiquement : incantations mystérieuses, pleines d'allitérations, on les appelle *descântece*. Je devais en trouver d'autres en Moldavie par la suite.

Ce *kastély* était de loin le plus vieux de tous ceux où j'avais séjourné. Tenant à la fois du manoir, du monastère et de la ferme, il s'élevait sur une éminence boisée dominant le Maros, éminence à son tour dominée par d'autres bois jusqu'à l'horizon. Un porche en anse de panier ouvrait sur une cour où de gigantesques marronniers laissaient encore choir leurs pétales, où les pigeons arpentant les pavés s'envolaient d'un seul coup avec un bruit de rafale. Deux chiens de berger et leurs chiots accouraient toujours pour nous accueillir, et les jeunes cigognes nichées sur une grange moussue commençaient d'allonger le cou entre les pattes écarlates de leurs parents. Des étables, des greniers, des hangars remplis de voitures, de charrettes et de traîneaux se succédaient sur un côté de la cour, tandis que les trois autres étaient des colonnades, comme un cloître de piliers carrés à pans coupés, constamment parcourus par le sifflement du vol des hirondelles qui nichaient là. Au bout d'une de ces arcades, sous un tympan rutilant de carreaux verts et rouges, une porte ouvrait sur une loggia où nous nous installions dans la soirée, sur un vaste panorama d'eau et de bois. À l'intérieur, des lampes à pétrole munies d'abat-jour versaient leur éclat sur le beau portrait d'un ancêtre ambassadeur, et le mobilier habituel d'un intérieur transylvain ; l'écusson reproduit un peu partout dans la demeure et sculpté au-dessus du portail représentait un arc tendu et une flèche pointée vers le ciel — au hasard, en quelque sorte.

Retiré dans une coquille de fumée, le vieux père d'István à la lourde moustache tirait sur sa cigarette d'un air irrité derrière les feuilles d'un *Pesti Hirláp* datant d'une semaine ; sa mère, en revanche, qui recourait au français dès que je paraissais dépassé en allemand, était vive et amusante, avec un soupçon de sévérité et un regard aussi clair que celui de son fils et de sa fille Ilona, qui était bonne, tranquille et gentille ; après le dîner, elles sortaient avec leurs travaux d'aiguille pendant que Sándor, irréprochable vieux valet, arrangeait le café, les flacons et les verres. (Plusieurs vieux domestiques vagabondaient dans le *kastély* ; un autre s'occupait des chevaux et conduisait la vieille voiture ; des serviteurs frêles et âgés s'attardaient en arrière-plan. Si l'on disposait de peu d'argent liquide, tout le reste abondait, et je pense que le personnel — de même que la famille, en un sens — était payé en nature. C'étaient d'ailleurs les mêmes mœurs qui prévalaient chez les boyards, plus loin à l'est.) Tous les soirs, István hachait quelques feuilles de tabac poivré sur la desserte, ensuite réunies par Ilona sur une bande de lin entre les deux rouleaux d'une machine à cigarettes qui en confectionnait de superbes pour nous tous ; lorsque sa mère et elle se retiraient, elle en laissait un nouveau tas tout prêt. Une fois ou l'autre, nous restâmes à regarder de vieilles cartes jusque très avant dans la nuit ; István nourrissait une passion pour les campagnes napoléoniennes. Le plus souvent, cependant, nous nous contentions de parler, parfois jusqu'à l'aube. Il détestait aller se coucher, tout comme moi ; quand notre provision de cigarettes s'épuisait, il les roulait à la main avec l'adresse désinvolte d'un cow-boy (art que je maîtrisais moi aussi), et les scellait d'un rapide coup de langue avant de les allumer en allongeant la flamme de la lampe à pétrole. Je revois la flamme, et son visage soudain illuminé, masque brillant tandis qu'il tordait la mèche.

La lune commençait à décroître, répandait une lueur métallique sur le fleuve et une ligne de fer argenté sur la cime des bois. Les constellations de juillet et la Voie lactée apparaissaient dans toute leur brillance dans un ciel vide de toute vapeur et, la lune pâlissant, les étoiles filantes se succédaient, en décrivant de grands arcs parfois simultanés, et nous nous interrompions pour les regarder. C'étaient les Perséides, ces météores qui pleuvent à la fin de ce mois et au début d'août, depuis la constellation — en forme de cloche ou de fleur — de Persée où Algol brille infatigablement parmi les étoiles mineures. *El Ghul* — la goule ou le démon — c'est le mot des astronomes arabes pour désigner la Gorgone dont le héros étoilé saisit la tête par ses mèches de serpents, la brandit vers le nord avant d'en éparpiller les fragments ; telle était du moins notre interprétation après un ou deux flacons. Si nous étions assez noctambules pour cela, les rossignols se chargeaient de remplir les rares silences de notre conversation ; les Pléiades puis Orion suivaient l'oblique de Cassiopée et de Persée au-dessus des arbres.

Bien avant cela, de sidérantes nouvelles de l'extérieur avaient atteint notre vallée. Au milieu de la nuit, Hitler, Goering et Himmler avaient circonvenu et assassiné plusieurs de leurs collègues et un certain nombre — plusieurs centaines peut-être — de subalternes SA. Personne ne savait quelle était la signification de ces sanglants présages, mais ils répandirent l'effroi et fournirent l'essentiel de la conversation pendant un ou deux jours ; puis, noyé par la chaleur et le poids de l'été, le sujet fut oublié.

Quelques jours plus tard, un message téléphonique annonçait la mort de la comtesse douairière. Un train, suivi d'un plumet de fumée pâle, et qui avait l'air d'un jouet au milieu des arbres et des collines, parcourait la vallée deux fois par jour. Il nous transporta, István et moi, vers l'aval, entre des champs de blé et de maïs déjà haut sur pied ; nous cueillîmes Xenia qui s'abritait du soleil sous les acacias du quai de Zám, et trouvâmes la voiture de Kápolnás venue nous prendre à Soborsin.

La comtesse était en grand deuil. L'office eut lieu dans la grand-salle, conduit par trois prêtres uniates, barbes taillées et cheveux courts, fort différents des longues mèches et des barbes volumineuses du clergé orthodoxe sur l'autre rive du Danube, qui entonnèrent les chants funèbres roumains. (Le cercueil était ouvert ; je voyais un cadavre pour la première fois de ma vie.) La cérémonie se termina devant le caveau de famille et, après le déjeuner au *kastély* où flottaient encore des bouffées d'encens, le comte nous conduisit tous à la bibliothèque pour nous montrer quelques nouveaux spécimens, « et pendant qu' nous y sommes, on va prendre un p'tit doigt de queque chose avant qu' vous repartiez », ajouta-t-il en dialecte écossais. Comme nous nous en retournions, j'avais l'impression de les avoir toujours connus, tous autant qu'ils étaient.

Au temps où István faisait ses classes avec son régiment de *Honvéd Hussards*, en 1917, il avait gagné le troisième prix de dressage, sur une centaine de hussards, de dragons et de uhlans, et le second en saut d'obstacles.

— Si tu nous avais vus partant pour la Galicie et la Bucovine ! Les uhlans avec leurs chapkas carrées et leurs pantalons rouges, les dragons en longs *Waffenrocks*, et les hussards comme nous en bleu pâle !

Il conservait toujours son uniforme dans un placard, et je le persuadai de le revêtir : une tunique bleu pastel à brandebourgs et un dolman à col de fourrure qu'on portait jeté lâchement sur l'épaule — « un *Attila*, c'est comme ça qu'on l'appelait », fit-il, en corrigeant sa chute —, des bottes de Hesse, un shako à plumet blanc et un sabre à soutache. Comme tout cela paraissait étrange dans le contexte lugubre de cette dernière guerre ! J'étais quelque peu informé des campagnes du front ouest ; mais quant à ces escarmouches à cheval avec des cosaques qui devaient déboucher sur de terribles batailles rangées sur les pentes lointaines des Carpates, je ne les connaissais que par ouï-dire et vagues conjectures.

Bien plus tard, je repensai à ces conversations nocturnes avec István en lisant et en entendant parler du poète Férenc Békássy, grâce à sa sœur Eva. C'était le fils d'un propriétaire terrien de Hongrie occidentale, d'une largeur d'esprit surprenante, qui avait envoyé tous ses rejetons, garçons et filles, à Bedales [1]. Après quoi Férenc était allé à Cambridge, au King's College, où ses poèmes avaient commencé d'être diffusés. C'était un *Apôtre,* un ami de Rupert Brooke, de James Strachey et surtout de Maynard Keynes, qui vint séjourner chez lui en Hongrie pendant les vacances d'été. Ses poèmes — l'un d'eux est un sketch satirique primesautier sur *Une toccata de Galuppi* de Browning — étaient fort prometteurs et ses ultimes missives à ses amis d'Angleterre, reçues à titre posthume après la fin de la guerre, révélaient un caractère séduisant et sensible. Regagnant la Hongrie dès le commencement de la guerre, il fut vite nommé lieutenant dans le Septième *Honvéd Hussards.* Au terme d'une lettre à Noel Olivier, datée de Budapest, mai 1915, il écrivait : « Lorsque je partirai, les roses seront écloses et je mettrai un panache de trois roses rouges sur la tête de mon cheval (mais personne n'en comprendra la raison), parce que trois roses surmontent notre écu sur nos armes. Ce n'est pas du tout la lettre que j'avais prévu d'écrire, mais je n'y peux rien. J'ai hâte de te voir... Et nous nous reverrons, n'est-ce pas, un jour ? » Il fut tué lors d'un combat à cheval en Bucovine, le 25 juin 1915, à l'âge de vingt-deux ans [2].

Un jour où nous étions invités à déjeuner par quelques voisins, István me dit :

— Prenons les chevaux !

Et nous empruntâmes un détour, un chemin grimpant la colline pour inspecter une parcelle de son reste de forêt.

1. *Public-school* mixte anglaise *(N.d.T.).*

2. Voir *The Life of John Maynard Keynes* de Sir Roy Harrod, le *Golden Echo* de David Garnett, et l'article du docteur G. Gömöri dans le *New Hungarian Quarterly* (n° 79, automne 1980). Certains de ses amis de Bloomsbury devaient reprocher à Keynes d'avoir facilité la remise de fonds gelés à Békássy pour qu'il regagne la Hongrie et se batte, au lieu de rester en sécurité dans un camp en Angleterre pendant la durée des hostilités.

— Tout plein de chênes pédonculés, Dieu merci, fit-il en se retournant sur sa selle comme nous montions le sentier sous les rayons obliques. Il sert à tout.

La deuxième espèce très abondante était celle du chêne rouvre, excellent bois de chauffage une fois sec, mais aussi pour la construction des planchers d'écurie et des tonneaux. Suivaient les bouleaux — « C'est à peine s'ils laissent des cendres » —, puis le charme et l'orme commun, « utiles pour le mobilier et les cercueils ». Il y avait aussi beaucoup de frênes — dont le bois servait aux outils, pour les manches de hache, les marteaux, les faucilles, les faux, les pelles et les râteaux à foin. Sauf au bord des ruisseaux, pas de peupliers à cet endroit, bien qu'ils fussent très nombreux sur les rives du Maros : sans usage, cependant, excepté pour les auges, les cuillers en bois et ce genre d'objets. Les Bohémiens excellaient à le travailler. Ils s'installaient dans le jardin et la cour du *kastély* avec leurs femmes et leurs enfants, et se mettaient à l'ouvrage avec leurs couteaux.

— L'argent n'entre pas en ligne de compte, me dit István. Nous sommes censés partager moitié-moitié, mais il faut s'estimer heureux si l'on obtient le tiers avec une tribu honnête. On s'en sort mieux avec certains Roumains issus de villages isolés des montagnes, des gaillards très pauvres et primitifs, mais fort honnêtes[1].

Dans une clairière, nous saluâmes un berger à cheveux blancs appuyé sur une houlette munie d'un crochet de fer. Son manteau de bure vert vif et richement brodé tombait de ses épaules jusqu'à terre. Son troupeau broutait l'herbe entre les souches tout autour de lui. Après quoi notre route nous fit redescendre, brusquement, à travers des bois de noisetiers où les coquil-

1. Je pense qu'ils appartenaient à cette antique et intéressante communauté des Motsis, qui vivent sur les pics et dans les vallées à l'ouest du massif transylvain.

lages et les glands crissaient et glissaient sous les sabots des chevaux.

La chaleur était étouffante. Après un gai festin, nous descendîmes au bord de la rivière pour examiner des épis de blé. Vaincus par le spectacle du flot frais et limpide, nous dessellâmes les chevaux dans un pré ombreux à peu près aussi grand qu'un paddock, ôtâmes tous nos habits, dévalâmes la berge entre les roseaux et le cresson d'eau, et plongeâmes. Nous nagions une brasse languide vers l'aval, ou nous laissions simplement dériver sous les peupliers et les saules, en parlant et en nous moquant de nos convives récents. Les ombres marquetaient l'eau près des rives, le duvet de charbon la saupoudrait, un héron s'envola le long d'une perspective vermeille. Des flottilles de poules d'eau redoublaient de vitesse et quittaient bruyamment la rivière ; le blé, le maïs, les espaliers de vignobles défilaient, quand nous entendîmes tout à coup chanter. Deux filles fauchaient l'extrémité d'une étroite bande d'orge ; d'après la couleur de leurs jupes brodées et de leurs chemisiers, leurs ceintures tressées et leurs foulards, elles venaient d'une équipe de moissonneurs d'une vallée peu éloignée. Elles s'interrompirent en nous remarquant et, lorsque nous fûmes à leur hauteur, elles éclatèrent de rire. Il fallait croire que le fleuve n'était pas une couverture aussi discrète que prévu. Elles avaient environ dix-neuf ou vingt ans, des joues roses et rougies par le soleil, de grosses tresses noires, et pas une once de timidité. L'une d'elles cria quelque chose, nous nous arrêtâmes et nageâmes en chien entre deux eaux. István fit l'interprète :

— Elles disent que nous devrions avoir honte de nous, et menacent de trouver nos vêtements et de s'enfuir avec.

— Vous n'avez pas le droit de vous montrer méchantes avec les étrangers ! hurla-t-il en retour. Faites attention à vous, car c'est nous qui allons venir vous attraper.

— Vous n'oseriez pas, nous répondit-on. Pas comme cela, nus comme des crapauds.

— Et ça, c'est pour les chiens ? fit mon ami en montrant du doigt les branches qui se trouvaient sur la berge. Nous serions aussi élégants qu'Adam.

— Vous ne nous rattraperez jamais ! Vos pauvres petits pieds blancs si tendres sur le chaume ! Et puis vous êtes si respectable. Regardez vos cheveux, tout dégarnis devant.

— *Pas du tout !* rétorqua István.

— Et ce petit-là, ajouta la deuxième. Il n'oserait pas.

Les yeux bleus de mon traducteur étincelaient. Sans échanger un seul mot supplémentaire, nous nous ruâmes hors de l'eau aussi vite que des crocodiles, arrachâmes des rameaux de peuplier et des brassées d'épilobes, et gravîmes la berge en bondissant. Rassemblant des gerbes d'épis, les filles s'enfuirent dans le champ voisin et s'arrêtèrent derrière le bastion illusoire d'une meule en agitant leurs faucilles d'un air faussement menaçant. Notre camouflage de feuilles, nos pas sautillants sur le chaume déchaînèrent d'autres éclats de rire. Elles abandonnèrent leurs faucilles quand nous fûmes tout près et nous aspergèrent de brassées d'épis ; puis coururent derrière la meule. Mais bien que nous n'ayons qu'un bras de libre, nous les y attrapâmes et nous écroulâmes tous les quatre les uns sur les autres, dans une tourmente de foin, d'orge et de rires.

— *Herrgott !* entendis-je soudain István s'exclamer, bien plus tard, à quelques mètres derrière la courbe de la meule.

Il se frappait le front :

— Oh mon Dieu ! L'évêque ! La *Gräfin !* Ils viennent dîner ce soir, et regarde le soleil !

De fait, ce dernier était déjà bas dans le ciel, et le soir tombait. Les meules, les peupliers, les alignements serrés de gerbes et de meulons projetaient des doigts ombreux sur le champ moissonné, et une bande d'oiseaux rentrait chez elle, survolant la forêt. La chevelure d'István, pleine de foin, présentait un contraste drolatique avec sa mine consternée, et nous éclatâmes de rire. Ôtant les brins de paille et l'orge qui s'accrochaient à elles, nous arrangeâmes les tresses de Safta et d'Ileana emmêlées par toute cette agitation, et nous nous dirigeâmes vers la rivière main dans la main, István et moi sur la pointe des pieds.

— Pauvres pieds, murmuraient-elles.

Les adieux faits, nous plongeâmes et entreprîmes la longue nage de retour, en nous retournant plusieurs fois pour héler ces filles merveilleuses qui agitaient la main ; elles nous répondirent jusqu'à ce que nous fussions trop loin pour être entendus et, après un coude du fleuve, pour être vus.

Le courant était plus rapide que nous l'avions imaginé. Il traînassait près des berges, mais roseaux, cresson et lentilles d'eau y gênaient notre progression, de sorte que, d'une manière ou d'une autre, notre avancée fut beaucoup plus lente que notre dérive pleine d'entrain vers l'aval. Les hirondelles rasaient les branches ; un berger et quelques faucheurs qui s'en retournaient nous observèrent avec étonnement. Après un dur labeur, nous en remettant à l'obscurité, nous sortîmes de l'eau et courûmes dans la brune grandissante jusqu'à l'endroit où nous avions laissé nos affaires et où, Dieu merci, elles se trouvaient encore. Nous nous rhabillâmes, sellâmes les chevaux et parcourûmes au petit galop les trois milles qui nous séparaient de la maison, à travers les faubourgs éclairés du village, puis à travers bois, de nouveau, baissant la tête sous les branches basses, en faisant la course sur le dernier demi-mille jusqu'à ce que notre cavalcade retentisse sur le pont, sous le porche puis dans la cour où nous mîmes pied à terre, le cœur battant, en effrayant les pigeons. Nous nous lavâmes, nous changeâmes et nous brossâmes les cheveux à toute allure ; nous grimpions peu après l'escalier de la loggia.

On avait dressé la table à l'une de ses extrémités et les

invités, assis ou restés plus élégamment debout, le verre à la main, étaient rassemblés de l'autre côté. La *Gräfin*, coiffée à la garçonne, les cheveux gris fer, croisait sur son giron des doigts minces et chargés de pierreries, et la robe pourpre de l'évêque scintillait à la clarté de la lampe.

— Ah ! vous voici ! dit la mère d'István.

Nous n'étions pas du tout en retard ; quelques secondes plus tard, István baisait la main de la *Gräfin* à sa manière raffinée et désinvolte, puis l'anneau épiscopal. Une fois à table, je n'arrivais pas à me concentrer sur la conversation : l'aura de l'après-midi continuait de m'entourer ; la plante de mes pieds se ressentait encore des piqûres du chaume, et j'avais peine à réprimer un sourire de joie secrète. La *Gräfin* déplia sa serviette et la froissa sur un miroitement de saphirs.

— Eh bien ! István, fit-elle du ton affectueux et taquin qu'emploierait une tante à l'adresse de son neveu préféré. Qu'as-tu manigancé ces temps derniers ?

Je veillai à ne pas regarder dans sa direction. Si nos regards s'étaient croisés, nous aurions été fichus.

Deux jours plus tard, nous retournâmes dans les champs, mais il n'y avait plus personne. Toute la récolte était moissonnée, et les gerbes elles-mêmes avaient disparu. Nous ne devions jamais revoir Safta et Ileana, et nous en étions tristes.

Le solstice d'été avait passé, pivoines et lilas s'étaient enfuis l'un et l'autre, les coucous avaient changé leur air et s'apprêtaient à partir. Ce fut l'époque des épis de maïs grillés, puis celle des truites de montagne ; des cerises, puis des fraises, des abricots et des pêches, enfin de merveilleux melons et des framboises. L'éclat écarlate du paprika — il y en avait deux sortes sur la table, l'un d'eux aussi explosif que de la poudre à canon — était tempéré par des tranches de concombre d'une finesse de mousseline et par l'eau gazeuse qui servait à noyer un vin déjà plein de cubes de glace ; celle-ci provenait de la glacière ménagée sous une sorte d'igloo au milieu des arbres, où des mains avisées l'avaient entreposée six mois plus tôt, quand la neige recouvrait toute chose, ce qui paraissait inimaginable. Les charrettes grinçaient sous leur chargement d'abricots, mais les arbres en étaient encore pleins ; ils jonchaient la poussière, les guêpes y creusaient des tunnels, les roues et les pieds les transformaient en pulpe jaune ; de grandes cuves de bois bouillonnaient entre les tournesols poussiéreux, diffusaient l'odeur lourde et douceâtre de la fermentation dans les cours ; et bientôt, même à la mi-journée, l'eau-de-vie tout juste distillée commençait à renverser les paysans comme un tireur embusqué, à prostrer et coucher les faucheurs dans tous les endroits ombragés imaginables. Ils ronflaient entre les gerbes et les meulons, un manteau de mouches les recouvrait tandis que les troupeaux se regroupaient sous les branches, et pas une feuille ne bougeait.

Derrière les murs épais et les persiennes du *kastély* fermées pour l'après-midi, le sommeil régnait également, comme il convenait, mais la résurrection n'était pas longue à venir. L'orge était déjà rentrée, et István pressait ses faucheurs d'engranger le blé restant (en Hongrie, la moisson commençait le 29 juin, fête des saints Pierre et Paul, mais on était un peu plus précoce dans la région). À notre départ, la mère d'István le héla depuis une fenêtre de l'étage :

— Veux-tu prendre ton chapeau !

Elle l'envoya, ce disant, et son fils lâcha les rênes pour l'attraper au vol et le coiffer aussitôt.

— Tu deviens aussi noir qu'un Bohémien, ajouta-t-elle.

Après les longues semaines de faux, de faucilles et de pierres à aiguiser, était venu le moment de battre les épis. De vieilles machines peinaient et propageaient leur teuf-teuf dans les vallées, mues par des moteurs aux courroies distendues, couronnées de hautes cheminées zigzagantes.

Là-haut dans les montagnes, cette tâche était accomplie par des chevaux harnachés à des traîneaux et à des rouleaux de bois qui tournaient en rond sur des aires pavées. C'était ensuite le vannage avec ses nuées de grains sautant en l'air, retombant, remontant sous l'effet d'une nouvelle pelletée qui auréolait l'après-midi de milliers de balles. Enfin, les sacs, transportés dans des carrioles tirées par des bœufs, se retrouvaient sains et saufs dans les granges. Si les charretiers étaient roumains, ils ne criaient pas dans leur langue maternelle « *stânga* » ou « *dreaptă* » pour faire tourner leurs bêtes à gauche ou bien à droite (pas plus que les charretiers hongrois n'employaient le magyar « *jobb* » ou « *bal* »), mais ils hurlaient « *heiss* » et « *tcha* ». J'avais déjà entendu ces cris mystérieux qu'on adressait aux buffles pour les amadouer ou les stimuler. Selon István, ces animaux avaient été importés par les Turcs, probablement d'Égypte, bien qu'ils dussent venir des Indes à l'origine. Or ces mots ne sont ni turcs, ni arabes, ni tsiganes, pas plus qu'hindi ou urdu.

Juillet amenait un essaim de plus jeunes Transylvaniens avec leurs parents qui cherchaient refuge dans la vallée pour fuir la chaleur de Budapest, que l'été changeait en l'une des grandes villes du monde tropical. Les fêtes, les pique-niques et les baignades se succédaient, et le tennis chez István, jusqu'à ce qu'il fît trop noir pour voir la balle, sur un court que la densité des arbres transformait en puits d'ombre ; et puis des festins, des chants autour du piano dans ces grands salons désintégrés par le demi-jour, et parfois de la danse aussi sur un gramophone. Quelques disques n'avaient que deux ans de retard sur la mode, mais la plupart étaient beaucoup plus anciens : *Night and Day, Stormy Weather, Blue Skies, Lazybones, Love for Sale, Saint Louis Blues, Every Little Breeze Seems to Whisper Louise.* En cas de besoin, István révélait ses talents de pianiste — « mais seulement dans ce genre de truc », disait-il en improvisant, avec des syncopes, des accords de bastringue et des glissandi de fou ; puis, décrivant un tour complet sur le tabouret, il parcourait tout le clavier des basses aux aiguës d'un pouce rapide comme l'éclair.

Le calendrier villageois était constellé de jours fériés, de fêtes de saints et de mariages. Les Bohémiens abondaient, le son de leurs instruments formait un bruit de fond continuel et l'on voyait les places du village soudain envahies par des rondes de danseurs en merveilleux costumes, la main posée sur l'épaule de son voisin, une centaine ou davantage ; et le triple piétinement de la *horă* et de la *sârbă*, simultané, dissimulait un instant toute cette élégance dans un nuage de poussière. (Je devais apprendre toutes ces danses par la suite.) C'est à la nuit que leurs piétinements se faisaient plus insistants, surtout à la veille d'un mariage, quand le marié et ses garçons d'honneur jouaient les étapes lentes et successives d'un enlèvement simulé. Si par hasard les rythmes de *High Hat*, *The Continental* ou *Get along, little dogie* s'estompaient momentanément parmi les miroirs pâlis, les appliques et les portraits du *kastély*, des cris syncopés, suraigus, assourdis par la distance, provoqués par le rapt de la mariée, parcouraient le village en contrebas et montaient jusqu'à nous par les grandes fenêtres. « *Hai ! Hai ! Hai ! Hai*[1] *!* » Les danses redoublaient au petit matin grâce à la liqueur d'abricot et les violons, cithares, clarinettes et contrebasses se trouvaient circonvenus par les lointains hurlements de ces épithalames sauvages et agrestes ; puis, *Dinah* et nos propres vociférations sous les chandeliers noyaient derechef les cordes, le cymbalum et les pipeaux suraigus.

1. L'on prétendait que certaines de ces noces frustes et brutales culminaient en cris d'approbation lorsqu'on agitait à la fenêtre de la mariée un drap sanguinolent faisant la preuve de sa virginité passée. Démonstration parfois secondée, en cas d'incertitude, par le sacrifice, en coulisse, d'un pigeon dont la belle-mère se servait pour tacher le linge.

Dinah,
Is there anyone FINER*?*
In the state of CAROLINA*?*
If there IS*, and you* KNOW HER*,*
SHOW HER TO ME !
Every night,
Why do I
SHAKE WITH FRIGHT?
Because my DINAH MIGHT
Changehermindaboutme[1]*...*

« *Hai, pe loc, pe loc, pe loc !* », les danseurs du village martelaient le sol à l'unisson. « *Să răsară busuioc !* » (« Frappe du pied sur le sol, pour que le basilic sorte ! »)

Dinah,
With her gypsy eyes BLAZIN'
How I love to sit and GAZE IN-
To the eyes of Dinah Lee...

« *Foiae verde, spic de griu, măi !* » La *doină* plaintive

1. Dinah,
Y a-t-il quelqu'un de plus BEAU ?
Dans l'État de CAROLINE ?
Si OUI, et que TU LA CONNAIS,
MONTRE-LA-MOI !
Chaque soir,
Pourquoi je
TREMBLE DE PEUR ?
Parce que ma DINAH POURRAIT
Changerd'avisàmonsujet !
Dinah,
Avec ses yeux de Bohémienne BRILLANTS
Comme j'aime à me perdre
Dans les yeux de Dinah Lee
DINAH !
Qu'elle parte pour la CHINE
J'monterai dans un PAQUEBOT
JustepourêtreavecDinahLee...

des vraies Bohémiennes montait dans notre atmosphère scintillante, suivie par une pirouette de clarinette ; mais la feuille verte et l'épi de blé des autochtones n'avaient pas la moindre chance de s'imposer :

DINAH !
If she should wander to CHINA
I would board an ocean LINER
Justtobewith Dinah Lee[1]...

1. Arrêtez les presses ! Bien sûr, il s'agissait des yeux *dixie* de Dinah, de ses yeux de fille du Sud, et non des yeux brillants d'une Bohémienne ; mais c'est *gypsy* que nous chantions, erreur qui s'est à jamais gravée dans ma mémoire.

CHAPITRE VI

Triple fugue

Je savais qu'István et sa famille étaient sincères en me proposant de rester tout l'été, mais j'avais déjà tant dévié de l'austérité de mon programme que ma mauvaise conscience grandissait proportionnellement au plaisir que me donnaient ces semaines miraculeuses. J'écrivis donc à Londres en suggérant des dates et des adresses approximatives pour l'envoi de subsides : cette vie de châtelain et de sybarite avait relativement épargné mes fonds, mais j'en aurais bientôt l'usage. Pendant ce temps, la vallée m'ensevelissait sous un puissant sortilège, et les allusions impromptues à la nécessité d'un départ retardé se multipliaient.

— Si tu restais, me dit István un matin, nous pourrions aller chasser le chamois ; puis encore un peu et ce serait l'époque du cerf ; et puis celle des ours.

Quand je rétorquais que je n'avais jamais rien tiré de plus gros qu'un lapin, il répondait : « Je t'apprendrais. » Et que penserais-je d'une chasse au renard avec la meute du baron Wesselenyi ? Cela, je pourrais y arriver, excepté que je n'avais pas d'argent.

— Ne t'inquiète pas, disait-il en souriant. Moi non plus. Personne n'en a.

La question fut remise à plus tard avec notre départ, à douze et dans deux voitures, pour une pêche à l'écrevisse dans un ruisseau de montagne ; István et moi devions partir en éclaireurs. Nous trouvâmes le cours d'eau : il jaillissait des roches et des ronces dans une clairière remplie de tourterelles des bois où tous les renards de Transylvanie ainsi que leurs renardes eussent pu se ganter, décadents, de magenta. Le reste du groupe survint ; l'on avait l'impression que chaque bloc de pierre, chaque touffe d'herbes aquatiques abritaient notre proie ; les paniers furent vite remplis, et notre descente de la colline se fit au son des claquements convulsifs de queues d'écrevisse. Nous avions laissé nos chevaux près d'un moulin à eau où les voitures les avaient rejoints, et tous broutaient, dessellés, sans harnais, dans un champ pentu ; le feu était déjà allumé, les bouteilles mises à rafraîchir dans le bief.

La plus active du groupe, une jeune fille charmante et drôle en jupe rouge, du nom d'Angéla (le g est dur et l'accent sur la deuxième syllabe), habitait à quelques milles en amont par rapport à István, un peu à l'intérieur des terres. Légèrement plus âgée que moi, elle était déjà mariée, mais malheureusement. Nous nous étions entrevus chez le comte Jenö, avions dansé avec un abandon improvisé lors de cette bruyante soirée où l'air s'entrelaçait de *Dinahs* et de chansons bohémiennes ; et je ne pouvais m'empêcher de lui emboîter le pas. Pendant la pêche, il fallait la voir sauter pieds nus sur les rochers, aussi agile qu'un bouquetin, les cheveux au vent ! Comme je devais le découvrir, elle était aussi intrépide et impulsive que j'étais supposé l'être et, confortée selon moi par son affection amusée et une passion enivrée de mon côté, une affinité joueuse avait jailli d'un seul coup. Le festin se poursuivit fort avant dans la soirée ; sous l'effet des bois, de la nuit tombante, de l'endroit éloigné où nous avions fini par arriver, toutes les barrières s'effondrèrent ; et nous ne savions plus très bien comment regagner le bivouac, jusqu'au moment où l'on nous héla par nos prénoms ;

dépouillant notre carapace de feuilles mortes, nous courûmes jusqu'au point de rencontre, où l'on sellait et harnachait déjà les chevaux. Sur le chemin du retour, il fallut freiner dur sur ces allées herbeuses et pentues, et les lampes fixées de part et d'autre des voitures versaient une lumière dansante sur les troncs d'arbre.

Tout avait soudain changé pour le meilleur et, grâce à l'entrain d'Angéla, tout redevenait joyeux et comique ; durant les deux jours et les deux nuits qui suivirent, tous les moments que nous ne passâmes pas ensemble me parurent gaspillés. Par chance, sa famille se trouvait à Budapest, mais, pour toutes sortes de raisons, les rencontres n'étaient pas faciles, et nous maudissions les bois qui nous séparaient. István, en véritable ami, comprit aussitôt ce qui se passait et concocta un plan irrésistible : il allait emprunter une voiture à un ami des environs de Deva, et nous partirions tous les trois pour un voyage secret dans l'intérieur de la Transylvanie.

Je rassemblai mes affaires et fis mes adieux ; car au terme de l'escapade, je prendrais la direction du sud. Les dés étaient jetés. La voiture arriva, nous partîmes tous les deux et, quelques milles plus loin, Angéla sauta à l'intérieur au rendez-vous prévu. Nous démarrâmes vers l'est en riant.

La voiture empruntée était un cabriolet de tourisme à l'ancienne mode, d'un bleu étincelant, avec une banquette pour trois à l'avant. Elle avait une capote de toile nantie d'une lunette de celluloïd et une poire de caoutchouc écarlate qui, au bout d'une assez longue pression, finissait par émettre, à contrecœur, un meuglement rauque sorti d'une trompette de cuivre pleine de circonvolutions, lequel dévalait les canyons par échos interposés en avertissant toute la faune qui pouvait se trouver sur la route — sauf les buffles, devant qui nous observions la maxime nautique du comte Jenö. Les routes étaient mauvaises : la voiture allait de fondrières en nids-de-poule comme un bateau sur une grosse mer, et un fantomatique cylindre et poussiéreux matérialisait notre progression le long du Maros. Si nous venions à nous arrêter, il nous enveloppait, et ce furent trois spectres qui entrèrent dans la vieille capitale princière de Transylvanie.

La question épineuse des noms de lieu, qui se pose et se repose sans cesse tout au long de ces pages, prend ici une acuité particulière. L'Apulon des Daces était devenue l'Apulum latine, et la ville regorgeait de réminiscences de la vieille colonie antique. Mais ces deux noms se trouvèrent étouffés quand la dissémination des Slaves, sourde et silencieuse, éteignit à jamais les vieux noms de l'Europe de l'Est. Les nouveaux venus la baptisèrent Bălgrad — « la ville blanche » (encore une), peut-être à cause de ses murailles pâles — et cette idée de blancheur prit le dessus. Les Saxons la nommèrent Weissenburg, puis Karlsburg, en l'honneur de l'empereur Charles VI qui en bâtit la grande forteresse au dix-huitième siècle. Les Hongrois avaient déjà admis la notion de blancheur, mais une autre vint s'y greffer : le mot « Julius », d'après un prince hongrois du milieu du dixième siècle qui s'était rendu à Constantinople et y avait été baptisé. Ils l'appelèrent donc Gyulaféhervár, « la blanche ville de Gyula ». Quant aux Roumains, ils s'en tinrent à Bălgrad, puis relevèrent le nom latin médiéval d'Alba Julia.

Si seulement le comte Jenö et la comtesse nous avaient accompagnés ! Celle-ci nous aurait parlé de Michel le Brave, ce prince de Valachie qui conquit la Transylvanie au dix-septième siècle, et expliqué comment, en s'emparant aussi de la Modalvie, il plaça brièvement les trois principautés sous un seul sceptre et, durant une seule et tumultueuse année, préfigura le royaume moderne de Roumanie. (C'est en souvenir de cette brève union que l'on couronna ici le roi Ferdinand et la reine Marie, après la guerre et le transfert de souveraineté.) Le comte trop éloigné pour l'entendre, elle nous aurait probablement raconté la manière dont avaient fini des siècles de tyrannie prolongée, par la jacquerie roumaine de 1784, ses incendies, ses massacres et ses nombreuses horreurs, que réprima le supplice de deux des chefs sur la roue, devant la porte du château. Pendant ce temps, le comte Jenö nous aurait conduits à la cathédrale, comme le fit István. Le vieil édifice roman, après avoir subi les assauts des Tatars, avait été reconstruit dans le style gothique tardif par Jean Hunyadi ; nous nous retrouvions une fois de plus sous des ogives brisées. La ville tout entière baignait dans l'histoire transylvaine ; elle avait connu une heure de gloire particulière à l'époque qui suivit la défaite de Mohács. La Grande Plaine hongroise devint une possession du pacha turc, tandis que ce qui subsistait de la région nord-ouest, au-delà du Danube, échut au frère de l'empereur Charles Quint, Ferdinand. La Transylvanie, le tiers restant du royaume amputé, survécut comme la place force d'un monarque rival, le roi Jean Zápolya ; à sa mort, la reine mère, Isabelle de Pologne, conserva d'une main ferme la partie orientale du royaume qui allait s'amenuisant ; son fils, Jean-Sigismond, fut le dernier roi élu au trône de Hongrie. Puis il n'en resta plus rien que la Transylvanie, et, le jeune roi une fois disparu, ces possessions orientales, qui formaient désormais une immense province isolée, devinrent une principauté dont la seule manière de repousser les prétentions habsbourgeoises consistait à accepter la vague suzeraineté ottomane. Après quoi, pendant plus d'un siècle, un cortège extraordinaire de princes transylvaniens se succéda jusqu'à ce que la Reconquête y mît un terme en 1711, et que la Transylvanie redevînt une partie de la Hongrie ; sans doute était-elle rassemblée et sauvée, mais pour appartenir aux Habsbourgs.

La reine Isabelle et Jean-Sigismond étaient inhumés sous les voûtes, de même que Jean Hunyadi et son fils

Lászlo, décapité à Buda ; ainsi que les princes Apafi et Bocskay, et le cardinal assassiné, Martinuzzi. Le beau palais de l'archevêché, paisible garenne de murs ocre, l'ombre des marronniers, donnaient à cette partie de la ville l'aspect d'une Barchester transylvaine. (Plus tard, au dix-huitième siècle, l'évêque-comte Batthyány avait offert à la ville une magnifique bibliothèque de livres précieux, dont l'un des premiers manuscrits du *Nibelungenlied.*) Le grand Gabriel Bethlen avait été un autre de ses bienfaiteurs et le fondateur d'une Académie [1]. Allié à la sœur de l'électeur de Brandebourg, ce fut l'un des plus efficaces dans cette lignée de princes, un puissant chef protestant tourné vers l'Occident pendant la guerre de Trente Ans, un allié de l'électeur palatin, de la reine d'Hiver et de Gustave-Adolphe.

Les premiers princes Rákóczi furent eux aussi des champions de la Réforme. Pour renforcer cette cause grâce au soutien dynastique de l'Angleterre et du Palatinat — et peut-être de la Bohême retrouvée —, Sigismond, le frère de Georges Rákóczi II, épousa la fille de la reine d'Hiver, Henriette. De sorte que, pour la plus grande partie de cette étrange période, la Transylvanie ne fut pas seulement une forteresse des libertés hongroises, mais un refuge pour les diverses sectes protestantes qui s'y enraci-

1. Un détail au sujet de cette Académie qui n'aurait eu aucun sens à mes yeux à l'époque, mais qui compte beaucoup aujourd'hui : une année durant, le professeur de philosophie de l'Académie de Bethlen fut le poète silésien Martin Opitz (1597-1639), « le père de la poésie allemande », l'un des membres d'une pléiade de poètes du dix-septième siècle qui compte Simon Dach, Paul Fleming, Scheffler, Gryphius et Grimmelshausen (« *Komm, Trost der Nacht, O Nachtigall* »), l'auteur du *Simplicissimus,* le grand roman picaresque de la guerre de Trente Ans ; ainsi que Weckherlin, qui devint le secrétaire aux dépêches latines de Cromwell juste avant Milton, et écrivit un remarquable sonnet sur le meurtre de Buckingham. Günter Grass les a tous faits revivre dans *Une rencontre en Westphalie,* traduite par Jean Amsler (Seuil, 1981).

nèrent ; ce fut aussi une manière d'âge d'or pour les études classiques. L'élément saxon de la population suivit Luther, les Hongrois adoptèrent le calvinisme qui exerçait son emprise juste au-dessus de la frontière, à Debrecen, tandis que prospéraient les unitariens de toutes sortes ; tous mus par une détestation des Habsbourgs, et en réaction contre l'intransigeance jésuitique. Les princes parvinrent à imposer une remarquable tolérance entre les Églises adverses. La ferveur des sectes n'avait rien à voir avec les sentiments passionnés ayant cours en Pologne ou en Autriche, et même en 1934 les rivalités confessionnelles étaient moins sensibles. (István — bien que ses inclinations personnelles le portassent au catholicisme — avait reçu le baptême protestant tout comme son père, tandis que sa sœur Ilona était catholique comme leur mère. Ces dispositions étaient fréquentes pour les enfants de mariages mixtes, dans cette région du monde.)

Derrière un coude de la route, à quelques milles au nord, il se passait quelque chose. La grand-rue du village était pleine des sons d'une cour de ferme, et quand nous eûmes franchi un barrage d'animaux et de nuages de poussière, nous découvrîmes une vingtaine de costumes différents, ceux des villages environnants. Les étals exhibaient des ceintures de cuir clouté, des vestes en peau de mouton, des bourgerons, des foulards et des bonnets coniques de laine blanche et noire ; il y avait des sangles de selle, des mors, des étriers, des harnais, des couteaux, des faucilles, des faux, et des festons de cloches à mouton en cuivre ou en fer tout brillants, à peine sortis de la forge ; des icônes, aussi, encadrées de papier d'argent pour les orthodoxes, et des bouquets de chapelets pour les catholiques ; des chapelets d'ail et d'oignons, et les piques incendiaires rouges et vertes du paprika ; des manches d'outils en frêne, des râteaux, des fourches à foin, des houlettes, des pieux, des auges, des barattes, des jougs, des fléaux, des flûtes sculptées et des cuillers de bois semblables à celles que taillaient les Bohémiens dans la cour d'István. Des pots et des pichets, et de grands brocs portés sur l'épaule ou le crâne se côtoyaient par centaines, des régiments de chaussures se tenaient alternativement au garde-à-vous ou au repos, et des grappes de mocassins en cuir brut recourbés étaient suspendus par leurs lanières. J'achetai à Angéla un canif et un foulard contre la poussière, et elle me donna un ou deux mètres de galon rouge et jaune en guise d'écharpe, large de trois pouces, enroulé comme une grande roue de charrette. Nous bûmes du *tzuica* dans de petits pots pourvus d'un long cou étroit sur les tables à tréteaux sous les acacias, en criant pour nous faire comprendre ; mais les animaux, les braillements des vendeurs, les marchandages, les pipeaux, les roseaux suraigus, le tambourin et la flûte d'un montreur d'ours, et le siège des mendiants bohémiens constituaient un barrage si hermétique que c'est vainement que nous nous hurlions à l'oreille ; il nous fallut nous résoudre à rester assis, souriants et muets, dans la lumière changeante. Des juifs saupoudraient de noir les tuniques blanches et les couleurs vives des paysans. Il y avait des Bohémiennes partout : des femmes semblables à des arc-en-ciel effilochés et mendiants ; des nourrissons, bien que trop petits pour parler, se comportaient déjà en impitoyables enquiquineurs incapables de lâcher prise, tandis que les hommes étaient les plus sauvages d'aspect que j'eusse vus jusqu'ici : noirs comme des quarterons, aux barbes hirsutes, avec des mèches bleu-noir qui leur tombaient sur l'épaule et des yeux de mangeurs d'homme. Des ivrognes tanguaient, couples instables, et ronflaient sous leur chariots. De hautes charrettes de foin nous entouraient de toutes parts, dont les râteliers s'élevaient pour former de vertigineux quadrilatères : sur l'un d'eux, une poule nomade, échappée d'une couvée juchée au-dessus de nos têtes, pondait un œuf téméraire. Les charrettes dressaient leurs brancards dans un entrelacs de diagonales, et des centaines de chevaux de l'espèce robuste de Transylvanie encerclaient, impatients, hennissants ou reniflants, le village. On aurait pu se croire dans un camp tatar ; au-delà des toits de chaume et des feuillages, la masse montagneuse occidentale de la vieille principauté s'élevait par degrés vers un horizon déchiqueté.

— Quel dommage que nous soyons si pressés !

Tout en nous conduisant sur le plateau central incliné, István agitait la main vers les chaînes imbriquées et nous parlait des merveilles que nous manquions. Il y avait par exemple les mines de sel romaines, où peinaient jusqu'à ce jour les condamnés, et qui s'enfonçaient jusqu'au cœur des montagnes, s'enroulaient et zigzaguaient sur elles-mêmes, propageaient des échos d'une muraille à l'autre jusqu'à ce qu'ils meurent au loin. Une certaine galerie répétait l'écho seize fois ; si l'on renouvelait ses cris en s'avançant, le massif tout entier résonnait d'un tonnerre insensé. Tous les cours d'eau, toutes les rivières qui se subdivisaient offraient de nouvelles merveilles : de profondes crevasses de calcaire, d'immenses cavernes ornées d'arches, d'arcades et de bizarres fenêtres naturelles, des rues invisibles qui rugissaient dans l'ombre, et des grottes où stalactites et stalagmites s'efforçaient de se rejoindre ou, piliers à taille de guêpe, s'agrippaient à jamais. Des châteaux se dressaient, et de vieux villages mis à sac par les Mongols continuaient de tomber en ruine au milieu de lugubres forêts où les bergers roumains se hélaient l'un l'autre et gouvernaient leurs troupeaux au moyen de trompettes en bois de tilleul cerclées de métal et longues de plusieurs mètres, comme celles qu'on entend résonner dans les champs alpestres et les pâturages tibétains.

La grand-rue de Turda — ou Torda — me rappelait Honiton.

— Ce sont tous des cordonniers, des tanneurs et des potiers, m'expliqua István. Et la plupart sont sociniens.

Angéla intervint pour demander ce qu'étaient les sociniens et, pour une fois, je fus à même de le dire : j'avais regardé dans la bibliothèque du comte Jenö. Il s'agissait d'une secte d'unitariens qui avait pris naissance dans cette partie du monde et reçu le nom d'une famille de théologiens siennois, les Sozzini ; plus précisément, ils portaient celui d'un certain Fausto Sossini, un neveu aventureux du fondateur, qui voyagea en Transylvanie à partir de la cour d'Isabelle de Médicis et s'installa à Kolozsvár en 1578, où sa doctrine avait engendré de profondes et hérétiques racines. Après quoi, il poursuivit son chemin vers Cracovie.

— Oui, fit Angéla. C'est fort bien, mais que croient-ils ?

— Bon ! fit István, d'un air hésitant. Pour commencer, ils ne croient pas en la Trinité.

— Vraiment ? Après une seconde de réflexion doctrinale, elle commenta : Sombres crétins !

István et moi éclatâmes de rire.

Nous entrâmes dans le temple calviniste. La vieille bâtisse était aussi sévère qu'un conventicule, et le Décalogue figurait en magyar au-dessus de la table de communion. Comme dans les églises paroissiales anglaises, les chiffres des hymnes du samedi précédent se trouvaient dans un cadre de bois, sur le plus proche pilier du grand lutrin. Le seul élément de décoration, c'étaient les beaux bancs baroques, peints en vert clair rehaussé d'or, comme si les pasteurs étaient bien décidés à ne pas en laisser le privilège aux catholiques. Trois sœurs entre deux âges, aux visages ronds comme des reinettes sous leurs coiffes, astiquaient vigoureusement les bancs, mettaient de l'ordre dans les missels et les hymnaires sur les étagères et faisaient sortir à grands coups la poussière des agenouilloirs.

Nous foncions à plein régime sur la terre de Canaan. Des rangées de ruches, sorties pour l'été, étaient alignées à la lisière des bois. Les vignobles zébraient les pentes ponctuées de gerbes et de meules, et les balles produites par le battage s'associaient à la poussière. Les troupeaux de moutons et de bœufs commençaient à jeter des ombres plus longues, lorsque nous atteignîmes une hauteur au pied de laquelle s'étendait toute une ville ; quittant la voiture sous les murailles vigilantes d'une citadelle du dix-huitième siècle, nous regardâmes une cascade désordonnée de toits. En bas, des ponts enjambaient un coude du fleuve et menaient vers un quartier plus ancien. C'était la Cluj des Roumains, la Klausenburg des premiers colons saxons qui la fondèrent ou la refondèrent, tandis qu'elle s'appelait, immuablement et inexpugnablement, Kolozsvár [1] pour les Hongrois. Sombrant vers la ligne de partage des eaux, le soleil dispensait la lumière du soir en tous lieux, enflammant les fenêtres, les côtés ouest des coupoles, des clochers et des nombreux beffrois, assombrissant les murs orientaux ; alors que nous étions plongés dans notre contemplation, l'un d'eux se mit à sonner l'heure, aussitôt défié par un second, et suivi par un troisième ; bientôt d'énormes tonnages de bronze sectaire égrenaient leurs rivalités anciennes dans la brune. Les Arméniens eux-mêmes, qui s'étaient installés là deux cents ans plus tôt, envoyaient leur carillon, et seules les synagogues restaient muettes.

Lorsque nous remontâmes en voiture, un essaim de petits Bohémiens s'élança sur nous, sorti de grottes et de

1. Le nom romain a récemment été allongé par l'adjonction d'un trait d'union et du nom antique Napoca, que les Daces donnaient à leur terre.

masures, pour grimper sur les marchepieds et le capot, nous empêtrant dans ses cris, ses supplications et un réseau de bras semblables à des vrilles brunes que nous ne pûmes délier qu'en jetant des pièces au-dessus de leurs têtes comme des confettis. Libérée en une seconde, la voiture glissa au bas de la colline, sur l'un des ponts, et dans la vieille ville.

Notre voyage était un secret. La ville n'était pas aussi dangereuse qu'elle l'aurait été pendant l'hiver, en pleine période de réceptions, saison théâtrale et d'opéra, mais nous n'étions pas censés être là, malgré tout, et Angéla moins que personne. István s'enchantait de cette atmosphère clandestine, et nous aussi ; cela rehaussait l'expédition, lui donnait un parfum d'opéra-comique ; nous laissâmes donc la voiture trop visible devant nos quartiers, et rodâmes dans la ville comme des voleurs. István nous précédait et regardait au coin des rues de peur que nous ne tombions sur des connaissances ; et, naturellement, il murmura soudain « Demi-tour ! », et nous nous enfournâmes dans la boutique d'un quincaillier-marchand de couleurs où, le dos tourné à la porte, il fallut se pencher avec intérêt sur un choix de pièges à rats jusqu'à ce que le danger fût passé. C'était un de ses anciens camarades de classe à Vienne.

La vieille ville regorgeait de maisons de ville et de palais, la plupart inoccupés pour l'instant, car leurs propriétaires assistaient aux récoltes. Cela avait permis à István d'emprunter par téléphone une suite de belles pièces voûtées dans l'un d'eux, non loin de la maison natale de Mathias Corvin.

Les souvenirs de son règne abondaient. Sur la vaste place du marché, une magnifique statue équestre montrait le roi en grande armure, entouré de ses chevaliers et de ses commandants, tandis que des brassées de bannières à croissants, ornées de queues de cheval, s'entassaient à ses pieds. Un simple *Matthias Rex* était gravé sur le socle — pas besoin de *Hungariae* quand on l'avait érigée — et les Roumains comme les Hongrois pouvaient à juste titre le considérer comme l'un de leurs parents. La plupart des noms associés à cet endroit sortaient tout droit des romans de Jókai, et nous eûmes un rapide aperçu des arcades baroques, des livres et des trésors du splendide palais Bánffy. Ma mémoire me trahit-elle quand je crois me rappeler que Liszt donna ici des récitals ? Je crois que l'on chanta *Don Giovanni* en hongrois dans la ville au nom triple avant même qu'on ne le jouât à Budapest. Nous pénétrâmes dans la grande église catholique de Saint-Michel — édifice gothique qui m'avait paru énorme depuis la citadelle — au moment précis où les fidèles quittaient vêpres, et la pénombre intérieure, éclairée par les seules flammèches des cierges, avait l'air encore plus vaste, d'une splendeur obscure et claire ; les piliers composites de la nef s'élançaient, sans que des chapiteaux viennent interrompre le regard vertical, et s'incurvaient pour se rejoindre, former des lancettes, se perdre dans un réseau ronceux de liernes, de voûtes en arêtes et d'ombres.

L'hôtel situé à l'extrémité de la grand-place, le *New York*, grand rendez-vous pendant la saison d'hiver, attirait mes compagnons comme un aimant. István prétendait que le barman avait inventé un cocktail inouï — que surpassait le seul « Flying » du bar du *Vier Jahreszeiten* à Munich — qu'il serait criminel de manquer. Il entra à grands pas, fit le signe de fin d'alerte du haut des marches, et nous nous installâmes dans un angle stratégique pendant que le barman démoniaque se déchaînait sur son shaker. Il n'y avait personne d'autre dans le bar ; il se faisait tard, et la cadence étouffée de la valse de *La Chauve-Souris* laissait supposer que tout le monde se trouvait dans la salle à manger. Nous sirotions notre breuvage, confus et ravis, dans un décor Directoire et néo-romain, crème, sang de bœuf et or : des chapiteaux corinthiens étendaient leurs feuilles d'acanthe et leurs trophées de carquois, les cors de chasse, les lyres et les violons s'entrelaçaient de festons entre les pilastres. La conversation roulait sur le secret et le déguisement.

— Peut-être devrais-je simuler une rage de dents, fit Angéla, après le deuxième cocktail, en s'enveloppant la tête dans le foulard neuf comme dans un bandage dissimulateur. Ou bien, reprit-elle en l'étendant sur son visage jusqu'à hauteur des yeux, porter un *litham.* Ou bien tout simplement me couvrir tout entière.

Joignant le geste à la parole, elle s'enveloppa dans le foulard pour le nouer au sommet du crâne comme un pudding de Noël. L'imperturbable barman avait déposé une troisième tournée de cocktails et disparaissait au moment où Angéla émergeait, secouant ses cheveux, pour découvrir les verres, apparus comme par enchantement. Je suggérai le casque d'invisibilité de Persée, mais István trouvait que le *Tarnhelm* de Siegfried serait encore mieux ; dès lors, non seulement elle serait invisible, mais elle pourrait se transformer en quelqu'un d'autre : le roi Carol, Greta Garbo, Horthy, Mussolini, Groucho Marx par exemple ; ou bien le prince de Galles, Jack Dempsey, la reine Marie, Charlie Chaplin ; Laurel et Hardy, peut-être ; l'un des deux ; il lui faudrait choisir, mais elle insistait pour devenir l'un et l'autre.

Ce qui nous amena à parler de la vision double ; les verres commençaient à produire leur effet. Nous sortîmes, marchant prudemment et sournoisement, comme il convenait, sur un nuage ; nous enfournant dans une voiture couverte quand nous aurions pris un traîneau en hiver, nous nous dirigeâmes vers un restaurant bohémien discret, à l'extérieur de la ville, pour regagner enfin nos quartiers, tout enflammés de paprika et de *glissandi.*

Quelle jouissance, le lendemain matin, d'être réveillés par la cacophonie de cloches mutuellement schismatiques, tandis que le soleil de juillet à moitié banni par les volets jetait des bandes colorées sur le couvre-lit ! En fourrures, avec leurs brandebourgs, les magnats accrochés aux murs de la salle du petit déjeuner nous observaient, les mains sereinement posées sur la crosse de leurs cimeterres. Nous les dévisageâmes l'un après l'autre, et admirâmes les nombreuses étagères de reliures aux armes. Annoncé par des parfums appétissants, un très vieux domestique en tablier de feutre vert, venu d'une région éloignée de la maison, parut avec le café et les croissants, et nous fit la conversation pendant que nous tartinions, trempions et sirotions ; mais ses nouvelles de la nuit précédente suscitèrent un long moment de tristesse : Dollfuss avait été assassiné par les nazis. Mais, comme pour les purges de juin un mois plus tôt, notre humeur était trop gaie pour que la tristesse dure plus que le déjeuner : ces événements semblaient concerner l'Occident, se dérouler très loin. Cinq mois seulement avaient passé, cependant, depuis que j'avais vu le petit Chancelier à la tête de cette morne procession à Vienne, après les émeutes de février. A l'époque, je n'avais jamais entendu parler de Cluj, de Klausenburg ou de Kolozsvár. La Transylvanie, en revanche, était un nom familier depuis toujours. Elle était l'essence et le symbole même de l'étrangeté sylvestre, à moitié mythique ; sur place, elle semblait encore plus secrète et lourde de charmes. Fascinés, nous étions imperméables aux mauvais présages et le charme de comédie, d'aventure et de ravissement qui entourait notre voyage n'eût pu être rompu que par un événement beaucoup plus définitif et plus proche.

Notre euphorie était totale. Elle nous suivit tout le jour le long de canyons obscurs, de prés obliques, de pâturages escarpés, jusque dans une vallée où le brouillard serpentin des noisetiers et des peupliers trahissait une fois de plus les méandres du Maros ; assez vite, un changement subtil se produisit sur les villes et les villages — non pas sur le paysage, lequel changeait sans cesse, mais sur les habitants.

J'avais souvent entendu parler hongrois dans les quelques villes de Transylvanie que j'avais vues, et souvent allemand aussi, parmi les Souabes d'Arad ; cependant, dans les villages et la campagne, le roumain était quasi universel. Maintenant, d'un seul coup, les bouviers abreuvant leurs chevaux aux auges de bois, les paysans des champs, les bergers qui soignaient leurs moutons malades sous les arbres et les pêcheurs qui jetaient leurs filets sur la rivière, tous parlaient magyar. Nous nous trouvions parmi les Szeklers, les Hongrois de Transylvanie, dont on dénombre plus d'un demi-million, et qui occupent une grande enclave au sud-est des Carpates. L'insoluble complexité du problème ethnologique résultait de cette position géographique, au milieu d'une mer de Roumains.

Certains prétendent que les Szeklers sont les plus vieux occupants de la province ; les Roumains, comme on sait, contestent vigoureusement cette théorie. On voyait jadis dans les Szeklers — comme dans les Magyars en fait, quoique beaucoup plus tard — des descendants des Huns. Selon d'autres, lorsque Charlemagne avait balayé les Avars de la Grande Plaine, certains d'entre eux avaient dû atterrir dans ces montagnes. L'on s'est aussi demandé s'il fallait y voir les rejetons des belliqueux Kabars, une tribu dissidente qui s'était associée aux Magyars — en constituant par la suite l'avant-garde de l'armée d'Arpád — pendant leurs brumeux séjours dans l'empire khazar. La théorie la plus récente, je crois, confirme leurs antécédents magyars : d'une manière ou d'une autre, ils se séparèrent du gros de la tribu lors du mouvement vers l'ouest et de l'abandon de la Bessarabie, avec les Pechenegs sur leurs talons ; ils durent se diriger tout droit par les cols les plus proches jusque dans leur habitat présent, alors que les autres empruntaient des chemins détournés jusqu'à la Grande Plaine. Dans ce cas, il faudrait considérer que les

Magyars, lors de leur dissémination et de leur retour vers l'est et la Transylvanie, y avaient trouvé leurs parents déjà installés. Des preuves objectives existent, qui montrent que les premiers rois hongrois les confirmèrent dans leur mission de gardes-frontières le long des Carpates, chargés de veiller aux incursions ultérieures des Barbares ; les deux théories n'ont rien d'incompatible. A tout le moins furent-ils, tout au long de l'âge sombre et du Moyen Age, les gardiens et les cavaliers phares des marches orientales, en conservant lors des combats les tactiques fuyardes des Parthes, souvenir de leur passé nomadique, alors que le gros de la cavalerie hongroise entrait sur le champ armée de pied en cap. Hongrois, Szeklers et Saxons étaient pour l'essentiel autonomes sous le sceptre hongrois, et bien des Szeklers, même s'ils chaussaient encore le mocassin et signaient avec le pouce, furent anoblis *en masse* ; ces trois nations — ou plutôt leurs chefs et leurs nobles — avaient voix aux conseils de Transylvanie[1].

La voiture se faufila entre les chariots et le bétail de la métropole des Szeklers et, à en juger par les sons qui nous parvenaient, nous aurions pu nous trouver au cœur d'une ville campagnarde hongroise. Tärgu-Mureş — que ses habitants continuaient d'appeler Márosvásarhély — était dans les affres d'un jour de marché, elle aussi. Je crus discerner, spontanément, un nouveau type de physionomie — quelque chose d'à la fois plus carré et plus anguleux dans le sourcil, la joue et le menton — qui

1. « Nation » a un sens particulier dans ce contexte : le mot renvoie à la minorité noble détenant le pouvoir législatif. Les serfs hongrois, qui n'en faisaient pas partie, n'avaient pas plus de représentation que les ancêtres équivalents de la majorité roumaine. C'était la position hiérarchique qui importait, non la « nationalité ». Certains nobles roumains avaient voix aux conseils, mais ils étaient systématiquement incorporés dans la noblesse hongroise dont ils partageaient dès lors les intérêts.

correspondait au changement de langue. Il y avait aussi une différence de costume, bien que les détails exacts s'en soient enfuis. Les chaussures en cuir brut et les lanières, ainsi que la coiffure en mouton ou le chapeau de feutre bas de forme, ils se les partageaient tous. Tout au long de mon itinéraire, cependant, la grande différence entre les paysans hongrois et roumains, ç'avait été cette tunique ou chemise aux larges basques, retenue par une grande ceinture, que les Roumains portaient par-dessus le pantalon. Les uns et les autres se vêtaient de lin blanc, mais les chemises hongroises se boutonnaient toujours étroitement à la gorge ; leurs pantalons, inhabituellement larges depuis la taille jusqu'en bas, étaient parfois plissés, ce qui leur donnait presque l'air de robes longues. István les appelait des *Gatya Hosen* ; assez souvent, des culottes noires et amples et de hautes bottes noires les remplaçaient. Or, ici, presque tous les paysans portaient d'étroits pantalons blancs, tels des collants de feutre cousus l'un à l'autre. À travers la plaine hongroise et la Transylvanie, les vêtements des femmes n'avaient pas cessé de varier. Chaque village, chaque vallée adoptait une association différente de couleurs et de styles : galons, tuniques, dentelle, rubans, gaufrage, collerettes, ceintures, casquettes, foulards, coiffes, tresses ou nattes ; tout un éventail de détails annonçait leur statut de fiancées, futures mariées, mariées, vieilles filles ou veuves. Parfois, des coiffes encadraient ces têtes comme des spathes ou des spadices ; chez les Saxons, elles se dressaient tels de raides cylindres écarlates. On voyait des corsets, des manches bouffantes ou losangées, des broderies, des pièces d'or sur les sourcils ou sur la gorge, voire sur les deux, des tabliers devant et derrière, une quantité variable de jupons et de jupes pointant aux hanches comme des vertugadins, et il arrivait que s'y ajoutent des bottes russes de couleur. Tous ces atours villageois conféraient un air festif à la moindre assemblée, d'autant que les filles hongroises ou roumaines étaient en général très belles. Les populations avaient tendance à garder leurs distances ; mais plus elles se mêlaient et se mélangeaient — Magyars, Roumains, Serbes, Slovaques, Saxons, Souabes et parfois Arméniens, et peut-être quelques Ruthènes au nord —, plus remarquables elles étaient[1]. Leur habit de tous les jours était une version plus sobre des parures de gala ; mais celles-ci explosaient dans les grandes occasions, fêtes et mariages, en ravissants étalages. Les vêtements gardaient à l'époque leur valeur emblématique, et pas seulement chez les paysans : un expert en symboles roumains et hongrois, par un simple examen des passants sur une place de marché — une paire de soldats, un capitaine des *Roşiori*, une prieure des Ursulines, une sœur de Saint-Vincent-de-Paul, une clarisse, un rabbi hassidique, un diacre arménien, une nonne orthodoxe, un archimandrite uniate, un pasteur calviniste, un chanoine augustin, un bénédictin, un frère mineur, un noble magyar, un cocher coiffé de plumes d'autruche, un cocher de fiacre russe à la voix aiguë, un Bohémien montreur d'ours avec ses compagnons sculpteurs de cuillers, un tisserand, un forgeron, un bouvier, un ramoneur, un forestier ou un charretier, et, par-dessus tout, les femmes venues d'une douzaine de villages ainsi que les laboureurs et les bergers de vallées et de hautes terres fort distantes les unes des autres —, de tous il aurait pu annoncer l'origine aussi vite qu'un héraut parcourant de l'œil les oriflammes et les surcots d'une armée du quatorzième siècle en ordre de bataille.

Tout à côté d'une gigantesque église, sur la place du marché, une Bohémienne veillait sur une quantité de

1. À cette époque, les jeunes Hongroises semblaient avoir investi le monde international des cabarets ; il n'est pas une boîte de nuit, dans mon souvenir, qu'elles n'aient remplie. Nombreuses étaient celles qui cherchaient fortune ailleurs, et je me rappelle avoir lu dans un roman russe du dix-neuvième que le mot *vengerka* — « fille hongroise » — évoquait des réalités assez crues, et un savoir-faire de professionnelle.

paniers. Angéla en acheta un et, lorsqu'elle l'eut rempli de bouteilles et d'autres bonnes choses aux diverses échoppes et étals, nous fendîmes à nouveau la file en première, puis, une fois sortis de la ville, parcourûmes quelques milles et grimpâmes jusqu'à la lisière d'un pré fauché et pentu qui dominait la rivière. Pendant notre ascension, le moteur dérangea un héron. Il s'éleva au-dessus des arbres, en contrebas, et s'enfuit par les champs.

— Avec quelle rapidité ils montent dans le ciel ! s'exclama Angéla. Ils ne font pas de manières, contrairement aux cygnes.

— Ah ! répondit István. Mais c'est qu'ils ont des poches d'air dans les os.

Nous regardions l'oiseau disparaître à l'horizon.

Nous pique-niquâmes sous un chêne. Les montagnes qui déferlaient vers le nord et l'est étaient des labyrinthes de défilés et de forêts : remplies d'ours, selon István. Rodolphe, le prince héritier, avec son cercle — ou s'agissait-il de l'insatiable François-Ferdinand ? —, en avait tué soixante lors de ses nombreux séjours dans la région. Nous demandâmes à notre cicérone s'il en restait un seul.

— Ils pullulent ! répondit-il.

Lui aussi, il avait arpenté ces forêts interminables de conifères. On y trouvait des loups, également. Les petits venaient de parvenir à l'âge adulte, à cette époque de l'année.

S'apercevant que nous manquions de cigarettes, István secoua la torpeur d'après-déjeuner qui nous envahissait, et repartit en ville. Nous vagabondâmes jusqu'à la rivière, nous baignâmes, flânâmes couchés sur l'herbe, à badiner et nous embrasser avant de regarder les libellules percer les rayons du soleil, à leur tour attrapés par les branches des saules, fragmentés et redécomposés par nos cils somnolents jusqu'à prendre les couleurs du prisme. Nous regagnâmes le chêne à l'instant même où la voiture gravissait la colline en ronflant. István nous apprit qu'il était tombé sur un vieux camarade des hussards, et qu'il n'avait pu s'en dépêtrer : nous le plaisantâmes sur sa popularité excessive. Il répondit qu'il aurait de beaucoup préféré se baigner ; avant de murmurer à mon intention :

— Même si cela n'a plus beaucoup de sens, à présent que la moisson est finie.

Nous fîmes monter une vieille femme qui portait précautionneusement un grand moule à gâteau couvert d'un chiffon. Je lui demandai, par l'intermédiaire d'István, si elle était une Szekler.

— Non, juste une Magyare, répondit-elle.

Son visage, emmitouflé dans une coiffe de veuve sous un chapeau de jonc tressé incroyablement large, ressemblait à une hache. Lorsque Angéla lui demanda ce que contenait ce moule si soigneusement posé sur ses genoux, elle lui dit :

— Tâtez, en soulevant un coin de chiffon.

Angéla s'agenouilla sur le siège en tournant le dos à la route, glissa la main, et eut un petit hoquet de surprise. La vieille femme partit d'un rire édenté, puis toutes deux m'invitèrent à essayer ; j'obéis, et découvris en sursautant une masse de corps chauds et duveteux, qui devinrent audibles lorsqu'elle ôta ce qui les recouvrait. Le récipient était plein de canetons tout juste éclos, dont elle voulut nous offrir quelques-uns, une fois arrivée, pour nous remercier ; finalement, elle se précipita chez elle et revint avec trois verres de *szilvorium*.

Il se faisait tard. Nous quittâmes le bord de l'eau, obliquâmes vers le sud, suivîmes une mauvaise route qui remontait une autre rivière — le Kokel[1] ? —, puis de nouveau nous reprîmes la direction du sud, entre des pâturages et des champs de chaume où s'inclinaient les

1. Târnava ? Kukullo ? C'est du moins l'indication de la carte.

moissonneurs sous les rayons bas et les ombres. C'était un pays serein à la Samuel Palmer, de collines, de bois et de champs ponctués de gerbes ; les meules pyramidales projetaient des lances obscures à flanc de coteau ; les bœufs et les moutons regagnaient l'étable sous une auréole de poussière. Cette fois encore, paysage et villages étaient différents, mais difficile de dire en quoi. Les tuiles se substituaient au chaume ; les murs entouraient de grandes cours, dont la ferme à pignons constituait un des côtés, que des porches en anse de panier perçaient, mais assez haut pour laisser passer les charrettes chargées. L'ordre et la propreté régnaient.

Derrière les montagnes, au nord et à l'est, les nuages s'étaient regroupés en un amas inquiétant, d'abord floconneux et calme, à présent parcouru d'éclairs de chaleur. L'électricité qui dansait autour de ces masses de vapeur les rendait bleu-vert, argent ou mauve ; un frisson, une fraction de seconde, et elles devenaient transparentes ou bulbeuses, ou bien minces comme des décors de théâtre : ces effets scéniques faisaient penser au magnésium, comme si un clown ou un arlequin atmosphériques étaient lâchés dans les collines. La succession incessante de changements de tableaux commença avec la tombée de la nuit ; après quoi le lever de la huitième pleine lune de mon voyage fit du ciel une hallucination, alors qu'au beau milieu, droit devant, un triangle vertigineux de toits escarpés, de flèches, de cimes d'arbres et de falaises crénelées se dressait, telle la citadelle d'un psautier enluminé.

— Regarde ! s'exclamèrent István et Angéla. Segesvár !

Un Roumain se serait écrié « Sighişoara ! » ; mais un descendant des fondateurs de cette acropole aurait dit « Schässburg ! »

De même que « Transylvanie » en Occident, les noms magyar et roumain de la province — Erdély et Ardeal —

ont tous deux un rapport avec la forêt. Le nom allemand, en revanche, est Siebenburgen, ce qui évoque sept forteresses, chacune affublée de trois noms ; mais j'hésite à infliger les vingt et un au lecteur.

Voilà ce qui s'était passé. Quand les premiers rois de Hongrie, notamment Géza II au douzième siècle, trouvèrent cette région désertée — selon les chroniques hongroises —, ils firent venir des colonies d'immigrants « saxons » du Rhin moyen et inférieur, certains des Flandres, d'autres de la Moselle, paraît-il, et même quelques Wallons. Ils labourèrent la terre et construisirent les villes, très souvent, comme ici, sur de vieux sites daces ; tels sont les *Burgen* en question. À terme, les constellations croissantes de leurs fermes et de leurs villages s'imbriquèrent en queue d'aronde dans les régions des Szeklers, des Hongrois et des Roumains. Un siècle plus tard, menacé par le déferlement d'est en ouest des Cumans, André II sollicita l'assistance de l'ordre croisé des chevaliers Teutoniques, alors en Terre sainte ; il leur octroya une étendue de terres autour de Kronstadt ; mais le jour où les Chevaliers voulurent la rendre indépendante et l'offrir au pape, le roi les chassa. Partant vers le nord, ils s'établirent au bord de la Vistule et fondèrent cet État guerrier qui devait plus tard donner la Prusse orientale ; peu après, ils rompaient des lances outre les lacs Masures, et harcelaient les Lituaniens au milieu des glaces flottantes de la Baltique.

Sur place, pendant ce temps, leurs paisibles prédécesseurs « saxons » prospéraient. Et ils y étaient restés, totalisant plus de deux cent mille âmes, en devenant rapidement la communauté la plus développée de Transylvanie. Ils cultivaient les terres entourant leurs fermes closes, et leurs nombreux savoir-faire leur apportaient la richesse. Les églises gothiques s'élevaient, les clochers se dressaient, les caves voûtées fouissaient la roche et les fortifications les ceignaient. Leur dialecte parlé s'écartait un peu de celui de leurs compatriotes de l'Ouest, mais pas davantage qu'on l'attendrait d'un dialecte régional ; par la suite, quand la Réforme se fraya un chemin jusque dans les Carpates, un sentiment de solidarité tribale les incita à adopter la doctrine luthérienne. (C'était aussi un refus du dogme socinien, qui avait commencé d'exercer son emprise sur les calvinistes hongrois.) Dans une très large mesure, ces implantations devaient connaître un développement identique à celui des villes et villages d'Allemagne : le même mode de vie prévalut chez les bourgeois et les artisans, dont le style différait fort de la superbe et de la vaine gloire magyare, de l'obstination étroite des Szeklers, et de la diligence pastorale décadente des Roumains. Comme on pouvait s'y attendre, tout accordée à la sobriété, à la constance et au caractère des habitants, une architecture baroque solide et provinciale, parfois splendide, apparut ; on vit surgir théologiens et professeurs ; et je me demande si j'ai eu raison (lors de voyages ultérieurs) de les comparer aux immigrants puritains du Nouveau Monde. Quoi qu'il en soit, les yeux bleus, les cheveux blonds et le parler germanique vu et entendu sous ces arcades et sur ces places de marché, j'aurais tout aussi bien pu les rencontrer mille milles plus à l'ouest. Personne ne les a jamais confondus avec les immigrants allemands plus récents dans la Hongrie reconquise — les Souabes d'Arad, par exemple. Il paraît miraculeux que leurs villes, leurs hameaux, leur savoir-faire, leur langue et eux-mêmes aient essuyé le passage de huit siècles de bouleversements avec si peu de dégâts. On les appelle « Saxons de Transylvanie », *Sassen* en dialecte. Personne ne sait vraiment pourquoi, car ils n'ont aucun rapport avec la Saxe. Se peut-il qu'il s'agisse du mot médiéval qui désignait lâchement les Allemands dans la région — disons à l'époque de Henri l'Oiseleur, des Othon, ou de Henri le Saint ? Ou plus tard encore, sous le règne du beau-frère de Richard Cœur de Lion, Henri le Lion ?

Dès l'enfance, j'avais appris le nom de cette région, en entendant lire à haute voix *Le Joueur de flûte de Hamelin*, et la manière dont les enfants de Hamelin, guidés par la flûte, étaient entrés dans une crevasse de la montagne pour réapparaître dans les Carpates :

In Transylvania there's a tribe
Of alien people who ascribe
The outlandish ways and dress
On which their neighbours lay such stress
To their fathers and mothers having risen
Out of some subterranean prison
Into which they had been trepanned
Long time ago, in a mighty band,
Out of Hamelin town in Brunswick land,
But how or why they don't understand[1].

On indique encore la crevasse précise, la grotte d'Almasch, d'où ils émergèrent à l'autre bout. C'est une caverne hantée par les chauves-souris, à environ quarante lieues à l'est de Schässburg, à vol d'oiseau. S'il faut en croire le nom de Brunswickers que portent les enfants dans l'histoire, ce seraient de véritables Saxons[2].

1. Il est une tribu transylvaine
Dont les manières et l'étrange costume,
Souvent moqués par ses voisins,
Viennent d'aïeux tirés
De quelque prison souterraine
Où ils restèrent enfermés
Longtemps, en grand nombre,
Venus du pays de Brunswick, d'Hamelin.
Mais par quel stratagème,
Qui le dirait serait bien malin.
Richard BROWNING

2. Un ami de Kronstadt-Braşov-Brassó, Rudolf Fischer, m'assure qu'il n'existe pas là-bas de tradition du Joueur de flûte. Browning l'a probablement trouvée chez les frères Grimm, qui la tenaient peut-être de quelque Saxon transylvain imaginatif qui étudiait en Allemagne. Ils

Nous étions trop éloignés des endroits habituellement fréquentés par Angéla et István pour courir le risque d'une rencontre déplaisante, aussi arpentâmes-nous tranquillement les rues altières de la citadelle au lieu d'y rôder furtivement. Nous observâmes le paysage au clair de lune en contrebas, et au-dessus de nous les clochers avec leur structure de bardeaux et de métal ; nous regardâmes aussi les aiguilles d'une vieille horloge dominant une arche, avec sa figurine sautillante qui se propulsait pour sonner l'heure. La ville resplendissait au clair de lune, mais, derrière le scintillement des chaînes éloignées, le ciel d'orient restait parcouru d'éclairs de chaleur. Nous fîmes halte à une auberge décorée de pignons et de fenêtres serties de plomb, ouvertes sur une place qui dominait les toits et la triple ceinture de murailles. On nous servit le dîner sur une lourde table de chêne dans la *Gastzimmer*. Nos verres étaient remplis d'un vin frais local qui fit passer une truite prise de l'après-midi ; chaque détail visuel, chaque son — les voix, les verres à vin, les chopes de grès et le mobilier luisant pour avoir été astiqué pendant deux cents ans —, tout rapprochait l'endroit d'une *Weinstube* des bords du Rhin ou du Neckar. István une fois monté dans sa chambre, Angéla et moi restâmes à nous tenir la main dans la grande pièce enfumée, fort conscients que nous passions l'avant-dernière nuit de notre escapade. Il arrive que certaines heures aient plus de prix que des diamants. Les fenêtres des pignons, à l'étage, dominaient un spectacle féerique. La lune avait triomphé

---

adoraient concocter d'invraisemblables histoires relatives à leur mère patrie éloignée : il faut se figurer qu'elle était aussi distante et sauvage, à Bonn, Iéna ou Heidelberg, que la Tartarie. Peut-être la légende originale à l'Ouest est-elle confusément rapprochée de la croisade des enfants. Deux contingents partirent d'Allemagne, mais le gros de la troupe, de Vendôme : tous périrent ou furent réduits en esclavage. On trouve à Hamelin toutes sortes de souvenirs du Joueur de flûte.

des feux d'artifice silencieux de l'est et du nord, en altérant toutes les proportions. Nous nous penchions sur le rebord de la fenêtre et, quand mon amie venait à tourner la tête, son visage se scindait un instant, argenté d'un côté et de l'autre doré par la lueur des lampes, à l'intérieur.

« Petöfi fut tué quelque part dans les champs, là-haut », nous avait dit István. Le tsar Nicolas Ier avait envoyé une armée au secours de François-Joseph, âgé de dix-huit ans, lorsque, conduits par Kossuth, les Hongrois révoltés manquèrent gagner leur indépendance. La lutte s'était transportée en Transylvanie. Segesvár fut l'une des dernières batailles de la campagne. Petöfi, qui idolâtrait Shakespeare et Byron, était un personnage séduisant, passionné, impétueux, et beaucoup le tiennent pour le plus grand poète hongrois. Il avait vingt-six ans quand il tomba blessé à mort après avoir combattu avec bravoure et intrépidité tout au long de la guerre.

Dans les annales roumaines, en revanche, Sighişoară doit d'être remarqué, au quinzième siècle, à un personnage étrange et compliqué ; n'était un travers particulier, il aurait pu laisser dans l'histoire le souvenir d'un héros. Vlad III de Valachie, sorti de la fameuse dynastie bessarabienne, était l'arrière-petit-fils de Radu le Noir, le petit-fils du prince guerrier Mircéa le Vieux et le fils de Vlad le Dragon — ainsi nommé, paraît-il, pour avoir reçu de son suzerain, l'empereur Sigismond, son allié et son ennemi, l'ordre du Dragon. Remis au sultan en otage alors qu'il n'était qu'un enfant, le troisième Vlad monta sur le trône valaque par la suite, et sut combattre les Turcs avec adresse et vigueur. Il revint au sultan, Mehmet II, le conquérant de Constantinople, de le châtier pour ses succès. Mais une scène d'indicible horreur devait brusquement arrêter la marche de son expédition punitive : je veux parler d'une large vallée, pleine de milliers de cadavres turcs et bulgares vieux d'un an, empalés sur une forêt de pieux, pourrissant à mi-hauteur, cependant que le général du sultan, dans ses robes de cérémonie, était fiché sur le plus haut de tous. Le sultan, dont nous connaissons les traits aquilins et le turban neigeux et globuleux grâce au portrait de Bellini et à la médaille de Pisanello, avait été élevé au sang, comme un faucon ; mais ici, il recula horrifié — certains prétendent que c'était par respect pour la barbarie de son vassal rebelle — et fondit en larmes. Car le travers de Vlad, tout au long de sa vie, fut d'empaler. Nombreux sont les bas-reliefs de bois sculpté qui montrent le prince festoyant dans les landes des Carpates, comme une pie-grièche dans son garde-manger, entre des taillis d'ennemis empalés.

En Roumanie, on l'avait toujours appelé Vlad Tsepesh — « l'empaleur » —, mais pour les étrangers, qui pensaient à son père, Vlad le Dragon (Vlad Dracul), c'était « le fils du Dragon ». (« Dragon » en roumain se dit *dracu,* et le *l* postposé équivaut à l'article. D'où les exotiques « Dracula », « Drakole », etc., termes qu'on n'entendra jamais sur des lèvres roumaines, puisque improprement formés sur un « *Draculea* » tout juste possible, c'est-à-dire « fils du Dragon ».)

Ce fut ce trisyllabe étrange et dramatique, nanti d'une vague aura sanguinolente, qui donna à Bram Stocker l'idée d'un « comte Dracula » vampire, volant dans la nuit en habit et cravate blanche pour planter ses crocs dans les gorges de ses victimes ; seul Tarzan, dans les décennies récentes, l'a détrôné au firmament de la popularité cinématographique. Mais le fait que la Transylvanie *soit* bien une région de châteaux, de forêts, de comtes et de vampires, et que des bribes confuses d'histoire locale aient réussi à s'imbriquer à l'arrière-plan du roman, cela a toujours contribué, à mes yeux, à lui ôter le moindre charme. Et ce sont des gens qui devraient savoir de quoi ils parlent qui exploitent la confusion existant entre les deux personnages, si bien que les cars de touristes auxquels on indique le « château de Dracula » ne pensent pas, j'en ai peur, à la figure historique — ce prince coiffé de plumes au regard exorbité, à l'ample moustache, en fourrure d'ours pourvue de broches et d'étoiles, avec ses cheveux longs, sa massue à ailettes et la palissade de pieux grossiers —, mais à un comte élégant sous un chapeau d'opéra, vêtu d'une cape doublée de satin, aux incisives bizarres ; bref, à un être qui pourrait tout aussi bien recommander un après-rasage, enseigner le tango, ou scier une dame dans sa boîte lors d'une matinée enfantine.

Revenons à Sighişoara ! Revenons à Segesvár ! Et surtout, ici, revenons à Schässburg !

Bien des années après, alors que je grimpais le merveilleux escalier couvert qui débouche sur la première plateforme de la pagode Shwe Dagon, à Rangoon, je m'immobilisai au milieu en tâchant d'identifier le souvenir qu'évoquait cette ascension ; quelques secondes plus tard, je me revis vingt ans auparavant en Transylvanie, montant un escalier venteux couvert de poutres, de bardeaux, et d'un toit de bois pentu. Les degrés saxons nous conduisaient jusqu'au sommet herbeux de la ville, dont les créneaux contre le ciel encerclaient des pierres tombales inclinées, de grands arbres et une vieille église gothique. Un toit aussi raide que celui d'une grange, dont toutes les tuiles en écaille étaient décolorées par le lichen, jaillissait des murs mouchetés ; à l'intérieur, un espace aérien s'étendait sous une toile de voûtes médiévales. Une fois encore, il y avait des arcs brisés, des lancettes, des trèfles et des culots feuillagés, et, dans le chœur, les traces d'une fresque aux trois quarts effacée, une crucifixion, ou peut-être une transfiguration : le souvenir précis m'en échappe. Des stèles armoriées étaient empilées au petit bonheur sous les poignées des cordes des cloches, et l'orgue ne devait plus fonctionner, car on entendait quelqu'un s'exercer sur un harmonium dans la galerie, émettant des grondements et des bruits de soufflerie. Le sujet du retable de l'école du Danube s'est lui aussi effacé dans ma mémoire. « Merveilleuse alliance », dit mon journal, « de pierre brute, de brique décolorée et de plâtre, d'embrasures de portes chantournées, d'époques entassées l'une sur l'autre, tout de première qualité, riche de cette patine intacte que l'on chérit ». Je crus d'abord qu'il s'agissait d'une église catholique, mais l'absence de lampes dans le sanctuaire et de stations de croix laissait entendre le contraire. Elle était donc luthérienne, et beaucoup moins sinistre et dépouillée que les intérieurs calvinistes et unitariens. Il y avait d'autres indices. Les bancs, par opposition aux chaises, semblaient être un signe distinctif de la Réforme.

Nous prîmes place sur l'un d'eux, et Angéla s'empara distraitement d'un livre de prières sur la tablette, qu'elle ouvrit au hasard.

— Oh ! regarde !

Les pages cornées s'étaient ouvertes sur un passage signalé par le squelette d'une feuille : les lettres gothiques pâlies déroulaient une prière d'intercession pour « *unser wohlbeliebter Kaiser Franz-Josef* ». Mais nulle mention d'Elisabeth, sa belle reine et impératrice. Sans doute avait-elle déjà été assassinée sur le débarcadère de Genève ; nulle mention non plus de leur fils, le prince héritier Rodolphe qui, après avoir tué tous ces ours dans les montagnes que nous arrivions juste à discerner par les carreaux, s'était gardé la dernière salve pour lui-même, à Mayerling. Il n'y avait pas de date, seulement le nom du possesseur à l'encre décolorée. Nous nous demandâmes par la suite si le missel pouvait avoir été publié après que l'héritier suivant, l'archiduc François-Ferdinand, qui haïssait si fort la Hongrie, eut été assassiné à Sarajevo. (1898, 1889 et 1914 marquent cette sombre période.) De même que nous ne pûmes trouver, si mes souvenirs sont exacts, le nom de l'archiduc Charles, le successeur de François-

Joseph et le dernier empereur de tous. A ce détail près, on aurait pu croire que le livre avait été publié en 1916, juste avant la mort solitaire de l'empereur, quand les requiem, les salves funèbres et les glas durent être noyés sous les rafales fort peu protocolaires qui parcouraient une demi-douzaine de fronts : salves qui précipiteraient deux ans plus tard le diadème des Césars et la couronne apostolique de Hongrie, ainsi que les sceptres et les couronnes de Bohême et de Croatie — tout un empire, en réalité — au milieu des ruines.

— Pauvre vieil homme, fit Angéla en remettant le livre à sa place.

Au-delà des pierres tombales, au-dehors, le plus haut des trois murs d'enceinte dévalait la colline, nanti de créneaux entre ses tours en demi hors d'œuvre — plusieurs de ces dernières, d'ailleurs, étaient affublées de nids de cigogne. Des guirlandes de fleurs de sureau éclataient au-dessus des créneaux ; jetant un coup d'œil vers le bas, nous découvrîmes les martinets quittant et regagnant leurs trous dans la maçonnerie. L'esplanade gazonnée devant le porche ouest s'affaissait en vagues de verdure, forêt et cimetière mêlés, où les noms des tisserands, brasseurs, négociants en vins, charpentiers, marchands et pasteurs — certains d'entre eux pourvus d'une terminaison en *-us* comme ceux des humanistes du seizième siècle — étaient gravés sur des générations de stèles et d'obélisques, dans la vieille orthographe allemande. Sous cette débandade de nuages, suspendus au-dessus des collines, des champs, du lit méandreux d'une rivière, l'entretien et la ruine s'affrontaient dans l'un des cimetières les plus captivants du monde.

L'organiste était descendu pour faire notre connaissance. Il indiqua du doigt une grosse tour en bas.

— Vous voyez cela ? fit-il en nettoyant ses binocles cerclés de fer avant de les remettre. Il y a trois cents ans, une armée turque remontait la vallée, décidée à piller la ville. Un général impitoyable la commandait, Ali Pacha, *ein schrecklicher Mann !* Quelques Schässburger s'étaient barricadés dans la tour et l'un d'eux le visait avec son arquebuse — *boum !* il le tua.

Son index décrivait le saut périlleux et parabolique du général.

— Il montait un éléphant, reprit-il.

— ?

— Oui. (Ses lunettes étincelaient comme des carreaux.) Un éléphant. Les citoyens se sont rués sur les assaillants, les Turcs se sont enfuis, la ville fut sauvée.

Il avait à peine fini de parler qu'une bourrasque s'enroula autour de la haute colline boisée. Nous avions été avertis par une rafale et un friselis prémonitoires. Alors, d'un seul coup, les branches s'entrechoquèrent, se frappant comme des boxeurs, la poussière et le pollen s'échappèrent des rameaux dans un nuage jaune et spiralé. L'herbe fut parcourue de tourbillons et de courants, tous les peupliers de la vallée se mirent à frissonner de bas en haut comme des *kriss* malais, et les meules de foin défaites vrillèrent. Bogues, balles, paille, pétales, jeunes rameaux, feuilles de l'année passée, petits bouquets s'éparpillant autour des pots sur les tombes, tout fut aspiré dans la rafale, qui malmenait les oiseaux échevelés. Les nuages avaient noirci, une salve de gouttes nous frappa ; avec l'organiste, nous cherchâmes un abri contre l'averse sous un boqueteau de marronniers. Elle cessa tout aussi brusquement et, tandis que se formait et se déformait l'arc-en-ciel, nous nous retrouvâmes dans ce mélange de soleil et de pluie que les campagnards anglais appellent un mariage de renards, en train de regarder, comme sous une loupe, ce monde de collines et de champs, l'éclat de la rivière et la tourmente des chaînes éloignées. Des caquetages et des pépiements outragés remplissaient les branches, et l'air respirait le pollen, les roses, le foin et la terre mouillée.

Des éminences boisées eurent tôt fait de nous dissimuler ce pinacle comme nous repartions vers le sud à travers les vignobles et les champs de houblon. C'était une noble étendue de pays, ponctuée de hameaux abrités dans leurs bois, sur les berges des rivières. Lorsque nous nous enquérions de leurs noms, les villageois leur donnaient toujours un nom saxon — Schaas, Trappold, Henndorf, Niederhausen. (Les experts trouvent de grandes similitudes entre ces implantations et les villages de Franconie médiévale, au temps où cette région englobait bien davantage que l'Allemagne, à l'ouest et au nord ; et il semble que ce rapprochement soit étayé par une parenté entre le dialecte saxon transylvain et le parler des Francs de Moselle.) Le style des constructions était rustique, celui d'une cour de ferme, avec des porches aplatis pour les charrettes, des portes de cimetière à petit toit de bardeaux, des toits larges et des alignements de pignons dominant les rues du village ; c'était une maçonnerie de bonne qualité, faite pour durer, çà et là dotée d'ornements baroques discrets et plutôt audacieux. Au cœur de chaque village, des églises solides dressaient des clochers trapus, quadrangulaires, à la mine dure et défensive. Nous fîmes halte dans la petite ville de marché d'Agnetheln, à l'ombre d'une église aussi massive qu'une petite bastille. Percés de meurtrières, les murs s'élevaient abruptement avant de s'évaser en mâchicoulis ; au-dessus de ces derniers, des rangées de courts pieds-droits, comme de gros piliers, formaient des galeries soutenant des clochers pyramidaux. Aussi déterminés que des pièces d'armure, ces toits triangulaires avaient l'air de heaumes nantis de leurs naseaux et des fentes pour les yeux, avec ces pieds-droits entre le couronnement et le clocher. Toutes les églises coiffaient des casques similaires.

Nous admirions celle qui nous faisait face, assis sur le banc extérieur de l'auberge. À la table voisine se trouvait un charron, tout crêpelé de copeaux, les sourcils blond roux couverts de sciure, qui venait de quitter son atelier pour boire un verre. Il entourait du bras sa fille d'une blondeur de lin, debout entre ses jambes, et qui nous dévorait de ses yeux bleus, en silence.

— Qu'en pensez-vous ? nous demanda-t-il en allemand.

— *Eine feste Burg*, répondit István avec à-propos. Une solide place forte.

— Il le fallait, commenta notre voisin. Et je me demandai pourquoi.

Aucune des églises vues depuis le passage des frontières hongroise et roumaine n'arborait cet air sauvage ; il est vrai que je n'en avais pas trouvé qui fût si vieille. Pourtant, ces régions n'avaient jamais connu les intenses guerres de religion qui avaient ravagé la France, l'Irlande, l'Europe du Nord et l'Empire pendant la guerre de Trente Ans. Avait-il fallu les protéger des Turcs ? Le charron haussa les épaules. Oui, contre les Turcs ; mais il y avait eu pire qu'eux.

— Qui ?

István et lui répondirent d'une seule voix :

— *Tataren !*

Je comprenais, ou croyais comprendre : les églises fortifiées avaient dû jaillir après l'assaut des Tatars de Batu Khan ; en d'autres termes, l'assaut de ces Mongols qui avaient laissé le royaume en cendres, brûlé églises et châteaux, massacré des milliers de gens et emmené la population entière en esclavage. Les ravages de Batu et son brusque retour à Karakorum, après la mort de l'héritier de Kubilay qui rendait hasardeuse la succession mongole, avaient eu lieu en 1241. Quelle bénédiction qu'ils ne fussent jamais revenus !

— Jamais revenus ?

Le verre de vin du charron s'immobilisa avant d'avoir gagné ses lèvres, et fut reposé sur le chêne ; et je mesurai, en les écoutant, István et lui, quels abîmes de lacunes m'habitaient encore après trois mois passés à potasser dans les bibliothèques des demeures campagnardes. La dernière incursion turco-tatare n'était pas allée aussi loin que la majorité de celles qui l'avaient précédée, mais elle avait pris place assez récemment, en 1788 ; et dans la longue période s'étendant entre 1241 et 1786, de moindres incursions, menées par les Tatars et d'autres bandes de maraudeurs, avaient été constantes. La plupart venaient des implantations tatares sur la steppe Bodjuk, en Bessarabie méridionale. (Ils descendaient probablement des Nogai, ou Tatars Krim. Après que Tamerlan eut détruit la Horde d'Or, les rescapés, menés par les descendants Girai de Gengis Khan — ils tenaient sans doute davantage des Turcs que des Mongols, dès cette époque —, avaient fondé un khanat indépendant en Crimée, et un autre à Kazan.) Ces assaillants traversaient la Moldavie de part en part, pénétraient la passe Buzău dans l'angle sud-est des Carpates — la « passe des Tatars », comme l'appelaient les gens du cru — et déferlaient sur le Burzenland prospère (c'était là la région, proche de la vieille ville saxonne de Kronstadt[1], jadis offerte aux Chevaliers teutoniques).

Mais l'architecture religieuse monumentale n'était pas défense qui vaille contre une attaque déterminée. A l'arrivée des assaillants, les villageois se sauvaient dans les bois et remisaient chevaux et bétail dans les spacieuses grottes des Carpates. La chaîne tout entière est une garenne de stalactites ; ils y restaient cachés jusqu'à ce qu'ils pussent revenir sans risque pour inspecter les cendres. Enfin, un ou deux siècles après l'édification des églises, on prit quelques décisions plus efficaces : on les entoura de grands murs fortifiés, lesquels perdurent,

1. Braşov ou Brassó, et récemment, mais pour un bref intermède, Staline (ce qui n'allait pas du tout à cette antique ville gothique). Les modes évoluent...

sidérantes enceintes de pierre pourvues d'étages intérieurs, d'abris de bois où l'on accède par des échelles semblables aux loges d'un opéra rustique. Chaque famille avait ainsi son abri qu'elle remplissait de viande salée, de jambons et de fromages aux heures difficiles, pour parer à un siège soudain. Anneaux défensifs très étonnants, même dans ces marches hérissées de châteaux. Ces incursions ont laissé peu d'autres traces, sauf génétiquement, peut-être : les gens affirment que l'ancienne fréquence des viols est responsable d'un certain nombre de physionomies mongoles. Pour d'autres, il faut voir là l'héritage des Cumans de passage, avant qu'ils ne s'installent puis ne s'évaporent sur la Grande Plaine.

István jeta un coup d'œil à sa montre et bondit sur ses pieds. Un chuchotement paternel fit partir à toutes jambes la fillette en direction de la cour, derrière l'atelier, et nous étions montés en voiture quand nous la vîmes revenir, haletante, et déposer un petit bouquet de roses et de lis tigrés sur les genoux d'Angéla.

Il n'y avait pas d'autre véhicule mécanique que le nôtre pour profaner la sérénité de ces coins reculés. Pendant des milles, nous ne croisions que du bétail et une charrette ou deux tirées par les solides chevaux de la région. Un autre village pointa à l'horizon avec son église crénelée, puis disparut, tandis que, arquée telle une vague devant nous, l'énorme masse des Carpates partait à l'assaut du ciel. C'était la plus haute partie des Alpes de Transylvanie, dont les sommets ne sont surpassés que par les crêtes des Hautes Tatras, tout là-bas au sud de Cracovie, aux confins de la Slovaquie et de la Pologne, à plus de trois cents milles au nord-ouest, pour l'aigle qui voudrait changer d'air. On les appelle aussi les montagnes Făgăraş, c'est la région chevelue des Vlachs et des Pechenegs décrite par les anciennes chroniques, et un domaine favori des princes de Valachie ; comme les montagnes aperçues au nord-est du pays Szekler, elles abondaient en ours et en loups ; et la vieille ville et le château qui leur avaient donné leur nom gisaient à leurs pieds. J'attendais une place forte impressionnante et abrupte, mais, le donjon intérieur mis à part, ce n'était qu'un rectangle massif ocre et couleur brique, d'une surface de près d'un demi-kilomètre carré, percé d'embrasures, pourvu d'un bastion circulaire à chaque angle. Des cartouches aux écussons indéchiffrables partaient en morceaux au-dessus d'un grand porche. C'était une illustration pour Vauban, ou le second plan idéal pour un peintre de batailles solennel, un endroit qui exigeait une forêt de tentes assiégées, la fumée des canons, les taillis perpendiculaires et contre-attaquants des lanciers en rangs serrés, tous détails vus sous les sabots antérieurs d'un destrier pommelé, cabré, frénétique, fouettant l'air, monté par un capitaine cuirassé du dix-septième siècle, sombre et impavide, moustachu sous son chapeau à plume, le bâton plaqué sur sa hanche et sa grande ceinture de soie. Et il n'était pas indifférent que le fameux Bethlen Gábor eût donné leur aspect définitif aux fortifications, dont les assaillants les plus connus furent les janissaires d'Achmed Balibeg, contre une garnison désespérée de cinq cents Magyars et Szeklers. J'ai l'impression que l'Ali Pacha qui en avait fait le siège en 1661 était celui (bien que je n'en aie pas obtenu confirmation) qui trouva la mort sur son éléphant à Segesvár.

En regagnant la grand-route après la quiétude des chemins creux saxons, nous étions passés sur un clou, et il nous fallut changer une roue. Une fois à Făgăraş — Fogaras pour István et Angéla —, nous attendîmes dans le jardin d'un restaurant proche de la forteresse qu'on nous la répare, et Angéla partit téléphoner. István était un peu perplexe. Nos matinées indolentes et nos départs tardifs — Angéla et moi en étions responsables — nous avaient mis en retard sur notre programme. Il aurait voulu continuer vers l'est jusqu'à la vieille et importante ville saxonne de Kronstadt, près de la passe des Tatars, pour nous repaître du spectacle de l'église Noire et y passer la nuit. Mais il nous restait trop peu de temps ; il allait falloir penser à repartir vers l'ouest. À ce moment, Angéla revint du téléphone avec une expression inquiète. Les subterfuges et les stratagèmes sur lesquels reposait notre voyage menaçaient de s'effondrer ; le seul remède consistait à mettre cap à l'ouest, et par le train, ce même jour ; car il lui faudrait finalement voyager beaucoup plus loin qu'aucun de nous ne pouvait le faire pour l'accompagner. István exposa la situation nouvelle. Une voie de chemin de fer secondaire traversait la ville, mais l'emprunter obligerait à deux changements et à de longues attentes ; la perspective de ces veilles statiques, la rupture du trio, cette fin brutale nous atterraient. Pendant notre conversation, un mécanicien bohémien fixait le pneu réparé dans son logement sur le garde-boue avant. Le regard d'István s'éclaira à cette vue, comme frappé par l'inspiration :

— Nous allons nous en tenir à notre vieux plan, en l'avançant seulement d'un jour.

Angéla redoutait que nous ne fussions en train de tenter le diable.

— Attends, tu verras ! répliqua István en vidant son verre. À cheval !

Nous montâmes en voiture et repartîmes. Lorsque István pressait la poire rouge, la trompette émettait son meuglement tardif et mélancolique.

— Pas exactement ce qui convient pour le Troisième *Honvéd Hussards* ! s'exclamait Angéla.

Nous dépouillâmes Făgăraş-Fogaras-Fogarash comme une peau de serpent et nous retrouvâmes bientôt filant sur la route que nous avions déjà empruntée jusqu'au croisement d'Agnetheln, où nous nous engageâmes sur une nouvelle voie.

Les averses qui zébraient le paysage, les troupeaux de nuages qui couraient dans le ciel nous avaient obligés à relever la capote. Sur la gauche, l'énorme masse des montagnes se hissait en une succession de plis abrupts. Des gorges boisées perçaient les contreforts, et des écharpes de forêts assombrissaient les pentes les plus élevées jusqu'à ce que la roche apparaisse finalement dans sa nudité, dans une confusion de bosses érodées et de pics. Tout en haut, nous le savions, une vingtaine de petits lacs réfléchissaient le ciel, et nous crûmes discerner çà et là le scintillement de la neige, mais l'année était trop avancée ; sans doute s'agissait-il seulement d'une décoloration accidentelle de la roche. A main droite, les arbres qui suivaient le cours de la rivière Olt[1] s'inclinaient dans notre direction et parfois s'écartaient, nous tenant à moitié compagnie, jusqu'au moment où la rivière s'orienta plein sud en serpentant dans la faille qui menait à la passe de la Tour Rouge. (Après avoir franchi cette grande faille, elle débouchait dans le *Regat* — le royaume roumain d'avant-guerre — et y commençait son voyage de cent cinquante milles à travers les contreforts méridionaux et la plaine de Valachie, en donnant son nom à toute la province d'Oltenia ; puis elle se jetait dans le Danube, comme tous les cours d'eau dans ce vaste cul-de-sac des Carpates.) Quelques milles avant que nous la quittions, István montra les ruines d'une abbaye cistercienne du treizième siècle, la plus vieille bâtisse gothique de Transylvanie, sur l'autre rive.

— Le roi Mathias l'a fermée, fit-il, à cause de l'immoralité des moines.

— Ah bon ? dîmes-nous tous deux, Angéla et moi. Quelle immoralité ?

— Je ne sais plus très bien, répondit notre cicérone. Toutes sortes, j'imagine, reprit-il d'un ton enjoué.

Et l'enceinte pécheresse, telle Sodome ou le Venusberg,

1. Aluta en latin, Alt en allemand, Olt en hongrois — comme en roumain, pour une fois.

disparut derrière nous, obstinée et moisissante dans ses champs.

Suivait un autre repère d'importance : le champ de bataille où Michel le Brave de Valachie avait battu l'armée du cardinal Andreas Báthory, prince de Transylvanie, le cousin du Sigismond dont les victoires contre les Turcs s'étaient soldées par l'abdication et la folie. Après la bataille, quelques Szeklers renégats vinrent offrir au prince Michel la tête défigurée du cardinal, triste fin pour la grande maison de Báthory. Leur oncle Étienne — prince de Transylvanie, puis roi de Pologne — avait chassé les armées d'Ivan le Terrible des villes de Livonie capturées, et l'avait refoulé en Moscovie.

Les douces collines qui déferlaient au nord étaient ponctuées de hameaux saxons ; et tous les villages se remplirent de parler roumain, une fois de plus. István nous menait avec adresse et rapidité, constamment obligé de freiner pour laisser des oies sifflantes traverser les grandes rues de villages ; après quoi nous repartions en trombe. Les tronçons de route montaient et descendaient comme des montagnes russes, plongeant dans des dépressions et regrimpant à flanc de colline sur de nouveaux panoramas, tandis qu'Angéla allumait des cigarettes pour nous tous, avant de les tendre à gauche et à droite.

Quand nous approchâmes des faubourgs de Hermannstadt — Sibiu — Nagy-Szeben (il va de soi que les habitants employaient le dernier de ces noms), István gémit à haute voix. La veille, dans la capitale Szekler, nous avions complètement oublié de jeter un coup d'œil à la bibliothèque Teleki ; à présent, dans cette antique ville saxonne, il n'était plus temps de regarder quoi que ce fût. Les églises se dressaient à foison, de vieux édifices fabuleux nous faisaient signe ; surtout, il y avait le palais Bruckenthal, dont la bibliothèque regorgeait de manuscrits et d'incunables ; il y avait un musée rempli de maîtres hollandais, flamands et italiens. Pour nous faire venir l'eau à la bouche, István s'étendit sur ces splendeurs :

— Memling, Frans Hals, Rubens..., fit-il en lâchant le volant et en esquissant un geste aérien.

— Tu as lu cela dans un livre, rétorqua Angéla.

— ... Titien, Magnasco, Lorenzo Lotto...

Puis il décrivit les charmes des auberges, les merveilles de la cuisine saxonne du cru, leur art pour apprêter les cochons de lait, les canards et les truites.

— *Pas le temps ! Pas le temps !* soupira-t-il.

Et nous traversâmes sans nous arrêter des rues pavées, des places de marché et de grandes esplanades pavoisées. Nous aurions pu être en Autriche ou en Bavière. Une fois de plus, les noms des boutiques étaient tous saxons. Des enseignes d'auberge à figures zoologiques ou héraldiques pendaient aux potences le long d'arcades massives et ombreuses, et aucune discrétion rustique ne s'opposait aux débordements baroques tout autour de nous. De hautes fenêtres s'élevaient entre des volets montés sur paumelles chantournées ; on voyait des frontons triangulaires ou cintrés, des crépis jaune, ocre, safran, vert, pêche, mauve, et à l'une et l'autre extrémité des toits en dents de scie, des moulures elliptiques renchérissaient sur les redents des pignons ; des lunettes perçaient ces derniers, ornées de volutes et de sinuosités, et les alignements de lucarnes brisaient les pentes raides des tuiles roses. C'était la contrepartie idéale de l'esthétique rustique des villages. Des bâtisses à colombages apparaissaient, de vigoureuses tours scandées de bandeaux arboraient les chiffres dorés de leurs horloges, étaient couronnées de dômes bulbeux en tuiles ou en cuivre oxydé, enfin de piques et des flèches d'une girouette. Tous les étages supérieurs flottaient sur une écume de mûriers et de châtaigniers non élagués. Angéla, elle non plus, n'était jamais venue ici, et notre excitation, notre frustration, étaient sans mesure ; alors que la voiture se frayait un chemin dans ce labyrinthe d'étals et de charrettes à cheval, une autre idée me frappa : en ce qui me concernait, moi et mon voyage, ces maisons, ces rues et ces tours constituaient l'ultime arrière-garde d'un monde architectural que j'allais quitter pour de bon.

Le lecteur estime peut-être que je m'attarde trop sur ces considérations. Je le pense aussi et je sais pourquoi : lorsque nous aurions atteint notre destination, une ou deux heures plus tard, la boucle serait bouclée. Ce n'était pas seulement un univers d'architecture qui allait s'achever, mais la succession tout entière de ces mois d'enchantement transylvain. J'étais sur le point de m'orienter vers le sud, de me détourner de tous mes amis, et le rythme dactylique du magyar s'évanouirait. Et puis il y avait István ; il me manquerait beaucoup ; quant à la perte d'Angéla — qui ne semble pas être beaucoup plus qu'un fantôme lumineux et fugace dans ces pages —, c'était une rupture à laquelle je pouvais à peine songer ; aussi, je ne puis m'empêcher d'en retarder le moment pour un ou deux paragraphes.

Il le faut cependant. Trop sûrs de nous après la constance que nous avions montrée à repousser les tentations de Sibiu-Szeben-Hermannstadt, nous crûmes que nous avions plus de temps qu'il ne nous en fallait. Nous fîmes halte pour nous dégourdir les jambes, et je fis rire assez témérairement mes compagnons en leur parlant de Sir Francis Drake et de sa partie de quilles en vue de l'Invincible Armada. Mais nous ne nous étions pas plutôt engagés sur l'antique grand-route qui longe le Maros — à quelques milles au sud de la bifurcation Apulon-Apulum-Bălgrad-Weissenburg-Karlsburg-Gyulaféhervár-Alba Julia — que le sort se mit à joncher notre route d'incidents. Survenue depuis notre passage au même endroit deux jours plus tôt, une importune équipe d'ouvriers avec un rouleau compresseur et des drapeaux rouges avait choisi ce moment pour réparer des nids-de-poule intouchés depuis des années. Fou d'impatience, István réussit enfin à les déjouer en décrivant un demi-cercle hardi dans un champ d'éteule. Puis nous fûmes ralentis par la conjonction de buffles somnambulesques et d'une gigantesque moissonneuse-batteuse qui se traînait sur un tronçon de route bordé d'un côté par des bois, de l'autre par une brusque dénivellation vers un champ inondé ; enfin, un mille ou deux avant l'ultime gare qui précédât notre destination, nous crevâmes pour la deuxième fois ce jour-là ; une bouteille cassée abandonnée par quelque faucheur ronflant le mois précédent en était peut-être cause. Nous nous ruâmes sur les outils, et refixions les derniers écrous de la roue de secours fraîchement réparée quand la sirène du train nous parvint. Alors nous aperçûmes le plumet de fumée bien connu qui remontait la vallée, entendîmes le cliquetis et les halètements, enfin le vîmes ; au moment précis où nous jetions la vieille roue à l'arrière, il nous dépassa et disparut tranquillement dans la courbe suivante. Nous bondîmes en voiture aussi vite que des pompiers, et István s'empara du volant.

Les puits à balancier, les champs de maïs et de tabac défilaient, et la poussière nous enveloppait dans des nuages toujours plus importants. Le pare-brise était divisé dans le sens de la longueur, à l'ancienne mode ; lorsque István tourna une molette de cuivre sur le côté, la base inférieure de la moitié haute pointa vers l'extérieur et le vent de la course se précipita sur nous en rugissant. D'un seul coup, nous nous mîmes à filer entre des milliers et des milliers de tournesols ; puis, tout là-bas, la voiture de queue apparut. Le train ralentissait avant d'entrer à Simeria, la dernière halte avant notre but ; il repartait quand nous le rattrapâmes. Nous restâmes côte à côte pendant qu'il prenait de la vitesse ; les passagers regardaient à l'extérieur d'un air stupéfait, et nous nous sentions comme des Cherokees ou des Assiniboines galopant autour d'un train de la prairie, avec nos plumes et nos cornes de bison : nous aurions dû faire pleuvoir sur eux les flèches à plumeaux pendant qu'ils nous auraient mitraillés avec leurs Winchesters à répétition... István s'aplatissait sur le volant, les manches de chemise relevées, en souriant d'un air féroce, tel le monstre de la vitesse aux yeux de cendre, aux ailes de tissu imperméable et nervurées ; quand nous dépassâmes le train, il émit un hurlement de joie ; nous nous y associâmes et le train siffla comme pour signifier sa capitulation. Angéla se pelotonnait, voûtait les épaules, découvrait les dents, toute à son excitation, tandis que ses cheveux flottaient droit derrière elle dans le courant d'air. Parfois, projetés par des trous sur la route, nous avions l'impression de nous envoler ; une autre crevaison, et nous aurions perdu. Puis, abandonnant le train derrière nous, nous abordâmes un pays plus familier. La haute colline de Deva, couronnée de sa forteresse ruinée, hantée par les victimes emmurées de la vieille légende, se matérialisa, avec au-delà les monts Hátszeg où reposait Vajdahunyád. Le Maros serpentait dans sa brume de peupliers, descendait vers Gurasada, puis le village inconnu de Safta et d'Ileana, la bourgade de Xenia, Zám, en continuant vers Kápolnás où vivaient, à Soborsin, le comte Jenö et Tinka ; Konopy et Maria Radna ; et Arad où vivait Iza ; plus au nord, les toits qui abritaient Georgina et Jăs, Clara, Tibor et Ria étaient éparpillés au milieu des vallées et des monts.

A notre arrivée à la gare de Deva, le train venait de reparaître. Nous nous saisîmes des sacs de notre amie et enjambâmes la voie. Le chef de gare esquissait un geste pour nous l'interdire, mais il le transforma en salut militaire en reconnaissant István ; et quand le train s'immobilisa, nous l'attendions calmement sous les acacias, élément aussi constitutif, aussi immuable dans une gare roumaine, que les trois cercles dorés et le fond rouge vif de la casquette du chef de gare. Penchée à la fenêtre de sa voiture, Angéla fit des boutonnières vermillon à nos chemises grâce au bouquet de roses et de lis tigrés. Nous nous étions dit adieu ; je sens encore la poussière sur sa joue douce. Lorsque drapeau et coup de sifflet libérèrent le convoi, elle agita continuellement la main avant de lui substituer le foulard qu'elle portait autour de la gorge, et nous lui répondîmes par des gestes frénétiques. A mesure que la vitesse augmentait, le long foulard devint parallèle au train, jusqu'à ce que celui-ci, de plus en plus petit sous les bois inclinés, finisse par disparaître ; il n'en resta plus qu'un plumet de fumée parmi les arbres du Maros. Angéla allait repasser sur tous les lieux que nous avions visités, et sur toutes les pierres de gué de mon voyage personnel — il y avait presque une demi-vie de cela, semblait-il — en franchissant les frontières à Curtici et Lökösháza. Après quoi l'express traversant la Grande Plaine — l'itinéraire inverse du nôtre, Malek et moi — la déposerait, une heure avant minuit, à la gare de l'Est de Budapest.

CHAPITRE VII

Le plateau des Carpates

Lapuşnik ! J'ai enfin retrouvé ce nom oublié, un griffonnage hâtif sur l'une des dernières pages de mon journal ; et le revoici, minuscule, arachnéen, pâli et tout juste lisible, perdu dans un nid de mille-pattes, de lignes de démarcation et de hachures, et encore un peu plus défiguré par l'état des plis sur ma vieille carte de Transylvanie, qui date de 1902 : à une vingtaine de kilomètres de Deva, près d'un petit affluent qui court entre des escarpements boisés pour se jeter sur la rive sud du Maros ; et un récent échange de lettres avec István (qui vit aujourd'hui à Bucarest) me l'a confirmé deux fois plutôt qu'une. C'est là que nous rendîmes la voiture à son propriétaire, et cette redécouverte me fournit à la fois un repère et un point de départ. J'avais largement négligé mon journal pendant ces semaines de lotophage, et je manquai le reprendre pendant nombre de jours cruciaux après mon départ ; heureusement, quelques noms griffonnés ont laissé des traces, étayées par un ensemble de visions précises, bien que j'aie pu mélanger leur ordre à une ou deux reprises, comme des diapositives sans date, en vrac au fond d'une boîte.

Lázár, le propriétaire de la maison et de la voiture, était un ami du comte Jenö et d'István, et le comte n'avait pas tari d'aventures amusantes à son sujet. Cow-boy en

Amérique, gaucho en Argentine, il avait monté dans un rodéo de cirque quand il était à sec, et ses favoris, ses yeux perçants, son beau visage tanné convenaient parfaitement à ce rôle. Sa maison se trouvait à une douzaine de milles de celle d'István, et le quatrième convive était un autre voisin, de Maros Illye, aussi sur la rive nord, du nom d'István Horváth, sans cesse taquiné pour la naïveté de ses observations. Le dîner fut donc un dîner de garçons sous un tilleul, mais la cuisinière et gouvernante de notre hôte, une jolie Souabe, se joignait souvent à la conversation, telle une soubrette d'opéra, tout en servant les plats, et de toute évidence elle tempérait le célibat de son maître. Je revois les visages à la lueur des lampes, et j'entends le jeu si gai d'István au piano, un peu plus tard. Nous passâmes encore un jour dans cette maison, j'écrivis à Angéla, et István et moi nous séparâmes enfin, emportant l'un et l'autre une vague bouffée de gueule de bois dans des directions opposées ; et je me retrouvai de nouveau livré à moi-même.

Tout est voilé d'oubli pendant un moment ; puis la route émerge avec tous ses détails. Elle ondule de ruisseau en ruisseau dans un défilé raide et sombre, sous des roches dégoulinantes, moussues, adoucies de fougères. D'humides hameaux, du chaume échevelé se blottissaient comme des colonies de champignons dans les replis de la colline. Des buffles et des bœufs tanguaient rêveusement sur son flanc, sous des jougs de bois fixés à la charrue par un gros clou, et l'on repérait le clic-clac intermittent des roues à aubes bien avant d'apercevoir les moulins dans leurs parures de lierre ; les animaux y faisaient halte pour s'abreuver pendant que les charretiers déchargeaient. Les rayons du soleil n'atteignaient ces profondeurs que pendant quelques minutes chaque jour. Nombreux étaient les villageois malades et blêmes qui étaient affligés d'un goitre, et ces infirmités rustiques me rappelèrent toutes les mises en garde hongroises sur l'abondance des maladies vénériennes à l'est de la frontière ; à les entendre, on avait l'impression que la vérole, tapie dans les rochers et les haies, était prête à bondir sur le voyageur comme la foudre[1]. István avait ri quand je lui en avais parlé. La situation n'était pas plus grave à cet endroit qu'ailleurs : en Roumanie, on les appelait les « maladies mondaines » — *boale lumeşti.* (Un enfant illégitime portait le nom d' « enfant des fleurs » — *un copil din flori* —, et je trouve l'expression plus gentille que la nôtre.) Songeant encore à ces avertissements, je m'immobilisai. Et ce pauvre pistolet automatique ? Je l'avais oublié au fond d'un tiroir de ma chambre chez István. Au bout d'un moment, j'en fus soulagé. Il m'aurait embarrassé et gêné — il m'aurait même nui si une fouille l'avait révélé, au fin fond de la Bulgarie ou de la Turquie. Mais tout de même : la crosse en nacre, le nickel étincelant, le bel étui de cuir ! Je demanderais à István de s'en occuper.

La masse des Carpates sur la gauche m'obligeait à piquer vers le sud-ouest. Le défilé des contreforts s'ouvrit, mais de hautes éminences continuaient d'enserrer le ciel quand j'atteignis Tomeşti à la tombée de la nuit, où je trouvai un autre havre prévu, sous le toit de Herr Robert v. Winckler ; c'était un homme de grande taille, mince, érudit, qui vivait seul avec ses livres et ses fusils à la lisière de la forêt. Sa bibliothèque et lui étaient des mines de connaissances utiles, et l'escalier qui menait aux chambres une forêt de trompes de chasse, de bois, de carabines et de pièges à loups. Les dépouilles de deux énormes loups tapissaient le palier, un lynx empaillé et une rangée de défenses de sangliers couraient sur le mur de ma chambre,

1. Dans la scène du bordel de Mytilène, dans *Périclès* de Shakespeare, c'est l'inverse :

Pandar. — Le pauvre Transylvanien est mort, qui couchait avec cette coquine.

Boult. — Hélas ! elle l'a vite expédié.

et une peau d'ours était jetée sur le plancher ; la dernière chose dont je me souvienne, avant de souffler la bougie, c'est du double reflet de la flamme dans les yeux vitreux. La profondeur des embrasures évasées révélait l'épaisseur des murs, et l'empilement de bûches montant jusqu'au plafond près du poêle de porcelaine monumental, la vigueur du froid hivernal. Difficile, au clair de lune d'été, d'imaginer la ruée du vent dans les défilés, les porcs-épics de stalactites, les flocons muets et envahisseurs qui assiégeaient tous ces édifices.

La Transylvanie, le Banat de Temesvár, la Grande Plaine, les montagnes des Tatras, la Bucovine, la Galicie, la Podolie, la Lodomérie, la Moravie, la Bohême, la Valachie, la Moldavie, la Bessarabie et surtout les Carpates elles-mêmes — ô combien étroits sont les liens qui unissent la géographie de l'Autriche-Hongrie et de ses voisins avec le monde romanesque des générations qui nous ont précédés ! Graustark, Ruritanie, Bordurie, Syldavie, vingt royaumes imaginaires, usurpés par des tyrans et bouleversés par la course au trône, nous viennent à l'esprit : complots, traîtrises, héritiers séquestrés et conspirations de palais abondent et, avec eux, des épéistes démoniaques à monocle, des reines confinées dans leurs tours, des chaînes de montagnes vertigineuses, de profondes forêts, des plaines parcourues de chevaux à demi sauvages, de tribus errantes de Bohémiens qui volent les enfants dans les châteaux et les teintent à la sève de noyer ou, tapis sous les remparts, font mourir les châtelaines de langueur avec leur musique. Il y a des nobles fous et de violentes jacqueries ; des voleurs, aussi, qui tiennent à la fois du maraudeur et de Robin des Bois, postés au milieu de la route avec leurs lourds gourdins en pommier sauvage. J'avais entendu parler des *betyárs* sur l'Alföld ; à présent, c'étaient les *haidouks* et les *pandours* qui prenaient le relais. Chapeautés de fourrure, encolliérés de perles, les grands boyards des principautés roumaines pointaient de l'autre côté du gué ; les *hospodars* fantomatiques accompagnés de leurs princesses quasi mythiques se regroupaient, hautes couronnes ramifiées, autour des murailles des monastères fortifiés, en processions peintes ; au-delà, plus au nord, s'étendaient les rivières gelées, les steppes, les marais où trottaient les indolents troupeaux de rennes, et avant eux les grands aurochs, aujourd'hui disparus sauf sur les écussons armoriés de Mecklembourg et de Moldavie ; les terres gastes se déroulaient au nord-est, revendiquées par d'instables troupes de cosaques, ou les implantations ravageuses des Tatars ; plus loin encore, un royaume de Polonais en traîneaux se repliait dans les ombres, suivi d'une région enneigée où les chevaliers Teutoniques hachaient menu les païens lituaniens sur la Baltique gelée, Chevaliers qui survivaient dans le monde de balafres et de casques pointus de la Prusse orientale ; et derrière eux, la Moscovie et toutes les Russies... Au sud, cependant, plus près de moi et rapprochées à chaque pas, les vallées et les forêts du Danube avaient servi de théâtre aux batailles capitales opposant la Chrétienté et l'Islam : les armées du sultan remontant le courant sous de vertes bannières et d'effrayants turbans, pendant que rois, voïvodes et cardinaux (leurs masses tuaient par contusion, sans effusion de sang), et tous les paladins de l'Ouest — escortés de leurs graciles lévriers, avec les rayons de soleil qui révélaient les incrustations d'or sous les panaches d'autruche, ou les spirales et les bandes de lances semblables à celles qui figurent dans la *Bataille de San Romano* d'Uccello — descendaient au petit galop, le cœur léger, à la rencontre de leur destin.

En passionné de longue date, je m'étais mis à relire Saki juste avant de partir [1]. Nombreuses sont les pages hantées

1. Saki, traduit en français par Michel Doury, a été publié par Julliard puis en « 10/18 » *(N.d.T.)*.

par « ces mystérieuses régions qui s'étendent entre les bois de Vienne et la mer Noire », et voici que je m'y retrouvais, aussi profondément enfoncé dans ce labyrinthe de forêts et de canyons qu'il était possible. Les pentes arborées devant la fenêtre, les idées de neige et de solstice d'hiver me rappelaient ces histoires, surtout celles qui concernent les loups, les bandits et les démons régnant dans l'hiver est-européen. L'effrayante arrivée des *Intrus*, dans l'ultime paragraphe monosyllabique du récit, aurait pu avoir lieu à quelques milles d'ici ; un autre, *Les Loups de Czernogratz*, avec le crescendo hurlant de ces redoutables monstres, faisait jaillir mille châteaux au nord et à l'ouest ; et la description du voyageur ruiné dans *L'Insupportable Bassington*, un « homme que les loups avaient flairé », était pour moi inoubliable. István en était un, mon hôte aussi, le *gróf* K. un troisième ; la Transylvanie en était pleine. Tous les châteaux étaient hantés, et les meutes terrestres de loups se renforçaient à la nuit de loups-garous solitaires ; les vampires étaient lâchés ; les sorcières remuaient leur chaudron et prenaient leur essor ; les légendes et les contes de fées d'une douzaine de nations s'empilaient, et la région abondait de tout ce dont, selon Goethe, le Nouveau Monde est privé pour son plus grand bonheur : « Souvenirs inutiles, vaines querelles... chevaliers, voleurs et histoires de fantômes... *Ritter und Räuber und Gespenstergeschichten...* » Finalement, je restai trois nuits à écouter des histoires de loups et de forêts, à lire dans la bibliothèque, et il doit m'en être resté quelque chose dans les veines. M. Herriot nous laisse un message consolant dans ces cas-là : « *La culture, c'est ce qui reste quand on a tout oublié*[1]. »

Une traversée pénible de vallées et de contreforts, cap au sud-ouest pour éviter la route de Lugoj, une nuit passée à l'ombre d'un chêne, et je me retrouvai, exténué,

1. En français dans le texte.

bien après la tombée de la nuit, près d'une briqueterie sur la route de Caransebeş ; je m'y pelotonnai et m'endormis au lever de la lune.

Des voyages de ce genre sont si riches de bien-être qu'ils élèvent l'esprit et c'est pourquoi, conforté par la joie d'arpenter à nouveau la route, je me trouvai bientôt guéri de mon sentiment de solitude après la séparation d'avec István, et la fin de l'escapade magique avec Angéla.

J'avais eu un peu peur de m'enrouiller, mais tout était en ordre, et mon attirail semblait en aussi bon état que le premier jour, en Hollande. Les bottes d'ordonnance de chez Millets dans le Strand continuaient de crisser avec vigueur sur leurs clous légèrement usés, et pouvaient faire encore une infinité de milles. L'usage intensif, les nombreux lavages avaient adouci ma vieille culotte dont toutes les coutures restaient intactes ; seules les jambières grises avaient un peu souffert, mais plus rien n'y parut quand j'eus coupé les bords erraillés par la neige et la pluie. Ma chemise grise aux manches relevées complétait cet appareil de marche. (Ma peau prenait la teinte d'une desserte en teck, pendant que mes cheveux, symétriquement, blondissaient au soleil.) Je bénissais ma bonne étoile d'avoir permis que mon premier sac à dos, avec son armature et ses sangles complexes, son lourd sac de couchage étanche et son abondance excessive d'équipements de Chevalier Blanc, me fût volé à Munich ; celui que m'avaient offert mes amis russo-baltes était plus petit, mais renfermait tout le nécessaire — à savoir un pantalon de flanelle sombre et un autre de toile claire et légère ; une veste de tweed mince et convenable ; plusieurs chemises ; deux cravates, des chaussures de gym, quantité de chaussettes et de pulls, des pyjamas, la longueur de galon de couleur que m'avait donnée Angéla ; une douzaine de mouchoirs neufs, comme on sait, et un sac à éponge, une boussole, un canif, deux bougies, des allumettes, une pipe

— tombée en désuétude —, du tabac, des cigarettes et — nouvelle aptitude — des feuilles de papier pour les rouler, et une flasque tour à tour remplie, selon les pays, de whisky, de *bols*, de *schnaps*, de *barack*, de *tzuica*, de *slivovitz*, d'*arak* et de *tziporo*. L'une des poches latérales contenait une montre Ingersoll à cinq shillings, parfaitement régulière quand je voulais bien songer à la remonter. Le seul article malcommode était la capote militaire ; je ne l'avais pas portée depuis des mois, mais j'hésitais à m'en dessaisir. (C'est heureux, car elle se prêtait à merveille aux nuits à la belle étoile, et si je la saucissonnais étroitement puis l'attachais au sommet de mon sac, elle devenait tout juste visible.) J'avais toujours la canne hongroise, avec ses complexes sculptures de crosse médiévale, la deuxième remplaçante du bâton de frêne originel, acheté neuf sous au buraliste du coin de Sloane Square. Outre mon carnet d'esquisses, mes crayons et mes cartes désintégrées, il y avait mon journal et mon passeport. (Cornés et décolorés, ce sont les seuls rescapés de la liste, et ils se trouvent sous mes yeux en ce moment.) J'avais deux méthodes de langue, l'une hongroise, l'autre roumaine (peu de progrès dans l'une, d'hésitants premiers pas dans l'autre) ; je relisais *Antic Hay* ; et j'avais l'*Hamlet, Prinz von Dänemark* de Schlegel et Tieck, acheté à Cologne ; et puis, offert par la même main si bonne qui m'avait tendu le sac, soigneusement enveloppé, le beau petit Horace in-12 du dix-septième siècle, imprimé à Amsterdam. Sa reliure était en cuir raide, vert d'herbe ; le texte comportait de longs *s*, des vignettes gravées de Tibur, de Lucretilis et de la source de Bandusie, un signet de soie écarlate, l'ex-libris du donateur et un squelette de feuille venue des bois d'Estonie[1].

J'aurais eu peine à partir beaucoup plus tard que le

1. Emporté à la guerre, ce petit livre disparut six ans plus tard quand une torpille aérienne coula le canot sur lequel nous nous échappions,

premier chant du coq, ce matin-là, car ce volatile battait des ailes sur un tonneau à dix mètres de là ; je m'aspergeai le visage et m'en fus. La journée promettait d'être étouffante.

Pisica Veselă, le *Chat Joyeux* — l'auberge de bouviers où je fis halte pour boire une fiole effilée de *tzuica* —, bruissait de mouches ; un énorme frelon couleur acajou et orange dépeçait un morceau de viande sur le sol de terre battue et, dehors, la vallée renfermait la chaleur comme un four. Je n'étais plus qu'une colonne de poussière et de sueur lorsque j'arrivai à un endroit plus accueillant, plus loin sur la route, un café qui tenait à la fois du bar et de l'épicerie. « *Wer nicht liebt Wein, Weib und Gesang / Der bleibt ein Narr sein Leben lang !* », tels étaient les mots qui couraient tout autour de la pièce, en caractères allemands chantournés. Je racontai à l'aubergiste ma découverte de ce couplet à Goch, lors de ma toute première soirée en Allemagne. C'était un *Schwob* d'Arad enjoué, qui me demanda en riant si je connaissais son auteur. « Non ? C'est Martin Luther[1]. » Je fus assez surpris. A la différence des autres Saxons, luthériens, les Souabes étaient tous catholiques.

Il regorgeait d'informations utiles qu'il déversa tandis que nous sirotions des chopes de bière fraîche, et je pris une décision soudaine. Il m'aida à reconstituer mes réserves : un salami coupé en deux, à garder à l'abri du soleil, cette fois ; un peu de porc cuit, un paquet de

---

sur la côte est du Péloponnèse. Mon équipement perdu se trouvait juste trop profond pour que je le récupère en plongeant. Sans doute les poissons de la petite *scala* de Leonidion se sont-ils rassemblés autour de lui pendant un moment, en grignotant les pages avant de le laisser se dissoudre dans la mer Égée.

1. « Qui n'aime pas le vin, les femmes et chanter reste un sot sa vie durant ! » L'attribution de l'aubergiste était tout à fait fondée. Je viens de vérifier.

pumpernickels, des tablettes de chocolat, du fromage, plusieurs pommes et deux pains dont la croûte, assez étrangement, comportait des timbres collés. (« C'est une taxe gouvernementale », m'expliqua-t-il en les ôtant : « les timbres sont la preuve qu'on s'en est acquitté ».) Il m'indiqua la route sur le pas de la porte, et me souhaita bon voyage en agitant la main.

Les montagnes du Banat sur la droite étaient couvertes de forêts et plutôt imposantes, mais ce n'était rien à côté de la forêt qui s'élevait à l'est sur l'escarpement des Carpates, et sur ces cordillères extrêmement hautes des Alpes transylvaines, pics dénudés et spectaculaires qui dominaient au loin ma route bien que je ne puisse les voir. Ma décision soudaine, c'était de piquer vers la gauche et m'éloigner de la chaleur et de la poussière de cette belle et incandescente vallée ; puis, si possible, de faire route vers le sud-est, à la lisière de la forêt. Je me hâtai, et fus bientôt sous les premières branches. Un petit sentier raide s'enroulait à flanc de colline entre les troncs où je plongeai[1].

J'avais l'impression d'entrer à l'intérieur d'une pièce. Mon ascension à l'ombre éloigna aussitôt la vallée et les bois parurent silencieux, jusqu'à ce que mon ouïe s'habitue aux oiseaux.

Une heure après, j'arrivais au bord d'un champ incliné où un cordeau de faucheurs entamait la moisson tardive des plateaux : des paysans bibliques, vêtus de blanc, hommes et femmes en larges chapeaux de jonc tressé, certaines avec des bébés juchés sur leur dos comme des

1. Les montagnes de gauche appartenaient elles aussi au Banat, jusqu'à hauteur de la ligne de crête qui forme la bordure du Retezat, lequel fait encore partie de la Transylvanie. J'ignore si je traversai cette ligne pendant mon errance zigzagante des jours suivants, et si oui, de combien. C'est ici que je crains le plus de mélanger l'ordre de mes souvenirs ; pas trop gravement, j'espère.

bébés peaux-rouges ; lorsqu'ils devenaient gênants, on les suspendait à l'ombre, bien enveloppés dans leurs chevalets de bois. Des paniers, des jarres d'eau, des faucilles et des râteaux étaient entassés, une demi-douzaine de poneys broutaient, et des ruches coniques étaient alignées le long des arbres qui se refermaient sur elles. Pendant que ces paysans avançaient, fauchaient, formaient les gerbes et glanaient, le chevrotement aigu d'une vieille femme conduisait les chants, une suite interminable de couplets sur un air grave et obsédant ; les autres répondaient par le deuxième vers. Je l'avais entendu en grimpant vers le petit plateau ; il continua de flotter *diminuendo* bien après que les moissonneurs eux-mêmes eurent disparu à ma vue et, quand il s'évanouit, je pus de temps en temps les apercevoir tout en bas, parmi les gerbes et les meules, comme si je les regardais en retournant grâce à un télescope toujours plus long, gros comme des touffes de poussière à présent. Puis la cime des arbres les cacha définitivement.

Route et vallée en contrebas avaient disparu, et il ne restait rien à l'ouest, de l'autre côté, que les sierras du Banat, lesquelles commençaient d'ailleurs à sombrer. Un peu plus tard, je vis une vingtaine de vaches, de lourdes cloches au cou, descendre gauchement depuis un pâturage plus élevé. J'échangeai un salut avec le vieux vacher et ses fils : d'où venais-je ? Anglie ? Ils n'en avaient jamais entendu parler et poursuivirent leur chemin d'un air perplexe. La sente semblait continuellement sur le point de s'évanouir parmi les rochers et les arbres tombés, mais au dernier moment, comme un escalier naturel et irrégulier, elle les contournait ou les enjambait toujours.

« L'intérieur d'une pièce... » La comparaison était plus valable que je ne l'aurais cru ; car ici même, d'un seul coup, s'ouvrit un espace semblable à une immense salle : une longue clairière close où les hêtres jaillissaient comme de gigantesques piliers soutenant des voûtes de rameaux inextricablement entrelacés. Gris dans l'ombre, leurs troncs lisses se tachetaient d'argent à l'endroit où les rayons du soleil arrivaient, ayant triomphé d'une infinité de feuilles, pour répandre des disques flous de lumière sur l'écorce et les musculeux réseaux des racines ; ils versaient de moindres et plus rares confettis sur la terre nue. (Rien d'étonnant à ce que les poètes romains aient toujours qualifié d'*opaca* l'*umbra* du *fagus !*) Opaque, elle l'était. Les hêtres sont si voraces que rien ne peut pousser à leurs pieds, d'où ces spacieux ombrages de salle de bal ; mais opaque seulement en ce que toutes ces épaisseurs de petites feuilles plissées manquaient presque de bannir le soleil. L'air, là-dessous, était aqueux et tranquille ; c'était presque une lumière sous-marine. Ce spongieux tapis de faînes aurait fait le bonheur des cochons. (Je tombai en redescendant sur des groins sombres et moustachus qui fouaillaient le sol de hêtrées identiques, surveillés par des porchers rêveurs.) Ces grandes chambres forestières, bordées de haies variées de feuillus et de ronces, montaient à l'assaut des crêtes dans une confusion de racines. Des ruisselets striaient la pénombre, chutaient du haut de rochers dans des mares audibles de loin ou bien, contenus par des bogues et des feuilles mortes, ils se transformaient en petite rivière. J'avais remarqué deux huppes, et des guêpiers, reluquant peut-être les ruches, perchés sur des branches à proximité de la clairière des faucheurs ; les loriots, trahis par leur plumage jaune et noir et par la virgule aiguë et insistante de leur chant, filaient au milieu des branches. Mais d'invisibles flottilles de tourterelles des bois plongeaient régulièrement toute chose sous un charme si langoureux qu'il était difficile, si l'on s'asseyait par terre pour fumer, de rester éveillé ; un bruit de pas suffisait à provoquer cent battements d'aile affolés, et les oiseaux volaient en cercle dans la lumière tachetée de l'une de ces grandes salles de bal sylvestres, comme les moineaux pépiants du Crystal Palace, poursuivis par les faucons de Wellington.

Le sentier plongeait dans une petite vallée où un cours d'eau bondissait de bassin en bassin depuis le cœur de la montagne, puis se perdait dans un entrelacs de bras superficiels.

Une tribu de Bohémiens, réussissant comme d'habitude à transformer ce coin de forêt en taudis, s'était installée là avec ses tentes, ses chiens et ses chevaux entravés ; mais l'extraordinaire sauvagerie de leur allure rachetait leur saleté. Accroupis comme des Hindous près du ruisseau, ils me donnèrent d'abord l'impression qu'ils faisaient la vaisselle ; cela leur ressemblait si peu que je regardai une deuxième fois. Ils étaient très occupés à plonger des bols de bois dans le courant, au bout de petits canaux improvisés avec des planches ; ils pétrissaient, filtraient la boue et le gravier, tordaient et scrutaient les peaux de mouton trempées et hirsutes astucieusement placées sous leurs minces écluses ; tous, ils regardaient à leurs pieds, absorbés comme des faucons crécerelles. Je me souvins alors du discours de Herr v. Winckler, et compris ce qu'ils mijotaient. Ils répondirent à mon salut avec une expression de brève consternation, mais me permirent de m'étendre pour observer.

Ils cherchaient de l'or. Des veines aurifères courent dans plusieurs de ces montagnes, et argentifères aussi ; les Romains y creusaient des mines. Le minerai se mêle à la roche en fines couches et, sous l'effet de l'érosion, de minuscules fragments sont emportés, pulvérisés, mélangés à la boue, au sable, au gravier, ou même retenus par l'herbe et charriés par le courant avec les autres alluvions. Ces particules sont infinitésimales, d'où la nécessité des canaux et des peaux pour les attraper[1]. Je devinai que l'or et l'argent, par une sorte de loi héraldique, allaient se dire *aur* et *argint* en roumain, et c'était bien le cas. Le plus proche des chercheurs d'or, et le chef de la tribu, me dit qu'ils n'en avaient pas trouvé ; mais après avoir fumé les deux cigarettes roulées par mes soins et échangé des civilités — dans la mesure où mon lexique roumain débutant le permettait —, il reconnut qu'ils en *avaient* trouvé un peu — pas ici, mais à un endroit du nom de Porcurea, enfoncé dans les collines sauvages de l'autre côté du Maros. Je compris qu'ils avaient fait chou blanc dans ce ruisseau et avaient peut-être été mal renseignés. À contrecœur, il sortit une petite bourse de cuir de sa ceinture, en tira un plus petit sac de coton qu'il dénoua et fit passer quelques grains dans sa paume effilée. Un ou deux atteignaient la taille de microscopiques paillettes, mais la plupart n'étaient que de scintillants atomes. Il m'offrit de me vendre le tout en les faisant danser comme des guirlandes entre sa ligne de cœur et sa ligne de vie ; mais il proposait une somme si énorme que je répondis en retournant les poches de ma culotte, ce qui le fit rire. Nous étions en termes amicaux, et lorsqu'une fille s'approcha et, comme par acquis de conscience, se mit à mendier dans un chuchotement à la fois complice et automatique, il lui dit quelque chose en bohémien et elle se détourna avec un sourire d'excuse. Je ne cessais d'admirer l'habileté technique des minces bols de bois utilisés pour sérier la poussière d'or : d'un demi-mètre de diamètre, creusés dans du noyer, ils étaient légers, joliment poncés, et les paillettes devaient y rutiler comme la

1. Je crois que quelques spécialistes de l'Antiquité rapprochent cette technique préhistorique de la légende de la Toison d'Or. La Transylvanie était la plus ancienne source d'or du monde antique, et il se peut que les trésors d'Égypte en aient été extraits. On appréciait cet or pour sa chaude teinte vermeille.

Voie lactée sur le ciel sombre, après un coup de main heureux. Ces Bohémiens étaient des *lingurări*, des « hommes-cuillers », experts en tous genres de travaux d'étain et de bois.

Ils étaient arrivés ici par une route différente, un ou deux jours plus tôt. La veille, près de Caransebeş, j'avais trébuché dans l'obscurité sur une route et une petite ligne de chemin de fer qui serpentaient vers l'est sur la carte, grimpaient la vallée de la rivière Bistra à quelques milles au nord, mais restaient à peu près parallèles à ma sente de mouton, beaucoup plus raide et non répertoriée. Les Bohémiens avaient quitté la route et piqué vers le sud, vers cette réticente et sylvestre Golconde. La route et le chemin de fer, pendant ce temps, montaient vers la passe appelée Porte de Fer — une parmi beaucoup d'autres — puis redescendaient en virevoltant dans le pays Hunyadi — Hunedoara — et la petite ville de Hátszeg. (Telle était la route que j'eusse dû emprunter, mais il était trop tard.)

Stimulé par mon succès dans la formation des noms en faisant sauter la finale des mots latins correspondants, j'ébauchai un geste zigzagant au-dessus du courant en disant « *Pissh ?* » ; j'étais presque tombé juste (phonétiquement, « poisson » se dit *peshti*).

— *Sunt foarte mulţi*, fit le Bohémien ; ils sont très nombreux.

Mais je fis chou blanc avec « *trotta* » et « *trutta* », dont j'espérais que l'un au moins pourrait signifier « truite » en latin[1] ; le souvenir de délicieux repas ramena le mot

1. *Fabio* est le mot employé par Ausone dans la *Mosella*. Mais de la Baltique jusqu'en Macédoine, le mot slave reste à peu près identique, sauf en Russie où la truite se dit *Forel*, emprunté de toute évidence à l'allemand *Forelle*, peut-être à cause de l'absence de ruisseaux montagnards en Russie proprement dite, et donc de truites... Sans doute leur arrivait-elle, fumée, des Carpates, après la première partition de la Pologne, en 1722. Sans quoi l'Oural et le Caucase auraient fourni les cours d'eau les plus proches.

hongrois *pisztráng*, et mon interlocuteur me fournit aussitôt le roumain *păstrăv*. (Les deux peuples l'ont reçu d'une racine slave. Chez les Slaves du sud, « truite » se dit *pastrmka* et *pastarva*, ou quelque chose de ce genre, qui a donné *péstrofa* en Grèce et au nord, en Pologne, *pstrąs :* la virgule sous la voyelle représente l'ombre d'un *n*. Quand et où ces sons slaves ont-ils dilué pour la première fois le parler latin des Roumains ? Quel fut le mot dace pour désigner la truite ? Auprès de quel ruisseau ce mot perdu fut-il prononcé pour la dernière fois avant que les syllabes slaves ne le raient de la carte ? Si seulement nous le savions !) Mon interlocuteur tsigane parlait le roumain et le magyar avec la même aisance, bien qu'imparfaitement, c'était probable — nombreuses sont les blagues où l'on moque les solécismes et le mauvais accent des Bohémiens —, et s'entretenait avec ses congénères en bohémien : il était donc trilingue. En indiquant des points sur la carte, je m'aperçus qu'il ne savait pas lire, mais cela n'enlevait rien à son intelligence.

Bientôt, les Romanichels et leur trésor se trouvèrent aussi bas que les faucheurs un peu plus tôt.

Une sorte de charme flotte sur ces pentes et ces bois ; il pousse l'intrus vers le haut de la colline, lui ôte dix ans (ce qui m'en laissait neuf, dans mon cas), libère une armée d'aspirations immatures et ancestrales, lui fait penser à la forêt de Robin des Bois, au sifflement des flèches qui fendaient les baguettes de saule à cent mètres de distance, au shérif de Nottingham, Guy de Gisborne, et au fils de Much the Miller ; un saut par-dessus l'Atlantique, et le décor se compose de *wigwams*, de signaux de fumée, de tueurs de cerfs, de Mohicans, de peintures de guerre, de calumets, de canoës en écorce de bouleau, avec les Visages Pâles qu'on épie par les interstices des branches d'érable. J'avais lu jadis qu'un écureuil, sous le règne de Jean sans Terre, pouvait traverser d'ouest en est l'Angleterre sans poser patte à terre ; plus récemment, que les arbres avaient autrefois couvert l'ensemble de la Transylvanie. L'habitat naturel des Daces, en conséquence, c'était la forêt. Bien sûr, les Romains avaient créé des carrefours et des routes ; quant aux Goths, sortant de leurs millions de conifères, ils durent se sentir fort à leur aise pendant les décennies qu'ils passèrent au nord du Danube avant de dévaler en Italie et en Espagne. (Mais comment les Vandales auraient-ils pu être préparés, dans le grand Nord, et parmi ces arbres daces, aux satins et à l'encens de Carthage ?) Les Lombards forestiers n'auraient émis, eux non plus, aucune plainte écologique tandis qu'ils exterminaient les Gépides dans le sous-bois ; les Slaves, enfin, quand leur heure de descendre sur l'Europe de l'Est fut venue, ont dû s'établir dans ces bois sans s'apercevoir du changement. Et les Huns ? Et les Avars et les Bulgares qui avaient déferlé dans la vallée, et les Magyars eux-mêmes, ainsi que les Pechenegs et les Cumans ? Et enfin les derniers envahisseurs turco-tatars, la terrible descendance de Gengis Khan, quand ils dévastèrent toutes ces régions en 1241 ? À moins que les plaines de Russie méridionale n'aient été semblablement couvertes de forêts, ces assaillants furent peu nombreux à avoir vu beaucoup d'arbres ; il s'agissait d'enfants du désert, qui appartenaient aux steppes et aux toundras. Je me représentais Batu et ses compagnons avec leurs étuis plats pour leurs arcs, leurs carquois, leurs haubergeons, leurs boucliers ronds et leurs poneys caparaçonnés aux gorges emplumées d'écarlate, qui se retournaient sur leurs selles pour se regarder, éberlués, sous leurs paupières épicanthiques, peut-être à travers des masques de loups, vêtus de corselets d'écailles bariolées, ou de plumes d'aigle sur les épaules, selon les totems chamaniques de leur clan ; tous s'immobilisaient, effrayés, à la lisière d'un taillis s'étendant sur cent lieues.

Dans semblable solitude, comment auraient-ils pu manœuvrer ou avancer à leur allure légendaire, et démanteler, raser toutes les villes, églises, places fortes, palais, cathédrales et abbayes dans le tiers d'un continent ? Nous étions au treizième siècle, après tout, au temps des Plantagenêts et des Valois, et tout n'était certainement pas bâti en matière immédiatement combustible. Ils n'avaient qu'une année pour conquérir, tuer, asservir, emmener en esclavage, démolir et plier bagage — assez peu de temps, surtout à la fin, quand la mort en Mongolie du successeur de Gengis Khan marqua le signal d'une course au trône éperdue parmi les princes mongols : Karakorum se trouvait à quatre mille milles. On peut penser qu'ils passèrent des milliers de leurs prisonniers au fil de l'épée ; mais « emmener prisonnières des populations entières », comme disent les chroniques, cela dut les retarder, et la démolition sans explosif demande du temps et un peu plus d'équipement que du silex, du métal et quelques leviers, avec peut-être une ou deux batteries d'engins de siège tirées par des bœufs pour dessertir les pierres. Et pourtant l'on dit qu'ils détruisirent tout ce qui était destructible ; et au surplus, étrange et infaillible exhaustivité, qu'ils balayèrent le moindre fragment de preuve historique datant du millénaire précédent[1].

Tant d'idées se pressaient dans ma tête. Je me demandais sans cesse à quoi ressemblaient ces Barbares. Je n'étais pas tout à fait revenu de la surprise d'apprendre que les Huns s'habillaient de lin blanc et de peaux de campagnols cousues...

Comme j'atteignais un talus couvert de fraises sauvages, je mangeai celles qui étaient à ma portée, changeai de point d'attaque et recommençai. On aurait pu rester là tout l'été, amasser de l'or avec casserole et tamis, pêcher la truite et cueillir des fraises des bois, comme une sorte de Tom Tiddler braconnier épicurien.

1. J'ai récemment appris qu'ils avaient conçu un engin comparable à celui des Grecs pour attaquer les palissades. Mais tout de même...

Le tintement d'une clochette de mouton, un peu plus haut, interrompit ces pensées. J'entendis un piétinement et des aboiements ; puis la voix furieuse de quelqu'un qui appelait toutes les malédictions de la mère du Dragon ; c'était un juron habituel chez les Roumains — la mère du Diable, en l'occurrence. « *Mama Dracului !* » Tout à coup, le tintement et le piétinement cessèrent, et j'aperçus un bélier et une douzaine de brebis sur le sentier, qui me dominaient, figés, effrayés par ma présence gênante. Un ou deux se dirigeaient vers la droite, en plein vers le précipice. Je leur barrai le chemin et, à force de hurlements et de coups de canne dans les branches, les acculai dans un coin de rocher où ils s'amassèrent en tous sens, mais restèrent immobiles. Pendant ce temps, deux féroces chiens blancs montraient les crocs, et aboyaient sur eux comme sur moi ; le berger, faisant tournoyer sa crosse et les menaçant avec la mère du Dragon, déboula à travers les arbres. Nous encadrâmes les fugitifs et les poussâmes vers le sommet de la colline.

Quelques minutes plus tard, nous les ramenions dans un large champ, légèrement incliné, d'une verdeur printanière après les tiges flétries de la plaine, où paissaient une centaine de leurs congénères. Les ombres commençaient à s'allonger sur une herbe aussi rase qu'une pelouse, et le bruit du masticage était interrompu de temps en temps par le son grave des clochettes. Les brebis elles-mêmes avaient de courtes cornes incurvées, et celles des agneaux étaient encore plus courtes ; quant aux moutons et aux béliers, ils possédaient de lourdes spirales froissées qui auraient ébranlé les murs de Jéricho. Les bois s'entassaient interminablement mais, à présent, les bandes sombres de pins affrontaient les troncs de feuillus, mêlaient leurs racines à celles des chênes, des sureaux et des charmes. Il n'était plus possible de discerner la crête des montagnes les plus basses qu'au moment où la lisière du chemin dominait la cime des arbres. Le soleil déclinant allumait une distante parade de nuages horizontaux, l'ombre emplissait les vallées intermédiaires. Les sierras inférieures du Banat, à plusieurs lieues de là, étaient bordées de lumière, tel un banc à demi submergé de créatures marines.

Radu le berger et sa famille m'accueillirent comme un allié. Deux ou trois maisons, savamment construites, aux toits de tuiles de bois décolorées, gris argent, étaient réunies à l'une des extrémités de la clairière, et un portail couvert ouvrait sur une cour de pieux ; derrière, dans une bergerie ovale, des puits à balancier grinçaient près d'auges réalisées dans des troncs évidés. Radu et ses deux frères, à grands cris, en sifflant et avec une demi-douzaine de chiens, poussèrent le troupeau à l'intérieur et l'y enfermèrent. « Ces barrières étaient-elles destinées à les empêcher de vagabonder ? » me demandais-je. Pour m'en assurer, je frappai l'un des pieux en disant à Radu :

— *Dece* ? (Pourquoi ?)

— *Lupii,* répondit-il, ce qui se passait de commentaires.

Une large estrade courait autour de la maison, blanchie à la chaux comme les murs intérieurs. Il y avait une cheminée au conduit semi-conique ; des épis de maïs dorés étaient empilés aussi régulièrement que les alvéoles d'une ruche, et les enveloppes zébrées destinées au foyer reposaient entassées dans un coin. Pour un endroit utilisé seulement en de telles circonstances, il était remarquablement propre et ordonné ; en hiver, en effet, la neige recouvrait tout. La seule décoration murale était une lampe à huile suspendue devant une icône de la Vierge à l'Enfant, dans un halo de papier doré.

Ces frères étaient des hommes amicaux, timides, indépendants, au visage maigre et humide de sueur, aux yeux noisette si souvent à demi fermés par le vent et le soleil que des pattes d'oie s'étendaient sur leurs joues tannées en petits éventails blancs. Ils portaient des mocassins, et leurs tuniques blanches de bure, retenues par de larges ceintures, auraient pu poser au kilt. Leur père avait les mêmes traits, le même costume, sauf que ses cheveux étaient blancs et qu'il portait un justaucorps de mouton, un *cojoc*, et une *caciula* conique de mouton en guise de couvre-chef. Il était assis sur l'estrade, mains croisées sur le manche d'une hache. Le visage de la femme de Radu était triste, immobile, radieux lorsqu'il bougeait, extrêmement beau ; en compagnie d'une amie, elle filait tout en vaquant à divers travaux. Leurs vieilles quenouilles, lourdement sculptées, étaient coincées dans des ceintures de tissu noir. Leur mise se distinguait par ses détails complexes et des couleurs sobres : foulards et tabliers de bleu passé sur du blanc, nombreuses jupes plissées, cartouches oblongs et profondément travaillés qui recouvraient leurs larges manches. Des hauberts d'un cuir souple et superbe enserraient leurs corps, cuirasses lacées sur les côtés, rendues brillantes par l'usage. Lorsque l'une ou l'autre commençait un nouveau fil, la femme de Radu humectait l'extrémité de son pouce et de son index comme un employé de banque, tirait un peu de laine sur le fil qu'elle enroulait, effilé jusqu'à son autre main, par un mouvement du fuseau ; tout cela aussi distraitement qu'on tricote. Elle se chantait une *doina* tout en allant et venant dans la cour, chanson dont chaque strophe débutait par « *Foaie verde !* » (Feuille verte !) ou « *Frunze verde !* » (Frondaison verte !). Ces invocations à la feuille verte ne manquaient pas de me frapper, sorte de salut païen et sylvestre aux hêtres, chênes, pins et aubépines, comme si les arbres et leur feuillage détenaient quelque pouvoir mystérieux et bienveillant.

Il n'y avait rien à boire que de l'eau, de sorte que nous prîmes tous une lampée de ma flasque, juchés sur des tabourets et sur l'estrade, puis je mangeai du *mamaliga* pour la première fois — de la polenta, en d'autres termes, faite de gruau de maïs, la base du régime campagnard dans ces régions ; on m'avait mis en garde contre, mais je l'appréciai plutôt, par esprit de contradiction. Radu montra du doigt le fusil contre le mur, en disant que nous pourrions avoir un lièvre à dîner si je restais encore un jour. Nous terminâmes avec un fromage doux de brebis : il y avait une odeur de petit-lait et de lait caillé dans la cour, et des sacs de coton suintants étaient suspendus aux branches comme des citrouilles d'une blancheur de neige. Le vieil homme faisait quelque chose, une main arrondie, l'autre serrée : à des tintements de métal succéda une bouffée comme de linge brûlé produite par un morceau de champignon sec qu'il avait enflammé, pressé contre un silex, avant de le frapper d'un morceau de fer en forme d'aimant ; puis, soufflant sur le fragment incandescent, il le posa au sommet des feuilles de tabac frottées, dans le fourneau d'une pipe primitive, au tuyau de roseau. C'était la première fois que je voyais pratiquer ce moyen de faire du feu, digne de l'âge de la pierre, méthode qu'on appelle *tchakmak* plus au sud.

J'aurais engrangé bien des détails sur les loups si j'avais mieux possédé la langue des bergers : deux ou trois peaux jonchaient la maison. Il arrivait que ces bêtes emportent des agneaux ou des moutons, mais ce n'était pas la saison, en ce moment : les loups se trouvaient au fond des bois avec leurs petits ; c'était l'hiver, quand la faim et le froid les faisaient descendre dans les vallées, qu'il fallait redouter. Surtout par gestes, Radu me raconta qu'une bande de loups avait attaqué quelques Bohémiens dans la neige l'hiver précédent en ne laissant que leurs bottes et quelques éclats d'os. Quel était leur cri ? Il renversa la tête et lança un long hurlement, plein de menace étrange et aussi d'angoisse (il imita également le brame du cerf qui allait commencer dans quelques mois : un rugissement sombre, primordial, guttural, que j'entendis l'année suivante dans un ravin de Haute-Moldavie — le genre de sons que les antiques Crétois devaient avoir entendu avec effroi à l'entrée du Labyrinthe). Les renards, les lynx, les chats sauvages, les sangliers et les ours bruns étaient les autres hôtes majeurs de ces bois.

Il commençait à faire sombre, et chacun se mettait à bâiller, aussi je revêtis tout ce que je possédais et m'étendis à l'extérieur sous un arbre. Radu m'apporta une couverture richement brodée, qui faisait partie de la dot de sa femme, en me disant que la nuit serait fraîche. À l'intérieur, éclairée par la lampe du sanctuaire, celle-ci s'était signée plusieurs fois de droite à gauche, à la manière orthodoxe, le pouce, l'index et le médium joints pour montrer l'unicité de la Trinité, avant d'embrasser les deux visages auréolés de l'icône pour leur souhaiter bonne nuit.

Ces bergers n'étaient pourtant pas orthodoxes, bien que leurs rites et presque toutes leurs doctrines jaillissent du grand sarment byzantin de la chrétienté orientale. C'étaient des uniates — des « gréco-catholiques », comme on les appelait localement — qui, après la soumission de leurs ancêtres à un « Acte d'union » — d'où le terme d'uniates —, n'étaient plus des sujets spirituels du patriarche œcuménique de Constantinople, ni du primat de Roumanie, mais du pape. Partout, les Roumains entrent dans l'histoire chrétienne comme membres de l'Église orthodoxe, ou Église d'Orient ; mais, comme on sait, les Transylvains du Moyen Age étaient des sujets de la couronne hongroise. Aux seizième et dix-septième siècles, les guerres turques réduisirent la Hongrie orientale à la fameuse principauté vassale de Transylvanie. Désireux de distinguer leurs sujets orthodoxes de leurs coreligionnaires et parents de l'autre côté de la montagne — poussés aussi par le zèle protestant local —, les princes Rákóczi parvinrent, grâce à divers moyens, à supprimer la messe slavone (que les Roumains tenaient de leurs premiers moments de soumission au pouvoir spirituel bulgare), et à lui substituer une traduction roumaine ; cela, non pour encourager le nationalisme — juste le contraire, en fait —, mais pour élargir le gouffre s'étendant entre la liturgie de leurs sujets roumains et le rite slavon (et, plus récemment, grec) de leurs parents orientaux ; ils souhaitaient écarter davantage le monde orthodoxe des Slaves de celui des Grecs. Un demi-siècle plus tard, quand l'éclipse turque laissa le champ libre au pouvoir direct des Habsbourgs, la cause protestante pâlit et la catholique grandit ; en 1699, un mélange de coercition et de séduction, étayé par l'intelligence des jésuites de l'empereur Léopold, provoqua le grand triomphe de la Contre-Réforme à l'Est : la domination ecclésiastique, en d'autres termes, sur de nombreux orthodoxes roumains de Transylvanie. En acceptant l'Union, les néophytes (ou apostats) devaient souscrire à quatre points : le *Filioque* dans le Credo ; du pain azyme et non du pain fermenté durant la communion ; la doctrine du purgatoire (lequel, comme les limbes, est inconnu à l'Est) ; et par-dessus tout, la suprématie du pape. Tous les autres points de différence — mariage des prêtres, clergé barbu, culte des icônes, vêtements, rituels et usages fort éloignés — demeurèrent inchangés. Cet Acte coupa tous les liens officiels entre la hiérarchie transylvaine et la hiérarchie de Valachie ou Moldavie ; la méfiance n'en perdurait pas moins chez le gros des fidèles uniates et, pendant près d'un siècle, nombreux furent les prêtres de village qui allèrent discrètement se faire ordonner par les évêques orthodoxes.

Au bout du compte, ces changements eurent un résultat opposé à l'effet souhaité. La nouvelle messe suscita un intérêt soudain pour la langue roumaine, de même que pour la littérature et les origines roumaines. La publication en Transylvanie de livres religieux en langue vernaculaire, encouragée imprudemment par les princes, rivalisait avec celle d'au-delà des montagnes, et créait un lien intellectuel. En outre, après l'Union, les plus doués d'entre les fils transylvains de la demeure uniate furent envoyés à Rome pour y étudier, et les bas-reliefs de la colonne Trajane — ces soldats romains affrontant les guerriers daces dans des costumes si proches de ceux des montagnards roumains — les persuadèrent, tout excités, qu'ils descendaient à la fois des Romains et des Daces, ce qui permit d'incarner des théories qui, sous une forme plus nébuleuse, étaient longtemps restées dans l'air. On appela des milliers de nourrissons roumains du nom de leurs premier et dernier empereurs, Trajan et Aurélien, et la conviction de descendre des Daces prit racine. Parmi les Roumains, des deux côtés de la montagne, ces idées engendrèrent un esprit nationaliste et des revendications irrédentistes que le dernier siècle a plus que satisfaites. La cause ethnique roumaine, qui doit beaucoup à l'Église uniate, s'est acquittée de sa dette par une abolition étatique et un retour obligatoire au giron orthodoxe[1], pour des raisons aussi temporelles que celles qui avaient présidé jadis à la fondation de l'Église uniate. Il ne s'agissait nullement d'une décision suscitée par la ferveur religieuse.

Tout occupé de ces détails, mon esprit revenait aux plaisantes matinées passées parmi les livres et les microscopes dans la bibliothèque du comte Jenö. *La double procession du Saint-Esprit... !* Cette pierre d'achoppement qui coupait en deux la chrétienté était précisément le genre de chose qui stimulait la curiosité historique du comte. Nous avions parlé de la manière dont, dans l'Est byzantin, le Saint-Esprit ne procédait *que* du Père (« Je ne sais pas exactement ce qu'ils veulent dire par là, notez-le », m'avait avoué mon hôte), tandis que dans l'Occident catholique, il procède du Père *et* du Fils — *ex Patre Filioque.* Quand donc cette clause occidentale — que ne mentionne aucun des sept premiers conciles (les seuls valables aux yeux de l'Est) — était-elle apparue pour la

1. Ces lignes furent écrites en 1985 *(N.d.T.).*

première fois ? Les livres de référence ne tardèrent pas à s'entasser autour de nous sur la table de la bibliothèque. « Nous y voici ! » s'exclama le comte au bout d'un instant, puis il lut à voix haute :

— Clause interpolée dans le Credo lors du troisième concile de Tolède (jamais entendu parler de ça !) en 589, quand le roi des Wisigoths, Recarède, renonça à l'hérésie arienne !

Le comte releva la tête d'un air excité :

— Tolède ! *Le roi Reccared !* C'était un Goth ! Probablement de la région, je veux dire ses grands-parents — la bande d'Ulfila, partie vers l'ouest !

Il continuait à lire, sautant elliptiquement de page en page...

— Clause pas encore adoptée à Rome... Omise des manuscrits du Credo... Inclusion peut-être erreur d'un copiste ! *Hum !...* Défendue par Paulin d'Aquilée lors du synode du Frioul, en 800, oui, oui, oui... mais adoptée par les seuls Francs... Nous y voici ! *Les moines francs entonnent la clause du* Filioque *à Jérusalem ! Scandale outragé des moines d'Orient !*

Il s'interrompit en se frottant les mains.

— J'aurais aimé être là !

Il repoussa un instant ses lunettes et reprit :

— Le pape Léon III s'efforce de supprimer l'ajout, malgré l'insistance de Charlemagne — un Franc, bien sûr ! —, mais il *approuve* le dogme. Hum ! L'avait la frousse, on dirait... Mais le pape suivant l'adopte... Neuvième siècle, déjà. Puis vient Photios, le grand patriarche d'Orient et fureur générale, anathèmes réciproques, et le schisme définitif en 1054...

Il releva la tête :

— J'avais toujours voulu savoir ce qui s'était passé. J'savais pas, j'savais pas, fit-il en dialecte écossais. Ben, j'sais maintenant.

En feuilletant les pages d'un missel uniate appartenant à

sa femme, il tomba sur une directive précédant la liturgie : « Dans la messe, les mots *et du Fils,* relatifs à la procession du Saint-Esprit, ne figurent pas dans le Credo. Au concile de Florence en 1439, l'Église n'a nullement demandé cette addition aux Orientaux, mais seulement qu'ils adhèrent à ce dogme de la foi. »

— Qu'ils adhèrent, mais ne disent rien ! s'exclama-t-il. *Un dogme qui n'ose pas dire son nom !*

Je déclarai que cela me paraissait une manière bien timide d'exprimer son allégeance.

— Souvenez-vous, s'il vous plaît, fit-il d'un ton grave, que vous parlez du Saint-Esprit.

Chez les orthodoxes, les uniates ont toujours été entachés d'un vague soupçon de trahison, et aux yeux des fidèles catholiques ordinaires de Transylvanie, ils semblaient en quelque manière — ce qui était assez injustifié — n'être ni chair ni poisson. Le retournement de foi devait sans doute moins à la conviction spirituelle qu'à la *raison d'État*[1] *:* l'expansion de la Contre-Réforme et le zèle religieux d'un côté et de l'autre, la possibilité imprévue d'échapper à une forme implacable d'oppression pour une sujétion légèrement moins dure. Les générations ultérieures s'accrochèrent à leur foi avec une ténacité rustique et décidée, ainsi qu'elles le font toujours en Ukraine, et leur histoire est pleine d'une pathétique noblesse.

Les premiers uniates de tous, cependant, ne furent ni les Transylvaniens ni les Ruthènes, mais les membres les plus tardifs de la dynastie des Paléologues : Michel VIII, pour une brève durée, et finalement les deux derniers empereurs d'Orient. Il faut revenir aux ultimes années de Byzance, quand les Turcs se rapprochaient pour l'estocade finale. Ce fut l'espoir d'un secours de l'Occident qui inspira à Jean Paléologue, à sa cour et à son clergé,

1. En français dans le texte.

d'accomplir en 1437 l'extraordinaire voyage à Florence, commémoré par les fresques de Benozzo Gozzoli sur les murs du palais Médicis. Pendant les discussions à Sainte-Marie-Majeure, on remit des chapeaux de cardinaux à deux des prélats orientaux ; chez eux, agitée surtout par la question du *Filioque*, Byzance était en ébullition. Cependant, bon gré mal gré, au grand dam des orthodoxes, l'empereur accepta les requêtes occidentales. Gibbon décrit le moment crucial où l'empereur trône d'un côté du Dôme, et le pape de l'autre. « J'oubliais un autre opposant d'un rang moins élevé, mais très orthodoxe, le chien favori de Paléologue, qui, ordinairement tranquille sur le marchepied du trône, aboya avec fureur pendant la lecture de l'Acte d'Union. On employa inutilement les caresses et les coups de fouet pour le faire taire[1]. » Sur quoi l'empereur dut s'en retourner et affronter ses sujets mécontents à Byzance. Mais, un brave Génois excepté, aucune aide ne vint, et le frère de Jean, Constantin XI, encore uniate — bien qu'à contrecœur, semble-t-il —, tomba dans la mêlée lorsque les Turcs déferlèrent et s'emparèrent de la ville. « La détresse et la chute du dernier Constantin », écrit encore Gibbon, « sont plus glorieuses que la longue prospérité des Césars byzantins ».

Mais c'était la première citation qui avait éveillé l'intérêt du comte Jenö :

— Imaginez un peu ! Un chien à l'église ! Je me demande quel était son nom, et quelle était sa race... L'un de ces lévriers arabes, je parie !

Il reprit après un silence :

— Cela me rappelle une occasion similaire : le concile du Vatican sur l'infaillibilité pontificale, en 1870 ! D'interminables sessions et des luttes d'influence, vous savez, et

1. Traduction française de M. F. Guizot, Laffont, 1983. Voir aussi les *Mémoires* de Gibbon chez Critérion, 1992. *(N.d.T.)*

des bagarres constantes — Schwarzenberg, Dupanloup, Manning, et tous les autres. Mais ils la firent passer, finalement. Alors qu'on en donnait lecture solennelle à Saint-Pierre, une terrible tempête éclata — des nuages noirs de suie ! des éclairs fourchus ! pluie, grêle et tonnerre, on ne pouvait entendre un seul mot !

Le comte Jenö, catholique dévot, mais accommodant, souriait au milieu de ses phalènes et de ses boîtes à spécimens. Il goûtait ce genre d'histoires.

— Pas un mot ! Bien pire que le chien de l'empereur ! Plus grave, la guerre franco-prussienne éclata le lendemain, et tous les cardinaux français et allemands se précipitèrent vers le nord par le nouveau chemin de fer — dans des voitures de première classe différentes, bien sûr ; ils s'ignorèrent superbement quand ils sortirent pour fumer ou se dégourdir les jambes sur le quai de Domodossola...

Eh bien ! c'est à cause de tout cela que Radu et sa famille, après deux siècles et demi sous le gouvernement de Rome, ont réintégré l'Église orthodoxe. Un peu déboussolés, peut-être.

Des falaises et des corniches rocheuses se projetaient hors des arbres, et parfois les bois s'ouvraient pour céder le passage à des glissements de terrain, des amas enchevêtrés et des éventails d'éboulis. L'odeur des aiguilles de pin et de la moisissure était omniprésente. Les vieux troncs avaient pourri, étaient tombés, et les feuilles pâles des arbrisseaux qui les remplaçaient jonchaient le sous-bois de lueurs variées, le fragmentaient de centaines de minces rayons. Une ombre de sentier, que n'utilisaient peut-être que les seuls animaux, avançait avec hésitation ; l'épais tapis de feuilles, les pommes de pin, les aiguilles, les glands, les noix de galle, les faînes des hêtres et les bogues éclatées des marronniers devaient s'amasser depuis l'éternité. Un grand pin avait chu dans un lacis de plantes grimpantes, et je m'efforçais de franchir, à quatre pattes, cette muraille de digitales et de ronces, quand ma main se referma sur un objet à moitié enfoui dans les feuilles. C'étaient les bois d'un cinq-cors : un merveilleux objet, depuis la base chantournée de la couronne jusqu'aux extrémités des andouillers aigus, aussi dures que de l'ivoire. Comment expliquer qu'un matériau nanti de rides d'apparence aussi antique ait une croissance aussi rapide, une durée de vie aussi brève ? Les bois percent le front du cerf au printemps comme des pensées jumelles sorties du crâne, grandissent et se ramifient avec la célérité des plantes, se fossilisent tout en croissant ; plus gros chaque année, plus férocement frayés, bientôt pris dans un fourreau de velours puis lacérés contre les arbres et les branches jusqu'à ce que le mâle dispose des armes qui lui permettront de débarrasser la forêt de ses rivaux ; tout cela pour retomber à la fin de l'hiver, comme des plumes après la mue. Ces bois étaient longs d'environ un pied et demi, parfaitement équilibrés, et je repartis au milieu des ronces, fier comme Herne le Chasseur[1]. Impossible de l'abandonner ici, même si je ne pouvais l'emmener jusqu'à Constantinople.

Peu après, je tombai sur quatre biches, chacune avec un faon qui broutait ou tirait sur les branches bordant la clairière. Sans doute étais-je sous le vent ; elles ne levèrent la tête que lorsque je me trouvai très près. Elles se détournèrent en toute hâte, filant vers le taillis et à flanc de colline à grands bonds, jusqu'à ce que leurs houppes blanches eussent disparu l'une après l'autre. Alors qu'elles prenaient la fuite, un cerf roux, invisible jusqu'ici, leva sa tête et ses bois amples, infiniment plus larges que ceux que je tenais ; tandis que les biches filaient devant lui, ses

1. Spectre d'un chasseur, garde-chasse des forêts de Windsor au Moyen Age, qui se pendit à un chêne et revint par la suite hanter la forêt. *(N.d.T.)*

andouillers se profilèrent de côté, puis de face, sorte de séparation rituelle de deux candélabres. Ses yeux larges étaient sévères, mais vagues, des taches blanches parsemaient le dos de sa robe, ses sabots étaient propres et luisants. Se détournant, il fit quelques pas tranquilles, avantageux, puis quelques autres en trottant, la tête et son échafaudage bien en arrière, enfin il dévala la pente après les biches. Les bois lourds montaient et descendaient à chaque pas ; puis il se jeta tête la première dans un écran de branches comme un cheval dans un arceau, et les rameaux se refermèrent derrière lui : il disparut à ma vue et à mes oreilles.

J'avais peine à croire qu'ils aient pu se trouver là, tous, quelques secondes plus tôt. Ces bois que je tenais lui avaient-ils appartenu, quelques années plus tôt ? Peut-être n'avait-il pas encore atteint toute son amplitude, bien qu'août fût à peine commencé : je n'avais vu aucun lambeau de velours... En tout cas, mon trésor aurait aussi bien pu dater de plusieurs siècles.

Peu à peu, les masses de roche nue commençaient à disputer la place aux grands arbres, et j'avançais à travers des sapins nains et une sorte de crassier couvert d'une confusion spectrale de chardons. Une crête pâle de minéral avait jailli sur la droite ; une perturbation beaucoup plus haute s'élevait à gauche, suivie d'une autre plus éloignée, flétrie, cendreuse et ombreuse, comme un reflet de la lumière de midi. Je progressais le long d'une vallée déserte de roches pâles et de blocs, emplumés ici et là de petits sapins maussades, lesquels s'éteignirent eux aussi. La courbe des montagnes m'avait égaré. Je n'étais plus certain d'être là où je pensais être, ni là où je l'aurais dû. L'endroit était lugubre, d'une pâleur de charnier, envahi d'un vent qui le rendait encore plus sinistre. Une brume humide avançait dans la trouée, d'abord de minces volutes suivies par des tourbillons de vapeur plus épais, moites au toucher, jusqu'à ce qu'il devienne difficile de voir à plus de quelques mètres. Je devais être dans l'un de ces nuages que les gens de la plaine regardent s'amarrer joliment le long des cordillères. Quand la brume se changea en pluie fine, je me hissai à tâtons sur le versant de l'arête qui n'avait pas cessé de grandir entre moi et la pente que je suivais depuis deux jours. Je trouvai enfin une crevasse qui me permit de sortir rapidement de la brume, puis replongeai dans les éboulis et les cataractes instables de pierres, dans la ceinture de chardons et de sapins nains, inversant mon avancée ascensionnelle jusqu'à ce que j'arrive au milieu des fougères, des feuillus abrités et des pins. Cette pénible marche en altitude m'avait complètement perdu ; quand je découvris la trace d'un sentier de moutons — à moins qu'il n'eût été parcouru par des daims —, je suivis sa légère inclinaison, m'attendant à un virage sur la gauche, mais en vain ; enfin, tard dans l'après-midi, j'entendis des aboiements distants, et de temps en temps un tintement de cloche, puis une musique claire et liquide venue de je ne savais où. A l'ouverture des arbres, cependant, la pente herbue, les toits de bardeaux tout au bout, les moutons paissants avaient quelque chose de vaguement familier. C'était la clairière de Radu ; j'avais parcouru un énorme cercle.

Ma contrariété fut de courte durée. J'avais cru ne jamais revoir cet endroit.

La musique était produite par le frère de Radu, Mihai. Il était assis sur un rocher vert, sa houlette près de lui, sous les rameaux moussus d'un chêne énorme, et jouait d'une flûte de bois à six trous, longue d'un mètre. C'était un son captivant, tantôt fluide et clair, tantôt rauque dans les notes basses. Les noires et les croches flottaient, se muaient en graves doubles-croches à la fin de chaque passage avant de remonter et de poursuivre. Par-delà la vallée, le soleil sombrait parmi les chaînes les moins hautes et les nuages fragmentaient le crépuscule en longs rayons. Ils grimpaient jusqu'à notre plate-forme, frôlaient la face intérieure des feuilles, illuminaient la laine des moutons. Les branches de chêne, le vagabondage des nuages, l'obscurité mousseuse serpentant entre les troncs se trouvaient soudain parcourus de rayons crépusculaires. Des oiseaux ponctuaient l'air et les branches supérieures, et pendant quelques minutes tous les troncs rougeoyèrent, aussi écarlates qu'une orange sanguine. On aurait pu se croire dans l'arrière-pays d'Arcadie ou du Paradis : nous foulions l'herbe avec la flûte, les cors et une troupe de cinq chiens, tels les acteurs d'une mystérieuse parabole ou d'un mythe au contexte oublié.

Les autres furent surpris et accueillants. J'avais l'impression de rentrer chez moi. Mais une question tourmentait Radu : pourquoi trimbaler ces bois ? La promesse d'un lièvre faite la veille n'avait pas été oubliée — on pouvait se demander si je ne revenais pas tout exprès —, car le fusil reposait contre un arbre et la cour s'emplissait d'odeurs d'oignon, d'ail, de paprika et de feuilles de laurier.

Leur ayant laissé des esquisses d'eux-mêmes le lendemain, je repartis, guidé sur quelques centaines de mètres par Mihai, qui me prodigua mille instructions à moitié compréhensibles.

La précipitation et l'improvisation de notre escapade, avant que je ne quitte la maison de Lázár pour me diriger vers le sud, nous avaient rendus tout à fait incapables de prévoir quoi que ce fût. Ce que j'eusse dû faire, bien sûr, en m'éloignant du Maros, c'est suivre son tributaire, la Cerna[1], en longeant une fois de plus le château de Hunyadi pour arriver dans la belle vallée de Hátszeg. Là, j'aurais pu loger chez l'excentrique *gróf* K. — celui qui

1. Attention : il y a une autre de ces « rivières noires » un peu plus loin. La région n'est pas très imaginative pour le choix de ses appellations.

avait monté un cheval dont on avait fourré la tête dans un sac. (Sa célébrité était grande : les bergers souriaient quand on mentionnait son nom.) Puis j'aurais grimpé à travers la forêt jusqu'au grand massif du Retezat. C'est là qu'István nous imaginait chassant le chamois. Lorsque je retrouvai la civilisation, après ces jours montagnards, je fus navré d'apprendre tout ce que j'avais manqué : le chamois, peut-être ; des vallées profondes et silencieuses ; une bruyère particulière, rose-rouge, qui sentait la cannelle et portait le nom du baron Bruckenthal ; des centaines de ruisseaux ; des pics qui jaillissaient dans l'air comme des pyramides et tombaient au beau milieu de l'abîme ; des cascades de blocs monumentaux éparpillées dans un désordre sauvage ; des dizaines de lacs alpestres... Impossible cependant de se plaindre de n'avoir pas eu son compte de splendeurs. Cet aperçu lointain de la veille pouvait-il avoir été le sommet du Retezat ? Probablement pas. Je l'ignorais alors et je l'ignore toujours[1].

D'autres merveilles reposaient, cachées dans ce dédale de vallées. En plein cœur se trouvaient les ruines de Sarmizegethuse, la vieille capitale des Daces et le fief du roi Décébale. Le jour où il obligea Domitien à lui payer une sorte de tribut, Décébale et son royaume constituaient la puissance la plus importante qui eût jamais défié l'Empire ; c'était un noble et grand personnage, et quand Hadrien envahit les montagnes, on eut le sentiment d'assister à un combat entre égaux. Rome dut mettre à contribution toute sa science militaire et son art du siège dans cette amère campagne pour le soumettre : savoirs que Décébale lui-même, du reste, avait à moitié maîtrisés ; à la fin, plutôt que de se rendre et d'être forcé de défiler chargé de fers dans un triomphe, le roi tomba sur son épée dans la plus pure tradition de la vieille Rome. Sarmizegethuse devint Ulpia Trajana, le bastion de la légion

1. La seule solution serait de s'y rendre, et d'y remonter...

Tredecima Gemina, et l'endroit resta jonché de fragments sculptés évoquant cette légion « gémellaire » qui semble avoir disposé d'une double force. Ses aigles y présidèrent aussi longtemps qu'exista la province. Des murailles impressionnantes, les ruines de l'amphithéâtre révèlent l'importance de la ville ; les statues brisées des dieux et des empereurs, les grands piliers équarris des temples ponctuent la région ; les sanctuaires écroulés évoquent Isis et Mithra, des mosaïques fissurées étalent sous les pas les planchers mythologiques d'antiques salles à manger.

Le plus difficile, dans ma tentative de rester sur le versant occidental de cette chaîne, c'était de ne pas perdre de hauteur et de résister aux itinéraires que la configuration de la montagne voulait m'imposer ; mais les soulèvements, les cortèges de rochers, les cônes de déjection et les glissements de terrain rendaient cela presque impossible ; j'en étais souvent réduit à zigzaguer jusqu'au bas d'un ravin pour remonter de l'autre côté, ou à obliquer dans un arrière-pays où j'avais toutes les chances de me perdre. Je devais me plier aux deux termes de cette alternative ; mais, grâce au soleil, à ma montre ressuscitée et à la boussole (que je n'avais jusqu'ici utilisée que lors du dernier jour passé en Hongrie), je parvins à ne pas me perdre complètement.

De tout le jour, je ne vis personne ; il y avait quantité d'écureuils roux, quelques noirs, d'innombrables oiseaux ; mais les seuls animaux importants étaient les faucons, et, volant d'ordinaire par paires, dominant, indolents, les bastions de roches proéminentes, les aigles royaux. Il m'arrivait de surplomber de grandes vasques de cimes d'arbres avant d'y plonger ; à d'autres moments, j'arpentais des étendues herbeuses ou grimpais péniblement sur ce qui avait l'air de monts chauves, vu d'en bas ; la plupart du temps je suivais toutes les sentes de forêt qui restaient discernables ; bien souvent il me fallait faire un détour, fouler d'instables et pénibles cascades de schiste argileux, puis repasser sous les branches. Comme toujours, sur ces distances solitaires, la poésie et les chansons venaient à mon aide, engendrant parfois des échos. Il me restait encore beaucoup de victuailles ; les ruisseaux où boire se comptaient par douzaines, la plupart envahis par le cresson d'eau et, comme je me jetais à plat ventre un soir près de l'un d'eux, je pris tout à coup conscience de mon bonheur, en ce moment précis, d'avoir échappé à la servitude de me trouver « au repos » sur le terrain de manœuvres de Sandhurst. Certes, Oxford eût été un peu mieux ; mais cela, c'était l'absolu.

La corniche que je trouvai pour la nuit était abritée par des arbres sur trois de ses côtés, et sur le quatrième pointaient les cimes de pins venues des profondeurs. Quand, après un crépuscule de feu de joie, la rougeur s'en fut allée, que le vacarme du coucher des oiseaux se fut un peu calmé, je m'emmitouflai, allumai une bougie, pêchai mon livre et suivis sur quelques pages les aventures de Théodore Gumbril[1]. Les étoiles étaient incroyablement denses, transformaient le spectateur en multimillionnaire et, mieux encore, les Perséides continuaient de pleuvoir comme feux d'artifice. J'avais beaucoup marché et m'endormis vite, mais, réveillé par la fraîcheur glacée du milieu de la nuit, j'enfilai une autre épaisseur de laine, engloutis ce qui restait dans la flasque et m'aperçus que la lune paresseuse avait éteint bien des étoiles, ainsi que le dit Sappho. Son dernier quartier jonchait les bois de perspectives, de profondeurs imprévues, du scintillement de la roche éclairée.

Peu après mon départ, au matin, je faisais halte sur un talus herbeux pour renouer un lacet quand j'entendis un son qui tenait à la fois du craquement et du friselis. Je me penchai sur la corniche vers un surplomb comparable, quinze mètres plus bas, et découvris les épaules voûtées

1. Personnage du livre d'A. Huxley, *Antic Hay (N.d.T.)*.

d'un très gros oiseau, là où ses plumes fauves rejoignaient un plumage d'une teinte châtain un peu plus pâle ; elles habillaient son crâne et la base de son cou ; il remettait en place les plumes de son poitrail et de ses épaules d'un bec impérieux et courbe. Un petit sautillement le déplaça un peu plus loin sur sa corniche, mais c'est seulement lorsqu'il déplia complètement l'aile gauche dans un craquement pour se fouiller l'aisselle que je mesurai sa taille énorme. Il était assez près pour que tous les détails fussent visibles : les culottes de plumes beiges recouvrant les trois quarts de ses pattes osseuses, le jaune et le noir de ses serres, les bouts carrés de ses rémiges externes, la bande jaune à la base de la mandibule supérieure. Passant des aisselles aux ailes, il entreprit de les brosser et de les trier, comme si la nuit les avait emmêlées. Il replia son aile sans se presser, puis ouvrit l'autre, mouvement qui parut le déséquilibrer un instant, et continua sa toilette avec la même application.

Attentif à ne pas bouger d'un pouce, je dus l'épier pendant vingt bonnes minutes. Les deux ailes une fois repliées, il resta à observer tout autour de lui, magistralement, à frissonner ou hausser les épaules de temps en temps, à déplier à demi une aile, puis à la replier ; une fois même, il ouvrit largement ses mandibules comme s'il bâillait ; enfin, soudainement, dans un craquement et un frisson, il déploya les deux ailes jusqu'à leur envergure complète, effrayante, en oscillant un instant comme s'il craignait de perdre l'équilibre ; puis, après deux ou trois sautillements et un long mouvement de décollage sur ses pattes habillées, il se lança dans l'air, toutes ses rémiges bien distinctes, redressées aux extrémités pendant le battement d'ailes, ou relevées quand les ailes pointaient vers le bas. Après quelques battements, les deux ailes s'immobilisèrent, étales, tandis que toutes les plumes se relevaient à nouveau pour profiter d'un courant d'air invisible, qu'il corrigeait son équilibre grâce à des mouvements à peine sensibles, lancé au-dessus du grand gouffre. Quelques minutes plus tard, des claquements d'aile sonores mais cachés retentissaient de l'autre côté d'une saillie rocheuse, et un deuxième grand oiseau lui emboîtait le pas, presque sans un bruit. Ils ondulaient doucement, laissant un large espace entre eux, comme des bateaux poussés par une bonne brise. Puis, comme ils traversaient l'hypothénuse d'ombre qui s'étendait de l'horizon des Carpates jusqu'aux flancs des montagnes du Banat, la lumière du matin vint frapper leurs ailes, les brunir, les révéler tous deux dans leur vraie majesté. Voir de haut ce roi et cette reine des oiseaux, flottant ainsi de conserve en altitude, quel merveilleux moment d'exaltation ! Je me souvins que les Kirghizes utilisaient des aigles royaux pour chasser. Ils les portaient à cheval, exploit apparemment impossible, puis leur ôtaient le capuchon sur la steppe où ils prenaient leur essor, repéraient les antilopes, les renards et les loups, et piquaient sur la proie. Dans les parages, si j'avais bien compris Radu, ils rivalisaient parfois avec les loups pour décimer les troupeaux et, je l'appris par la suite, semaient la dévastation parmi les moutons et les chèvres des nomades Sarakatsan du Rhodope, ou dans les troupeaux des parents de Radu, les Koutzovlachs du Pinde. Ils tournoient autour des plis montagneux, planent, puis tombent comme des javelots et emportent les agneaux bêlant pitoyablement dans le ciel.

Je me demandais si ces deux-là n'avaient fait que se poser au cours de leur tournée du matin, ou si leur nid était à proximité. Il valait mieux ne pas trop chercher ! (Je revis tout à coup les « unes » à vous glacer le sang du *Domenica del Corriere*, en bleu cobalt, orange et sépia : un gardien de but étouffé par un anaconda sous les yeux d'une équipe épouvantée : « *Ofside ! Un incidente in Torino* » ; trois rhinocéros pourchassant une carmélite à travers une place de marché chaotique : « *Uno sfortunato incontro* » ; et, dans mon cas, le titre aurait pu être : « *Al soccorso dei bambini!* » — une nichée d'aiglons et deux aigles dépiautant le maraudeur, qui s'efforce de riposter, désespérément, avec un andouiller de cerf !...)

Je pus suivre leurs cercles indolents et leurs vols planés pendant un bon moment tandis que je m'éloignais vers le sud. Cette rencontre, vingt-quatre heures à peine après le bref aperçu du cerf, vision digne d'Altdorfer, était presque trop merveilleuse pour que j'en croie mes yeux. Je me demandais si mes pas m'avaient amené tout près de sangliers, ou si cela arriverait dans le futur. Eux aussi étaient censés rester éloignés des hommes, à cette période de l'année. Je n'en avais vu aucun ; mais peut-être m'avaient-ils vu, eux, passer à grand bruit. Et qu'en était-il de cette fameuse passion des ours pour le miel et les ruches des moissonneurs ? J'aurais tant aimé en apercevoir un, marchant les jambes arquées à mi-distance, ou se haussant sur la pointe des pieds, assailli par les abeilles, pour s'emparer d'un rayon de miel dans le creux d'un arbre. J'avais surpris des mouvements dans la nuit, comme ceux d'un esprit inquiet caché dans les branches ; cela m'avait semblé plus gros qu'un écureuil ; pouvait il s'agir d'un chat sauvage ou d'un lynx ? Peut-être une martre.

Commencée dès l'aube, achevée par l'obscurité, suivie d'un très léger sommeil, chaque journée passée dans les montagnes semblait contenir davantage que toute une semaine dans la vallée. Vingt-quatre heures prenaient l'aspect d'une vie entière, et la transparence de l'air montagnard, les sens aiguisés, l'entassement des détails, ce kaléidoscope de changements de décors donnaient au parcours un goût d'éternité. Je me sentais profondément impliqué dans ces solitudes vertigineuses, de moins en moins enclin à redescendre, et prêt à continuer à jamais. Dieu merci, me disais-je en escaladant un sombre défilé de pins, il y avait peu d'apparences que j'y fusse bientôt obligé. Mais tout à coup, presque imperceptible et fort lointain, j'entendis le son d'une hache sur le bois ; puis deux ou trois autres coups. Quel qu'en fût l'éloignement, le son était plein de mélancolie ; il annonçait les gens d'en bas, alors que mes deux jours de solitude après avoir quitté les bergers m'avaient incité à croire que je possédais à moi seul tout le visible et l'audible des alentours.

Ces haches travaillaient dur. Les chênes, les hêtres et les sureaux s'élevaient seuls au milieu d'un fouillis de souches, d'anneaux d'éclats de bois et de pins abattus. On les avait sciés presque complètement avec des scies à deux mains avant de les achever à la hache, à la mailloche et au coin ; en ce moment même, les bûcherons enfonçaient leurs coins dans la dernière victime de la journée. Je n'entendais l'impact qu'après coup, alors que les mailloches étaient déjà levées pour le coup suivant ; bientôt, avec des craquements et un fracas, l'arbre s'effondra et ils se jetèrent sur lui, élaguèrent et détaillèrent le tronc affalé, à la scie, à la hache et à la faucille. Quand une quantité suffisante de bois apprêté s'était accumulée, on faisait avancer un attelage de chevaux munis de grappins et de matériel de halage qui traînait les troncs jusqu'à la lisière de la clairière, d'où l'on précipitait le bois sur une pente raide : un chaos se déversait sur l'herbe tout en bas, jusqu'à l'endroit où l'on pouvait charger les chariots. Cela me rappelait les bandes de neige que j'avais vues dans les forêts autour du Danube autrichien, parcourues d'avalanches de troncs de pin comme des boîtes d'allumettes renversées : tous seraient débités en planches ou reliés en radeaux pour descendre le courant.

Tout cela, je l'appris en allemand d'un bonhomme costaud en chemise de flanelle à carreaux rouges, nanti d'une visière de plastique comme en portaient naguère les journalistes dans les films. Quittant son équipe de bûcherons, il m'avait rejoint sur le chemin d'une cabane de rondins au toit de fer rouillé. Là se trouvait un homme barbu en costume noir, avec un chapeau en poil de castor retourné sur le pourtour ; cet homme, étrangement, siégeait derrière une table, absorbé dans un gros livre usagé, les lunettes collées sur les caractères. Encore quelques années, et il ressemblerait trait pour trait à l'un des *Anciens du Temple* peints par Holman Hunt. Du reste, c'était exactement son rôle. Ses deux fils, qui avaient environ mon âge, eux aussi vêtus de noir, se tenaient de part et d'autre, tout aussi absorbés. Ils se destinaient à la religion : on le devinait à leurs longues boucles, au duvet vierge qui ombrageait ces joues cireuses. Quelle différence avec l'homme en chemise à carreaux ! C'était le frère du rabbin, et ses traits auraient pu être attribués à un caricaturiste malveillant. Il occupait le poste de contremaître dans cette concession de bois, et venait de Satu Mare — Szatmár —, une ville de la ceinture magyare au nord-ouest de la Transylvanie. Le rabbin et ses fils passaient une quinzaine de jours chez lui, et les bûcherons étaient des montagnards de la région.

Quand le contremaître m'avait amené vers les siens, ceux-ci avaient relevé la tête d'un air méfiant ; presque inquiet. On m'offrit une chaise, mais nous étions en proie au malaise. « *Was sind Sie von Beruf ?* » Le contremaître, qui était tout sauf timide, me dévisageait avec un franc étonnement. « *Sind Sie Kaufmann ?* » Étais-je un colporteur ? La question me désarçonna un peu, mais elle était parfaitement compréhensible. Personne ne vagabondait de la sorte, et j'ai idée que les seuls étrangers itinérants, dans le coin, ne pouvaient être que colporteurs, à moins qu'ils ne fussent des mendiants ou de véritables bandits, bien que je n'en eusse jamais rencontrés. (Mais un étranger dans la région devait évidemment se justifier. Les bergers, comme les Bohémiens, avaient d'abord laissé paraître leur inquiétude : les silhouettes inconnues dans ces contrées sauvages ne présageaient rien de bon. Dans le passé, on avait eu tendance à enrôler les vagabonds pour les corvées féodales ; aujourd'hui, il s'agissait d'échapper à la ponction fiscale, aux officiers d'état civil, et de se soustraire aux droits de passage ; on traquait les malfaiteurs, les déserteurs, les recrues en fuite qui auraient dû être depuis longtemps sous les drapeaux — mille obstacles désagréables contrariaient la liberté sylvestre.) Mes interlocuteurs parurent sidérés, quand je m'efforçai d'expliquer les raisons qui me poussaient à quitter la maison. Pourquoi ce voyage ? Pour découvrir le monde, étudier, apprendre les langues ? Je n'étais pas très clair moi-même. Oui, un peu pour cela, mais surtout — je n'arrivai pas d'abord à trouver le mot, et quand je mis le doigt dessus — « pour le plaisir » —, il sembla déplacé, et ne défronça pas les sourcils. « *Also, Sie treiben so herum aus Vergnügen ?* » Le contremaître haussa les épaules, sourit et dit quelque chose aux autres en yiddish ; ils s'esclaffèrent tous et je demandai pourquoi.

— *Es ist a goyim naches !* firent-ils.

On m'expliqua qu'un « *goyim naches* » est une chose qu'aiment les goyim, mais qui n'émeut pas les juifs ; tout engouement exotique, un plaisir de goy ou une joie de gentil. Apparemment, ils avaient mis dans le mille.

La réserve initiale des autres montagnards n'avait pas duré longtemps ; il en alla de même ici, mais les juifs avaient d'autres raisons pour se montrer prudents. Leurs siècles de persécution n'avaient pas pris fin ; le dix-neuvième était déjà fort avancé qu'on jugeait encore pour des meurtres rituels en Hongrie et plus récemment en Ukraine ; des actes sauvages se commettaient en Roumanie ; des pogroms en Bessarabie et dans tout le domaine russe. Les mythes calomnieux abondaient, les sombres rumeurs relatives aux Sages de Sion ne commençaient de se répandre que depuis une quinzaine d'années. En Allemagne, pendant ce temps, d'épouvantables présages s'amassaient, dont la teneur exacte nous échappait. On en vint à les mentionner et — cela paraît incroyable aujourd'hui — nous parlâmes de Hitler et des nazis comme s'ils ne représentaient qu'une sombre phase de l'histoire, une sorte d'aberration transitoire ou un cauchemar qui pourrait disparaître d'un seul coup, comme un nuage s'évapore, ou un mauvais rêve. On aborda ensuite la situation des juifs en Angleterre — un sujet plus riant ; ils en savaient beaucoup plus que moi, ce qui n'était pas difficile ; et la Palestine. Soupirs et humour fataliste ponctuaient la conversation.

Mais tout changea quand nous mentionnâmes l'Écriture. Le livre placé devant le rabbin était la Torah, ou une partie de celle-ci, imprimée en caractères hébreux, noirs et serrés, qui avaient quelque chose d'irrésistible pour un passionné des alphabets ; surtout ces lettres-là, avec leur magie particulière. Laborieusement, je parvins phonétiquement à déchiffrer quelques-uns des mots les plus simples, sans la moindre idée de leur signification, bien sûr, mais ce témoignage d'intérêt enchanta. Je leur montrai quelques-uns des mots que j'avais notés à Bratislava sur les enseignes de magasins et dans les journaux juifs des cafés, et leur signification, oubliée de moi, les fit rire ; ces symboles bibliques recommandaient tel magasin pour la réparation des parapluies, ou « *Daniel Kish, Koscher Würste und Salami*[1] ». À quoi ressemblaient le cantique de Miryam, dans l'original, et celui de Débora ? Les lamentations de David après la mort d'Absalon ? Et le narcisse de Saron et le lys de la vallée ? Dès qu'il démêlait mes confuses traductions allemandes, le rabbin entamait sa récitation, souvent avec l'accompagnement de ses fils. Nos yeux s'illuminaient ; c'était une sorte de jeu merveilleux. Puis vinrent les rivières de Babylone et les harpes suspendues aux saules ; ils prononcèrent ce passage dans un parfait unisson, et quelle solennité extrême dans leur « Si je t'oublie, Jérusalem » ! Au dos de mon journal, je

1. Voir *Le Temps des offrandes*, p. 320.

retrouve quelques vers hébreux inscrits par le rabbin lui-même ; comme elles sont en écriture cursive, elles me restent impénétrables ; en dessous figurent les sons phonétiques que je transcrivis en écoutant sa récitation.

Hatzvì Yisroël al bomowsèycho cholol :
Eych nophlòo ghibowrim !
Al taghìdoo b'Gath,
Al t'vashròo b'chootzòws Ashk'lon ;
Pen tismàchnoh b'nows P'lishtim,
Pen ta'alòwznoh b'nows ho'arèylim.
Horèy va Gilboa al-tal, v'al motòr aleychem...

Ici, il se tait un instant, puis reprend :

Oosodèy s'roomòws...

Les quelques mots qui ont une sonorité de noms propres permettent de retrouver les passages : « Ne le publiez pas dans Gat, ne l'annoncez pas dans les rues d'Ashqêlon, que ne se réjouissent pas les filles des Philistins, que n'exultent pas les filles des incirconcis ! » Le deuxième morceau fragmentaire doit être : « Montagnes de Gelboé, ni rosée ni pluie sur vous[1]... » À ce stade, le rabbin détaché de ce monde, ses fils et moi étions fort excités. L'enthousiasme nous envahissait. Ces passages, si célèbres en Angleterre, étaient à leurs yeux doublement significatifs, et leur émotion me pénétrait. Ils semblaient stupéfaits — et aussi touchés — à l'idée que leur poésie tribale connût semblable gloire et admiration dans le monde extérieur ; coupés de tout, je suppose qu'ils n'en avaient pas la moindre idée. Une joie chaleureuse nous unissait, et le rabbin n'arrêtait pas de frotter ses lunettes, non par nécessité, mais poussé par le plaisir et l'énergie nerveuse, cependant que son frère nous dévisageait avec amusement et bienveillance. La nuit était

1. II Sam 1, 20 et suiv. *(N.d.T.)*

tombée pendant que nous étions à table, et quand il souleva le conduit de verre pour allumer la lampe à pétrole, trois paires de lunettes se mirent à étinceler. Si nous avions été vendredi soir, remarqua le rabbin, ils m'auraient demandé de l'allumer ; il m'expliqua ce qu'était un *shabbas goy.* Le gentil du sabbat que les juifs fortunés — « pas comme nous » — employaient dans leurs maisons pour allumer les feux, les lampes, faire ou défaire les nœuds ou accomplir les nombreuses tâches que la Loi interdit le septième jour. Je répondis que j'étais navré que nous ne fussions que jeudi (le sabbat commence le vendredi au crépuscule), car cela m'aurait donné, pour une fois, l'occasion d'être utile. Nous nous saluâmes en riant.

Allongé sous l'un des chênes rescapés, je débordais d'excitation. J'aurais cru ne jamais pouvoir m'entendre avec ces hommes d'allure si inconciliante. J'avais souvent rencontré leurs pareils. La dernière fois, c'était sur le quai illuminé par le clair de lune, la nuit de mon entrée en Roumanie ; ils irradiaient une différence irréductible, un éloignement total et éternel ; autant demander du feu à une abbesse de la Trappe !

Je repensai au *shabbas goy.* Je n'eusse pas été indispensable, après tout, car un peu plus loin, regroupés autour d'un feu assez bas, les bûcherons chantaient doucement en hongrois. Cela paraissait indéfinissablement différent des chants roumains, mais tout aussi prenant et triste.

Quand j'eus dit au revoir le lendemain matin, le plus jeune des garçons, qui portait une calotte et des châles de prière blancs rayés de noir aux extrémités, rejoignit les deux autres à l'intérieur, et je pus saisir la douloureuse lamentation des prières pendant quelques mètres, alors que le contremaître, qui n'était pas un dévot, désignait de nouveaux arbres aux bûcherons.

Rencontre imprévue, assurément, dans ce repli éloigné des Carpates ! Quels itinéraires les avaient amenés ici depuis Canaan, Jérusalem et Babylone ? Quelques schismatiques, les Karaïtes, installés sur la mer d'Azov et la mer Noire, s'étaient dirigés vers l'Europe de l'Est, mais on n'en avait plus guère entendu parler ; une poignée de juifs — par la religion, sinon par le sang — était peut-être arrivée avec les Magyars ; si du moins les clans des belliqueux Kabars appartenaient à cette élite khazar convertie au judaïsme ; car les trois tribus kabars s'étaient jointes au mouvement magyar vers l'ouest, qui s'était achevé sur la Grande Plaine ; sans doute avaient-ils embrassé le christianisme lors de la conversion générale. Les ancêtres les plus vraisemblables de mes hôtes — du moins en partie — étaient selon moi les juifs établis sur le Rhin au début de l'Empire romain, après leur traversée d'Italie, avant la diaspora babylonienne ; peut-être même avant la destruction du Temple.

Dans les premiers temps, quand toutes les religions étaient polythéistes, les dieux se partageaient ou s'échangeaient ; ils passaient d'un panthéon à l'autre et on leur faisait bon accueil partout. Les manichéens, eux, avaient pour ainsi dire réduit la distribution zoroastrienne à deux rivaux de pouvoir comparable : dangereuse tendance, comme devaient le prouver les hérésies qui en découlèrent. Mais les juifs déféraient à un Dieu solitaire qui ne tolérait aucun rival, qu'on ne pouvait ni voir, ni représenter, ni même mentionner par son nom, ce qui créa des complications avec leurs voisins dès le début. (On a parfois l'impression que les querelles sont partie intégrante du monothéisme, comme les rayures de la robe d'un tigre.) L'époque de leur gloire temporelle s'éloigna ; de tristes jours lui succédèrent ; et lorsqu'il eut donné naissance au christianisme puis à l'islam, le judaïsme se trouva dans dans la situation d'un Roi Lear harassé par Goneril et Régane, sans avoir le secours d'une Cordélia — sauf peut-être, pendant un ou deux siècles, l'empire khazar. La promotion du christianisme des catacombes au statut de religion d'État à l'Ouest rendit leur position intenable. Un programme impitoyable de vengeance sur les auteurs de la Crucifixion fut mis en place, et les siècles ultérieurs d'humiliations et de mise hors la loi suscitèrent une démonologie et une mystique qui restent vivantes. Pendant le Moyen Age, on ne reprocha pas seulement aux juifs le déicide, mais toutes les calamités frappant l'Occident, depuis la peste noire jusqu'aux invasions mongoles : ces démons incarnés n'étaient que les Douze Tribus déferlant de l'Orient pour renforcer les intentions perverses du clan juif en Europe... En terre allemande, notamment, l'ardeur des croisades donna lieu à toute une lugubre série de massacres. Les juifs durent repartir une fois encore pour faire halte en Pologne. (À la suite de leur long séjour en Allemagne, le franconien, dialecte médiéval allemand, constituait désormais la *lingua franca* yiddish de l'Europe de l'Est.) Le royaume se montra d'abord accueillant à leur égard. Ils s'établirent et se multiplièrent ; mais avec le temps, les choses commencèrent à changer. Le clergé reprocha aux rois leur politique favorable, et au tournant du quatorzième et du quinzième siècle, les persécutions débutèrent ; les dominicains extorquèrent une amende annuelle, et les accusations habituelles d'hosties profanées et de meurtres rituels réapparurent... Malgré tout, ce fut une sorte d'âge d'or pour l'érudition juive et la théologie. Ils constituaient une population trop importante pour reprendre la route, quand de nouveaux tourments les accablèrent. Les pires furent les massacres cosaques au dix-septième siècle ; après la partition de la Pologne, la persécution russe et les pogroms ayant cours sur le territoire obligèrent plusieurs milliers d'entre eux à partir. (Le rabbin et son frère n'étaient pas tout à fait catégoriques, mais ils pensaient que quelques-uns de leurs ancêtres étaient originaires de ces régions, quatre ou cinq générations plus tôt ; la Galicie était l'autre origine la plus plausible.) Malgré un antisémitisme endémique en

Hongrie, les juifs avaient réussi à y jouer un rôle considérable — la vie y était plus agréable pour eux qu'en Russie ou en Roumanie. Mes compagnons, par patriotisme hongrois, parlaient hongrois entre eux, plutôt que yiddish, et déploraient leur récent changement de citoyenneté.

Dans un continent où d'innombrables races s'étaient complètement modifiées ou avaient disparu corps et âme, c'étaient les juifs, en dépit de tous leurs malheurs et souffrances, qui avaient le moins changé. Bien des choses, la religion mise à part, les singularisaient, et ici en particulier, dans la montagne, ils trahissaient leurs habitudes urbaines, toutes différentes de celles des campagnards qui les entouraient. Le costume, le régime, les manières, les gestes, la complexion et l'intonation — ces insidieuses nasalités que leurs détracteurs ne se lassaient pas d'imiter —, tout conspirait à élargir le gouffre. (Je ne pouvais regarder les deux garçons sans souhaiter qu'ils se débarrassent de leurs papillotes, pensée dont j'avais simultanément honte.) En même temps que les indignités infligées par les gentils, ils se soumettaient volontairement à tout un éventail de stigmates qui semblaient tout exprès destinés à battre en brèche les *a priori* esthétiques et, si nécessaire, à les tenir à l'écart. (Naturellement, il s'agissait des détails mêmes, me disais-je encore une fois avec quelque culpabilité, dont la personne cherchant à s'intégrer, ce que j'eusse cherché à faire, se serait le plus volontiers débarrassée.) Mais il en allait tout autrement pour ceux qui regardaient l'assimilation comme une traîtrise. Ils se cramponnaient à leurs vieux usages comme ils l'avaient toujours fait ; et les traces laissées par le ghetto étaient devenues, sinon des emblèmes du martyre, du moins les symboles chéris de la solidarité aux heures difficiles — car il leur avait toujours été possible de mettre un terme à la persécution, grâce à l'apostasie ; quelques mots, une aspersion et ils auraient pu oublier leurs soucis.

Mais ils avaient préféré le fil de l'épée, la fuite, le sort des parias au renoncement à la foi. Rien d'étonnant, une fois chez eux et loin de tout cela, qu'ils évitassent le contact du monde vil du dehors, et tant mieux si les détails apparents de leur mode de vie semblaient bizarres et peu engageants ; les verrous d'exclusion n'en seraient que plus efficaces. L'adresse et le flair, dans un monde pétri de difficultés, offraient des garanties de sécurité, de prospérité et de brillante réussite ; mais il me parut tout à coup évident, lors d'une brève illumination à la lueur de cette lampe, que les dévots du genre de mes compagnons tenaient ce type de succès pour une illusion. La préoccupation du rabbin et de ses fils — les colonnes de lettres noires entourées de gloses, de notes et de rubriques accumulées par deux ou trois mille ans — représentaient le vrai but de l'existence ; une réalité à poursuivre, à aimer en secret derrière des volets fermés : leurs écritures, leur poésie, leur philosophie, leur histoire et leurs lois. C'était là l'étoile polaire de leur passion, et la mer des tracas extérieurs refluait certainement pendant qu'ils exploraient les mystères de leur religion, repéraient les subtilités de la Loi, débrouillaient les significations de la Kabbale et du Zohar, ou évaluaient les dogmes des Hassidim en regard des réfutations du gaon de Vilna ; assurément, pendant qu'ils relisaient les hauts faits de Josué, de David et des Maccabées, les odieux slogans de la rue devaient s'atténuer.

« Montagnes de Gelboé, ni rosée ni pluie sur vous... » Ces mots ne cessèrent pas de me hanter durant les heures suivantes, le lendemain surtout, quand je me réveillai tout sec, et repensai à ma résurrection trempée près de la hutte des porchers non loin de Visegrád. Deux ou trois passages de nuages pommelés dans le ciel de la veille m'avaient incité à dormir à couvert pour la première fois depuis une semaine. Une grotte bienvenue, dont l'ouverture était en partie obstruée grossièrement de pierres sèches pour former une bergerie, me tendait les bras à la tombée de la nuit ; mais elle grouillait d'insectes, aussi la quittai-je pour une plus petite, à peu près de la taille d'une loge d'opéra ; je ne devais pas dormir depuis très longtemps quand une sorte de clapotis qui n'avait pas l'eau pour origine me réveilla. En contrebas, à peine visible à la lueur des étoiles, un grand troupeau de moutons défilait, et des centaines de petits sabots fendus trottaient sous mes yeux. Bergers et chiens passèrent dans un silence de mort. On aurait cru des animaux volés ; je regardai jusqu'à leur disparition et, le lendemain, je pus croire à un rêve de moutons.

Pas de rosée ; mais la brume couronnait crevasses et ravins. De distants éperons s'élevaient, coulisses de théâtre que ne délimitait que le mince contour, fin comme un cheveu, de leurs sommets se détachant sur le soulèvement vaporeux suivant, chacun d'un bleu de plus en plus pâle à mesure qu'ils reculaient, et les vallées serpentant à flanc de colline étaient assombries par leurs forêts.

Les échos abondaient. Les petits glissements de terrain s'étalèrent comme une rumeur ; les quatre toniques de l'octave, chantées assez fort, fusèrent au loin à cinq ou six reprises, avec une seconde ou deux entre chaque accord, s'engageant dans les vallées avoisinantes, un peu moins audibles après chaque *bis*. Ces montagnes auraient fait un parfait auditorium pour ces trompes d'allure tibétaine longues de six à dix pieds. (*Bucium*, le nom roumain, vient certainement du romain *buccina*, ce long tube de cuivre sur les arcs de triomphe qui distend les joues des légionnaires, parmi les tabernacles pillés et les chandeliers à sept branches.) De l'autre côté de cette ligne de partage des eaux, lors du sac de Sarmizegethuse, les fanfares de Trajan ont dû déclencher un vacarme infernal. (Outre celles des Roumains, les seules trompes géantes qu'on entendît dans cette partie de l'Europe étaient celles des Houzouls, Ruthènes uniates, timides et slavophones, qui vivaient dans un monde de charmes et de légendes, à environ deux cents milles au nord-ouest des contreforts des Carpates, aux portes de la Bucovine.)

Je tombai sur quelques troupeaux et un berger qui jouait d'une petite flûte en os : je compris vite que c'était là un trait des bergers, au même titre que la quenouille et le fuseau pour leurs femmes, et je regrette aujourd'hui de ne pas avoir examiné ces pipeaux de plus près : les instruments en os sont très appréciés des nomades Sarakatsan de Grèce du Nord que je devais connaître par la suite ; les leurs sont faits dans le grand os d'une aile d'aigle. Celui-ci était probablement un os de mouton. Un *tibia*[1], en fait.

Mais il est une autre raison qui me fit regretter, un an plus tard, de n'avoir pas été plus attentif. Un stade ultérieur du voyage devait me conduire en Roumanie orientale, où je revins l'année suivante ; entre ce moment et le début de la guerre, je passai beaucoup de temps dans une demeure campagnarde isolée, à l'atmosphère évoquant le *Grand Meaulnes*, en Moldavie, non loin de l'actuelle frontière russe. Ce furent de longs séjours de bonheur sans mélange : j'adorais les habitants ; durant ces périodes, j'acquis un roumain fautif et assez courant, dont subsistent quelques vestiges.

Comme bien d'autres, je ne tardai pas à succomber au charme du plus vieux poème de l'histoire littéraire roumaine. Il s'intitule *Mioritza*. Universellement connu, quoique avec intermittences, dans tout le monde roumanophone pendant des siècles, il ne fut retranscrit et imprimé qu'au cours du dernier siècle ; aussi faut-il le qualifier de légende populaire, bien que cette classification ne convienne qu'imparfaitement à ces strophes étranges. Nombreux sont ceux qui se sont penchés sur leur symbolisme mystérieux. Certains y lisent une profonde

1. *Tibia* signifie « flûte » en latin *(N.d.T.)*.

veine de fatalisme chez les campagnards roumains, tandis que d'autres y voient exactement le contraire : ils discernent une sorte de triomphe mystique, précisément, dans une telle interprétation du destin. Peut-être faut-il en repérer les origines dans l'époque préchrétienne ; indubitablement, le poème jaillit de racines obscures et complexes. Pour moi, cependant, sa magie résidait — et réside — dans l'association de l'immédiateté et du sens tragique, la manière dont il traduit l'isolement dans lequel baignent les bergers, et l'exaltation désespérée qui hante leurs raides pâturages et leurs forêts ; toutes choses qui sont ici rehaussées par les charmes et la frustration de mystères à demi devinés. Surtout, le poème me rappelle mes aperçus de la vie de berger pendant ces premiers voyages montagnards ; la moitié du poème se déroule donc dans une petite cabane des hautes Carpates, et l'autre dans des bergeries éparpillées dans les vallées de Moldavie.

Le poème consiste en cent vingt-trois couplets rimés (parfois en triplets) de cinq syllabes, souvent rallongés par des terminaisons féminines ; la scansion dénombre deux ou trois mesures par vers. Qu'on me permette de donner ici quelques fragments clés d'une traduction assez branlante, mais plutôt littérale.

« Depuis les hautes terres, près des portes du ciel/le long d'un sentier raide/qui tombe dans la vallée/descendent trois troupeaux de moutons/gardés par trois jeunes bergers/le premier, un Moldave/le deuxième, Vrancéen/et le troisième, Transylvain... » Quand les trois bergers se rencontrent, le tableau aussitôt s'assombrit. Au crépuscule, le Transylvain et le Vrancéen complotent d'assassiner le jeune Moldave. Il est plus brave qu'eux ; ses moutons sont plus robustes et dotés de cornes plus longues, ses chevaux mieux dressés, ses chiens plus féroces. Mais ce qu'ils ignorent, c'est qu'il a une brebis, Mioritza, qui donne son nom au poème et possède le don de double vue. Surprenant les chuchotements des comploteurs, elle cesse de brouter et bêle désespérément sans arrêt pendant trois jours pour donner l'alarme ; et quand le jeune berger lui demande ce qui la fait souffrir, elle prend la parole : « Ô bon jeune homme/mène ton troupeau/vers le bois près du ruisseau. /Tu y trouveras de l'ombre/et de l'herbe pour nous aussi. /Maître, ô maître/ conduis-les très vite en bas !/Appelle les chiens, appelle/ le fort et le grand/le plus féroce de tous !/Quand le soleil se couchera/ils ont dit que tu dois mourir/ce berger, le Vrancéen/et ce Transylvain ! »

Le berger répond : « Petite brebis, de toi-même/tu révèles ce qui est caché !/Si je venais à mourir/sur cette étendue de bruyère/dis à ce Transylvain/et à l'autre, le Vrancéen/qu'ils doivent m'enterrer tout près/dans l'enclos, là-bas/afin que je puisse dormir/parmi vous, mes moutons/dans ce repli noir/et entendre les chiens japper ! » Il ajoute encore quelques instructions : « Il faut dire aussi cela :/Qu'ils posent sur ma tête/une petite flûte de hêtre/d'amour, tout entier/*et une petite flûte d'os/qui gémit, longue et solitaire*/et une petite flûte de sureau/ aux notes brèves et sauvages/ si bien que le vent soufflant/y jouera aussi/rassemblera mes bêtes/ les fera se lamenter/verser des larmes de sang ! » Suit un brusque changement de ton : « Mais du meurtre, pas un mot !/ Dis-leur seulement/que j'ai épousé ce soir/la fille d'un roi, la fiancée/du monde et sa fierté. /Raconte qu'à mon mariage/une étoile est tombée/que les invités de la noce/ étaient des érables et des sapins/les prêtres, les hautes montagnes/les musiciens, les oiseaux/mille petits oiseaux/et les étoiles nos chandelles. »

« Mais si tu rencontrais/courant sur l'herbe/dans un fourreau de laine/les yeux pleins de larmes/une petite vieille/seule et perdue/qui demande à tous :/« Avez-vous vu mon fils ?/Un jeune berger/beau et mince/ comme s'il était passé dans un anneau ?/La blancheur de son front,/mousse tirée d'une vache ?/Sa moustache soignée/comme deux jeunes épis de blé ?/Et des mèches épaisses/comme les plumes du corbeau ?/Et deux beaux yeux/comme des mûres sauvages ? »/Alors, petite brebis », conclut le jeune berger :

« Plains-la aussi
et dis-lui ces mots :
“ Je me suis marié là-haut
aux portes du ciel
avec la fille d'un roi. ”
Mais pas un mot
de l'étoile tombée
de notre couronne
brandie par soleil et lune,
des invités de la noce,
les érables et les sapins,
les prêtres, les montagnes,
les oiseaux pour musiciens,
plusieurs milliers d'oiseaux,
et les étoiles pour chandelles. »

Mais cela, étrange révélation d'une Roumanie encore inconnue, était encore à venir. Pendant ce temps, les choses changeaient. La pensée des loups m'avait quitté, et les bergeries le long des sentes n'étaient plus que de fragiles enceintes d'osier et de broussailles. Parfois, le massif surgissait de péninsules qui s'effondraient dans l'abîme ; désormais, l'orientation des montagnes était davantage une aide qu'un obstacle, et le dernier circuit me fit déboucher sur un haut plateau, à la lisière d'une formidable vallée.

D'un côté, un canyon perçait profondément le nord-est de la chaîne que j'avais contournée pendant des jours, pour grimper dans les Carpates jusqu'au pied des grands pics cendreux. De l'autre, il plongeait vers le sud-ouest dans une gorge menant aux terres basses, et enfin jusqu'au monde de tous les jours ; mais ce dernier ne se laissait pas encore deviner. Le gouffre restait silencieux, à l'exception du friselis de l'eau et de l'écho d'une chute occasionnelle de rocher. Pendant que j'observais, les nuages se disloquèrent à la tête du ravin en répandant des ombres froissées sur les corniches et les crevasses ; puis ils gommèrent le soleil par une brusque tempête des sommets. Le vent envoya quelques bourrasques en éclaireurs, suivies d'une volée de gouttes. Abrité sous un promontoire, je les regardai se changer en grêlons gros comme des boules de naphtaline : ils rebondissaient et dévalaient la pente par millions ; une demi-heure plus tard, on ne voyait plus que leur sillage blanc. Les roches lavées paraissaient taillées de frais, il n'y avait pas un nuage en vue, la brise parfumée de fougères et de terre mouillée empêchait toute stagnation.

Bien que je sautasse de corniche en corniche, glissant sur les aiguilles de pin mouillées, ma descente prit des heures. Les éboulis ralentissaient mes pas, les arcs-boutants de roche, plats comme des couvercles de chaudières ou hérissés comme des iguanes, obligeaient à d'irritants détours. Des scintillements sur les falaises révélaient de lointains ruisseaux ; quand j'en approchais, ils serpentaient et dégringolaient en cataractes à travers les troncs, de saillie en saillie. Les conifères abdiquaient devant les feuillus, de plus en plus nombreux ; le ravin, qui s'approfondissait vite, incitait les arbres à grandir jusqu'à ce que les chênes, mantelés de lierre, nantis de rameaux de bois mort et de touffes de gui, devinssent gigantesques. Les clairières des hêtraies ouvraient leurs salles sylvestres, les fougères cédaient le pas aux pesces d'eau, à la ciguë et aux lambeaux de la clématite des haies. L'humidité, qui recouvrait de mousse toute chose, encerclait les branches de plantes grimpantes, emplumait les crevasses et les fourches au-dessus de ma tête ; l'écorce tombant par plaques, hirsute sous le lichen, habillait les troncs comme du métal vert-de-grisé, emplissait le sous-bois incliné d'une lumière théâtrale, gris-vert. La forêt était devenue une crypte de glands, de faines et de tourterelles des bois ; le bruit de l'eau grandissait ; bientôt, tachetée par l'ombre des feuilles, parcourues de bergeronnettes et de rouges-queues, la Cerna glacée courut sous les branches. La mystérieuse rivière se séparait et se rejoignait derrière des lames de roche, glissait sur des à-plats qui la transformaient en cascades symétriques, poursuivait sa course, tranchante et changeante, à travers la gorge. J'atteignis alors des régions plus tranquilles. Les bancs de truites s'immobilisaient sous les reflets des fleurs de sureau, ou filaient vers d'autres retraites, dans l'ombre épaisse où seules quelques rides trahissaient le courant dont les roches noires, qui donnaient au fleuve son nom slave si sombre, encombraient les profondeurs.

Sur le sentier de la berge, une bande de paysannes de retour du marché — des personnes alertes, aux traits fins, à l'expression assez timide — étaient installées sous un noyer avec leurs fardeaux. Après un échange de saluts, une vieille femme, dont le visage était un vrai lacis de rides amusées, me fit signe de m'asseoir près d'elles ; je m'exécutai.

Leurs tabliers bruns exceptés, elles portaient le même costume que les femmes des bergers : une harmonie discrète de bleus sombres et de blancs, avec des ceintures de corde noire, des rectangles richement brodés sur les manches, et ces curieuses pièces de poitrine en cuir souple lacées sur les côtés ; elles avaient des jupes blanches plissées, des bas noirs et des mocassins, et il n'y avait pas un fil sur une seule d'entre elles — tondu, cardé, filé, tissé, teint, coupé et cousu — qui ne vînt de la toison de leurs troupeaux.

La vieille femme ramassa les andouillers sur l'herbe, et me posa une question incompréhensible. Se rendant compte de l'extrême modicité de mon roumain, elle mit l'index et le pouce de part et d'autre de son anneau de mariage en argent, les fit courir d'avant en arrière et me montra du doigt : étais-je marié ? Non ? Elle murmura quelque chose à l'adresse de ses compagnes qui les fit éclater de rire et, à mesure que grandissait leur hilarité, avec leurs reparties, je commençai à saisir plusieurs hypothèses salaces et comiques. Peu après, elles se levèrent et hissèrent leurs sacs de tissu rayé sur la tête. La vieille femme me rendit l'andouiller en me souhaitant bon voyage et bonne chance à la ville. Plaisantant toujours, elles repartirent pour leurs hautes bergeries. L'une d'elles filait tout en marchant et la chanson de la feuille verte gravit la colline avec elles, pour s'évanouir peu à peu.

CHAPITRE VIII

La fin de l'Europe centrale

Tout à coup, sans la moindre préparation, une ville d'eaux incongrue et ornée, appelée les Bains d'Hercule, jaillit des profondeurs de cette vallée sauvage. Du stuc fin de siècle, on aurait pu croire qu'il provenait directement d'un pistolet à glaçage ; je découvrais des balustrades de terre cuite, des palmiers nains, des agaves acérés dans des urnes galbées, des coupoles bulbeuses, des toits de plomb s'achevant sur des arêtes d'épinoche ; des portes doubles en verre révélaient des escaliers chantournés, endigués par des hortensias, allant se perdre dans les salles de cure où les robinets et les fontaines déversaient des eaux thérapeutiques. Souveraines contre toute une série horrifique de maux externes et internes, celles-ci avaient rendu l'endroit célèbre depuis l'époque romaine ; légats, centurions et tribuns militaires s'étaient vautrés ici, y avaient siroté pendant qu'Hercule et une demi-douzaine de dieux mineurs présidaient à leur bien-être, et la statue victorienne du musculeux héros vêtu d'une peau de lion, trônant au centre de la ville, montrait que la gloire passée était de retour. La bourgeoisie dolente d'Europe de l'Est, en crinolines et chapeaux en tuyau de poêle, sabretaches et chapkas, ou manches-gigot et canotiers, hantait ce site ressuscité depuis plus d'un siècle.

À sa manière provinciale, l'endroit répondait parfaitement à la définition de la ville d'eaux, du casino ou de la villégiature. Des massifs circulaires, au centre en forme de cœur, pleins de bégonias et de cannas, jaillissaient du gravier comme un tapis industriel ; le jaune, l'écarlate, l'orange, le pourpre, le bleu pâle et le rouge brique étaient si aveuglément juxtaposés qu'on pouvait croire les fleurs artificielles, et l'herbe un droguet de couleur verte. Un voyageur plus érudit aurait détecté une bouffée d'Offenbach et de Meyerbeer, un soupçon de Schnitzler, un écho de l'Empire austro-hongrois à son extrémité, encore renforcés par des colonnes trapues de plâtre blanc aux spirales alternées, arches lourdement moulurées, aux grands avant-toits : je découvrais le style roumain néo-byzantin dérivé des monastères de Moldavie et des palais du dix-septième, sous le règne de Constantin Brancovan de Valachie.

C'était l'heure de la promenade après la sieste. Un orchestre jouait sous un kiosque enguirlandé, et une foule sereine venue de Bucarest ou de Craiova déambulait le long de la grand-rue, dans les jardins, sur le pont de la Cerna, pour rebrousser chemin à pas lents. Bruissant de commérages, s'exclamant en retrouvailles et en bienvenues, les curistes étaient d'une élégance ravageuse : talons vertigineux, parfums entêtants et maquillages éblouissants, escortés par des cheveux gominés à la Valentino et par les chaussures adéquates. Un saupoudrage d'officiers en bottes montantes, aux éperons tintinnabulants — arrivant de Turnu-Severin, je pense —, ajoutait de brillants képis et tuniques à la scène multicolore.

Poussiéreux, sali par le voyage et puant la bergerie selon toute probabilité, j'avais l'impression d'avoir été déposé brusquement à Babylone, à Lampsaque ou dans la Corinthe du cinquième siècle en croisant ces superbes promeneurs ; cet étonnement, d'ailleurs, se doubla soudain d'une rougeur anxieuse : Dieu merci, les andouillers étaient enveloppés dans la capote sur le sac !

Serrant les dents, j'entrai au pas de charge dans le hall d'un grand hôtel à porte tambour, et demandai au portier où se trouvait le téléphone. À l'autre bout du fil, on alla me chercher Heinz Schramm, un ami d'enfance d'István qui habitait à quelques milles de là ; tout avait été arrangé par téléphone depuis Lapuşnic avant que je ne me mette en route. Le portier me pria d'attendre dans le hall, et un quart d'heure plus tard l'ami d'István, joyeux et rubicond, sautait d'une étincelante Mercedes. Nous quittâmes bien vite la ville pour descendre la vallée ; une fois l'agglomération hors de vue, elle retrouvait la vierge beauté des bois, des rochers couleur d'abricot, de leurs ombres lumineuses comme un éclair de magnésium avec la lumière qui baissait. Je devinai un aqueduc turc, puis ce fut l'arrivée dans une grande demeure confortable, vite suivie d'une immersion de sybarite. Comme mes affaires semblaient déplacées, éparpillées dans cette salle de bains immaculée, sous les nuages de vapeur ! Souliers poussiéreux, papiers cornés, fouillis de livres, de crayons cassés, de linge sale, confusion des jambières, miettes, ficelle emmêlée, flasque vide, les andouillers, une pomme oubliée qui pourrissait tranquillement au fond du sac ; mais sur la chaise reposaient une veste et un pantalon qui n'étaient pas trop vilainement froissés, une chemise propre et les chaussures de gym, enfin, au lieu des semelles cloutées. D'un coup d'orteil, je fis couler un peu plus d'eau chaude et me vautrai dans de luxueux transports.

Heinz Schramm avait hérité d'une affaire de bois familiale qui, de toute évidence, prospérait. (Je me demandai si l'équipe de bûcherons de Szatmár avait quelque rapport avec lui, mais j'oubliai de l'interroger.) Le bois abattu dans les forêts et d'énormes troncs d'arbre ne cessaient d'arriver dans les hangars et les scieries le long de la vallée ; ils y étaient découpés par des spectres évoluant dans des nuages de sciure, au son des scies circulaires, au bruit régulier de la chute des planches. La famille de Heinz descendant des immigrés souabes du dix-huitième siècle installés dans le Banat, la conversation se déroulait en allemand, sauf avec son père, amiral à la retraite dans la marine *k. und k.*, et dont l'anglais courant, délicieusement désuet, était d'un cru encore plus ancien que celui du comte Jenö. Veuf, mince, au regard vif, il avait grandi au temps où l'anglais était une sorte de *lingua franca* navale dans le monde entier. À la mention de l'amiral Horthy, il me dit :

— Nous fûmes enseignes de vaisseau au même moment ! Mais c'était un excellent gaillard, bien que je doive dire que je n'ai jamais pensé qu'il en avait lourd dans le cigare.

Il évoqua des bals à Fiume — « On apprenait le *bunny-hug* et le *cake-walk* grâce aux jeunesses de passage » — et des mouillages souriants à Tokyo et Saigon :

— Nous connûmes des moments fabuleux, et c'est la mort dans l'âme que nous décampâmes.

Dans la soirée, sur la terrasse dominant la vallée, il déroulait de plaisants souvenirs. Grand admirateur de la Royal Navy, il y avait été détaché quelque temps pour remplir une fonction à moitié diplomatique ; il en aimait le style général aussi bien que l'excellence marine, et n'avait jamais oublié le spectacle de la flotte entièrement décorée pour l'anniversaire d'Édouard VII dans les rades de Pola ou de Trieste. Il nourrissait en particulier des réminiscences émues de Lord Charles Beresford, quand ce dernier était commandant en chef de la flotte de la Méditerranée :

— Vous reconnaissiez toujours son allure à un mille nautique !

(De fait, le nom de cet oiseau des tempêtes était régulièrement mentionné quand les Triestins évoquaient la période d'avant-guerre. Berta, mon hôtesse à Budapest, n'avait pas oublié qu'il l'avait tenue enfant sur ses genoux à Fiume, dont son père était gouverneur.)

Heinz regorgeait d'histoires sur István écolier. Il avait été fort populaire en dépit, ou peut-être à cause de ses innombrables frasques — de ses sauts du mur pour aller faire le zouave à Vienne, etc. On lui donnait alors un surnom dérivé de son nom.

— « Globus » était un gars merveilleux ! Il n'avait qu'un défaut : il était un peu trop fier de sa couronne à cinq boules. *(Er war ein bisschen zu stolz auf seine fünfzackige Krone.)*

— Je veux bien le croire ! fis-je en riant.

— Vous pouvez rire, reprit Heinz, mais devinez quel était le nombre de mes camarades, dans ma promotion du Theresianum, qui n'aient pas été nobles ? *Deux !*

Je n'ai jamais bien compris quel était en magyar la manière d'indiquer l'équivalent du *von* allemand ; mais dès qu'un noble hongrois partait vers l'Occident, il inversait l'ordre nom-prénom magyar à son passage en Autriche par le Leitha, en y intercalant aussitôt le suffixe allemand, à son tour changé en *de* quand il traversait le Rhin et entrait en France. Mais la noblesse signifiait bien davantage que des babioles héraldiques ou une désignation : cela voulait dire qu'on appartenait à un ordre légalement distinct, nanti de tout un éventail de privilèges. On avait depuis longtemps supprimé ces inégalités, mais le gouffre perdurait et les descendants des seigneurs campagnards restaient auréolés de leur antique superbe, de la crainte jadis inspirée, et leurs emblèmes héraldiques étaient présents comme par le passé. Les nobles sans titre tels qu'István portaient une couronne à cinq perles, les barons sept perles, les comtes neuf — sauf les Károly, qui, pour une raison ou une autre, en avaient onze — et les princes arboraient de belles couronnes fermées rehaussées d'hermine ; elles saupoudraient les maisons, les voitures, les livrées, les harnais, le linge et les étuis à cigarettes avec une profusion candide. Les désastres des guerres, les fortunes détruites, le changement de souveraineté et la perte des domaines avaient contre toute attente épargné les privilégiés, parfois avec affection, parfois avec ressentiment, et mon itinéraire d'aéronaute mâtiné d'homme-grenouille entre les lits à baldaquin et les étables m'avait donné une assez bonne idée du vieux *statu quo*, notamment à la campagne, et pas seulement en Autriche, Hongrie et Transylvanie. Je pense qu'il en allait plus ou moins de même en Bohême, Moravie, Prusse, Pologne et Russie, ainsi que dans la Roumanie d'avant et d'après-guerre.

Août était un bon prétexte pour pique-niquer. Nous festoyions dans les ruines, les champs et les grottes de stalactites des montagnes du Banat, et près des bois qui longeaient la Cerna et son affluent la Bela — la rivière noire et la blanche. Un soir, nous filâmes vers les Bains d'Hercule[1] où l'on donnait un gala au casino.

La petite ville semblait tout à fait différente, à présent. Elle avait le charme comique et séduisant d'une opérette : la couleur et la vivacité marquaient ses hôtes, et les tables bondées, l'orchestre et les danseurs remplissaient la salle à manger du casino de brio et de *Schwung*. Stimulée par la *tzuika*, le vin et la danse, la soirée se déroulait dans un brouillard doré. Une flamboyance légèrement théâtrale nous parvenait depuis une grande tablée, dans la pièce voisine : on sut vite pourquoi. Profitant d'une pause entre les danses, les Bohémiens avaient commencé d'aller de table en table, de s'arrêter, troupe attentive, pour jouer « à l'oreille » des convives, comme on dit ; la musique restait plutôt discrète et assourdie, mais lorsqu'elle atteignit nos

1. Băile Herculane, Herculesbad et Herkules Fürdö, tels étaient les noms locaux.

voisins, un crescendo soudain, plein de défi, s'éleva en faisant tinter les breloques des chandeliers. Un bel homme rubicond d'environ trente ans avait posé ses couverts et laissait libre cours à une voix superbe de baryton ; chacun cessa de parler ; puis les autres convives de cette table lui donnèrent la réplique d'une manière toute professionnelle jusqu'à ce que la salle résonne. Heinz m'apprit qu'il s'agissait de la compagnie de l'opéra de Bucarest en tournée, mais cet éclat était spontané ; ils avaient entonné les arias et les chœurs du *Barbier de Séville* par pur enthousiasme, et l'on salua leurs *tutti* finaux d'applaudissements, de bravos et de *bis !* Une fois toutes les requêtes satisfaites, la danse reprit, et nos tables furent bientôt agréablement mélangées.

Je me retrouvai en train de danser — sur l'air de *Couchés dans le foin*, puis de *Vous qui passez sans me voir* — avec une fille qui apprenait l'anglais à Bucarest ; non que l'on pût entendre un mot dans la presse générale. Quand nous nous rassîmes, elle dit :

— J'aime beaucoup les livres anglais. Wells, Galsworthy, Morgan, Warwick Deeping, Dickens. Et la poésie de Byron, si…

Elle s'interrompit, un sourire songeur aux lèvres. J'attendais, curieux de connaître ses réserves, et, après quelques secondes de silence, me risquai à dire :

— Si quoi ?

— S'il est permis de garder sa tête quand tous autour de vous la perdent, et vous en rendent responsable.

Comme j'explorais la propriété le lendemain, en souliers de gym, mon pied atterrit sur trois centimètres de clou pointant d'une planche dans un appentis ruiné et fut traversé de part en part. La douleur n'était pas excessive et le sang fut assez vite épanché, mais marcher m'était douloureux, de sorte que je m'allongeai sur un transatlantique sous un arbre, puis boitillai ici et là avec une canne.

La blessure était cicatrisée trois jours plus tard, et je partis le quatrième.

Le Maros avait dominé les derniers mois. A présent, la Cerna avait pris sa place, et c'est quelques jours plus tôt, juste avant l'aube, que j'avais remonté le courant pour en avoir un dernier aperçu. La toison des feuilles s'élevait jusque sur la colline ; plus bas, la vallée reposait, mélancolique et calme dans le demi-jour. C'était un tohu-bohu de mousse verte, de plantes grimpantes grises, de moulins à eau couverts de lierre qui pourrissaient sur les berges, de ruisseaux dévalant les ombres ; puis des rais de lumière jaune citron percèrent à travers les troncs dans la vapeur qui serpentait sur le lit du fleuve et sous les branches. Je me faisais l'effet de trotter dans un monde émergeant du chaos primordial.

Mais aujourd'hui j'arpentais de plus bas parages. Abandonnant ce gouffre, ils partaient vers le sud, rejoignant une large trouée qui grimpait vers le nord entre deux grands massifs, et qui rétrécissait rapidement jusqu'à ce que la route atteigne le col ; puis, à bien des lieues d'ici, elle tombait de l'autre côté dans la vallée du Timiş ; plus loin encore se situait le point d'où j'avais lancé ma première attaque sur les Carpates deux semaines plus tôt.

Filant vers le sud, je suivis un sentier de moutons sous le vent des bois, me demandant en quoi la vallée pouvait avoir changé depuis l'époque romaine ; levant les yeux vers les aigles et les forêts impérieuses, je songeai qu'elle n'avait presque pas changé.

Ces méandres bordés d'osier partageaient la vallée avec une route et une ligne de chemin de fer ; de temps en temps, ces trois plis lâches se distendaient, puis se rapprochaient de nouveau, avec nonchalance. Les buffles fourgonnaient dans les roseaux, un souffle de vent inclinait légèrement les résilles des feux bohémiens tandis que leurs chevaux, se mêlant aux troupeaux, broutaient jusqu'à la lisière des bois. Il y avait des champs d'éteule, et des centaines de tournesols d'un jaune éclatant autour de leurs cœurs noirs ; et cela faisait longtemps que les enveloppes vert pâle du maïs avait pris la teinte du carton. Des cordeaux de chariots remontaient, vides, en amont, ou peinaient vers le sud, chargés de troncs qui seraient reliés pour flotter sur le Danube ; si deux chariots venaient à se croiser, des cordes de poussière s'allongeaient dans les deux sens, enveloppaient la route et les passagers d'un nuage ; il se posait sur les arbres fruitiers qui bordaient parfois la route sur des centaines de mètres, lourds de prunes bleues que personne ne ramassait, et qui jonchaient le bord du chemin, en anneaux bruissants de guêpes.

Plongeant vers la rivière, le sentier la traversait à plusieurs reprises sur des ponts de bois. Le soleil versait sa gerbe à travers une passoire de feuilles, et parfois de petits rapides serpentaient à travers les roches rouges et vertes ; des herbes aquatiques, chevelures de sirènes, flottaient le long du courant. (Sans le savoir, je dus enregistrer un souvenir quasi photographique de cette belle vallée car, en la reparcourant vingt ans plus tard, par le petit train cette fois, les objets oubliés du paysage ne cessèrent de me revenir, tant et si bien que je finis par prévoir la réapparition d'une étendue de feuilles d'iris, d'un îlot pourvu d'une touffe de saule, d'un bosquet, d'un chêne frappé par la foudre ou d'une chapelle isolée, une ou deux minutes avant qu'ils ne se matérialisent : tout à coup, après une aimable boucle de la rivière, ils resurgissaient, noyés à vingt ans de profondeur, mais faisant surface un par un, succession de visions sauvées, comme des objets perdus et retrouvés.)

Un vieil homme sous un mûrier me demanda où j'allais. Quand je lui dis « Constantinopol », il hocha doucement la tête puis ne dit plus un mot, comme si j'avais annoncé le village voisin. Un oiseau spectaculaire, que je n'avais encore jamais vu, de la taille d'un corbeau environ et d'un bleu ciel brillant quand il volait, atterrit sur une branche peu éloignée. « *Dumbrăveancă* », l'appelait le vieil homme : « celui qui aime les chênes » (c'était un rollier). Désireux d'avoir un autre aperçu de ses merveilleuses couleurs, je frappai dans mes mains, et il quitta son perchoir comme une création maeterlinckienne.

Le vieillard ramassa une mûre tombée dans l'herbe, et arrondit l'index pour représenter l'hameçon avant de feindre le jet d'une ligne dans la rivière. Voulait-il dire qu'ils utilisaient ici des mûres en guise d'appâts ? Sûrement pas pour les truites ! « Non, non. » Il secoua la tête et prononça un autre nom, indiquant du geste un beaucoup plus gros poisson, jusqu'à ce que ses mains fussent aussi distantes que celles d'un accordéoniste à sa plus grande largeur. Peut-être s'agissait-il d'un sterlet du Danube, qui n'était pas très loin.

J'en étais, de fait, beaucoup plus près que je ne pensais, car brusquement les flancs de la vallée s'écartèrent, et révélèrent les tours et les arbres d'Orşova, puis les eaux troubles, jaunes et bleu-gris du Danube ainsi que la palissade des montagnes serbes au-delà. Le spectacle était impressionnant et soudain. L'ample courbe du fleuve entrait en scène, en quelque sorte, à travers un chevauchement abrupt vers l'ouest ; puis, après s'être séparé dans un bruissement autour d'une île plumeuse, il se refermait et poursuivait son cours, pour une sortie un peu moins dramatique.

J'entrai à pas rapides dans la ville, et me précipitai à la poste pour y ramasser quelques lettres — et juste à temps. L'une, remplie de conseils géologiques, était de mon père et postée deux mois plus tôt à Simla : « Tout le monde s'est transporté ici pendant la saison chaude. Je peux voir l'extrémité occidentale de la chaîne centrale de l'Himalaya depuis ma fenêtre, et de nombreux pics enneigés du Tibet. Quel merveilleux changement après Calcutta... »

Celle de ma mère répondait à la peinture, que j'avais voulu amusante, de mon été de sybarite ; je lui envoyais un rapport hebdomadaire sur ma situation, à la fois pour la divertir, et pour étayer ultérieurement mon journal[1]. « ... Je vois ce que tu veux dire au sujet du *Sporting Tour de Mr. Pickassiette.* Vas-tu suivre le Danube ? Tu tomberas sur un endroit appelé Rustchuk — je viens de le repérer dans l'atlas. Devine qui est né là ? » C'était Michael Arlen[2]. (Ainsi qu'Elias Canetti, bien que je n'eusse pas encore entendu parler de lui.) Elle regorgeait de ce genre d'informations, pas très précises souvent, mais toujours intéressantes. Elle avait une passion pour les coupures de presse, et une flopée d'articles, qui me donnaient des nouvelles de Londres, inondèrent bientôt la table.

Suivaient plusieurs autres lettres, et une enveloppe de toile barrée à la craie bleue qui renfermait les quatre livres du mois précédent ; juste à temps, une fois de plus ! Mais la lettre que j'ouvris la première, et avec le plus d'excitation, fut celle d'Angéla, écrite en français et d'une main impétueuse, et postée le lendemain de son retour à Budapest. Tous nos stratagèmes et subterfuges avaient réussi ! Le ton de ces épais feuillets était affectueux, drôle, enraciné dans les délices de notre triple fugue. Je repoussai les lettres et les articles de journaux, et lui répondis sur-le-champ ; puis à Londres et à Simla. Quand j'eus terminé, le soleil s'était couché, laissant à la rivière une pâleur couleur de zinc. La nouvelle lune pointa timidement pendant une heure avant de plonger sous les collines opposées.

Je lus et relus la lettre d'Angéla. Nos sentiments — les miens, en tout cas — avaient eu plus de résonance que

1. Elle me les rendit toutes quand je revins, mais elles devaient s'égarer dans une malle perdue pendant la guerre, et me manquent amèrement aujourd'hui.

2. Voir *Le Temps des offrandes*, p. 168.

nous n'avions bien voulu l'admettre, et tant qu'avait duré notre escapade, j'en avais été obsédé : c'est à pleines mains que nous avions déversé des pluies d'affection et d'excitation ; rien d'étonnant à ce que nous ayons marché dans les nuages : notre gaieté, un sentiment d'aventure et de comédie avaient donné à tout cela un air léger, et je savais bien qu'Angéla avait adroitement veillé à le préserver. Un bonheur sans nuage avait béni ce bref voyage ensemble — nous n'étions pas responsables de la séparation, pas plus l'un que l'autre, de sorte que nous n'avions que de la gratitude à échanger, et nous avions d'ailleurs peut-être été plus heureux encore que nous ne l'imaginions. Mais à la grande joie d'avoir de ses nouvelles succéda une crise de dépression.

A cela s'ajoutait encore une raison mineure d'anxiété : plus de châteaux, de l'autre côté du Danube. Ces refuges avaient ponctué ma route de manière intermittente, depuis que j'avais franchi la frontière autrichienne. Leurs habitants me paraissaient doublement précieux à présent, et je ruminais avec nostalgie, songeant aux fêtes, aux bibliothèques, aux écuries, aux conversations inépuisables à la lueur d'une lampe ou des chandelles ; tout cela me ramena au sentiment qui m'avait envahi après notre rapide traversée de Hermannstadt[1], avec ses arcades et ses pignons. Nous y avions trouvé l'arrière-garde de l'architecture occidentale. Je pensai à la manière dont le roman, après s'être épanoui en lancettes, flèches et arcs-boutants aériens, avait donné naissance aux bastions trapus de la Réforme dans les Carpates ; et finalement aux splendeurs démesurées de la Contre-Réforme. Il fallait aussi y voir le dernier mot des jésuites, et de toutes leurs œuvres : héros, bandits ou saints tour à tour. Ils se situaient au cœur de tous les conflits et triomphes que j'avais pu rencontrer dans mes lectures, démons de la Contre-Réforme en

1. Il serait impropre de l'appeler Sibiu dans ce contexte.

Europe centrale, et fourriers de la guerre de Trente Ans. Je n'en avais encore jamais croisé, mais aujourd'hui encore, ils gardent un peu de leur sombre éclat, à mes yeux : c'étaient là les hommes, me disais-je, qui avaient zébré l'air de saints tourbillonnants, de colonnes torsadées, de frontons brisés, de coupoles nervurées, ou renversé en arrière des milliers de têtes sous les spectacles en trompe-l'œil de leurs plafonds baroques.

Quelle empreinte ils avaient laissée ! (Ou du moins le pensais-je.) *Sint ut sunt aut non sint !* Même dans cette petite ville du bord de l'eau, la note de la cloche sonnant l'heure, les spirales et les volutes des vieux murs beiges auraient été un peu différentes si la Société n'avait jamais existé [1].

Pour quelque raison oubliée, au lieu de m'enfoncer tout simplement dans les montagnes yougoslaves à l'opposé, j'avais décidé de prendre le vapeur qui m'emmènerait, passé deux boucles du Danube, jusqu'à la ville bulgare de Vidin.

Assez bizarrement, je n'avais jamais rencontré personne qui fût entré en Bulgarie. Si les Hongrois hésitaient à traverser les Carpates et à pénétrer en Roumanie, la Bulgarie faisait encore davantage figure de *terra incognita* ; les Roumains, d'ailleurs, malgré tous leurs anciens

1. R.F., l'ami qui a pris la place de mon érudit du *Temps des offrandes,* m'assure que d'autres ordres — ceux des Piaristes, des Prémontrés, des Bénédictins et des Cisterciens — ont joué un rôle beaucoup plus important dans l'histoire ultérieure de la Hongrie, de la Transylvanie et du Banat ; et en particulier les Franciscains. Le plus célèbre d'entre eux fut l'impétueux Capistrano, l'allié de Hunyadi et son frère d'armes contre les Turcs. C'est dans les régions les plus éloignées de la Mitteleuropa du Saint-Empire romain, et en Angleterre, au Paraguay, en Inde, en Chine et au Japon, que la Société de Jésus avait le plus largement étendu ses ailes. Mais, bien que mes affirmations péremptoires au bord du Danube ne fussent pas aussi fondées que je le croyais, elles recèlent juste assez de vérité pour ne pas les biffer.

liens avec Constantinople, étaient encore plus réticents. Les deux pays regardaient vers l'ouest, vers Vienne, Berlin, Londres et Paris, et les régions obscures des Balkans demeuraient infréquentables. Tout ce qu'on savait, c'était que la Bulgarie avait compté au nombre des provinces de l'Empire ottoman il n'y avait pas soixante ans, et ne s'était formellement affranchie de ce joug qu'en 1911. On le sait, la Hongrie avait été soumise à une longue occupation turque, mais cela se passait près de trois siècles auparavant et n'avait laissé aucune trace, sinon l'usage de ces pipes au long tuyau ; quant aux principautés de Transylvanie et de Roumanie, si elles étaient vassales des Turcs, elles n'avaient pas connu d'occupation ; leur continuité historique restait intacte, et c'était là l'important. Au lieu que la Bulgarie avait un passé différent, un passé balkanique ; premier État asservi par les Turcs, et le dernier ou presque à s'en être débarrassé, après une occupation de cinq siècles, il semblait, aux yeux de quiconque habitait au nord du fleuve, le plus sombre, le plus arriéré et le moins séduisant des pays d'Europe, à l'exception de l'Albanie — injustement, comme j'allais bien vite m'en rendre compte.

Pendant un demi-millénaire, donc, ce pays avait constitué la province septentrionale d'un empire plongeant ses racines en Asie. Constantinople lui avait servi à la fois de phare et de pôle magnétique ; les Bulgares continuaient de l'appeler « Tzarigrad », la ville des empereurs, bien que ce nom évoquât les empereurs orthodoxes romains et grecs, et non les sultans turcs qui les avaient remplacés en 1453. Le mot rappelait aussi, par association, les premières splendeurs bulgares, aux jours où ces sauvages envahisseurs des steppes du Pont avaient mis à sac les Balkans, puis établi leur souveraineté depuis la mer Noire jusqu'à l'Adriatique. Leurs propres tsars régnaient sur ces contrées — des souverains qui rivalisaient presque avec les empereurs romains d'Orient eux-mêmes. L'aura de cette terre n'avait cessé d'agir comme un aimant depuis mon départ, bien que ma tristesse de devoir quitter l'Europe centrale eût temporairement amoindri cette fascination.

Je regardais ma vieille carte autrichienne de la région d'un air abattu, quand une voix me dit :

— *Können wir Ihnen helfen ? Est-ce qu'on peut vous aider*[1] *?*

Mon interlocuteur était un aimable géomètre de Bucarest. Je lui répondis que j'avais l'intention de passer sur l'autre rive le lendemain, après avoir découvert les Portes de Fer.

— Ne vous souciez pas des Portes de Fer, me dit-il. Le Kazan est beaucoup plus important. Mais vous n'arriverez jamais à le voir en si peu de temps.

Deux amis le rejoignirent, et tous trois me conseillèrent de retarder mon départ pour attraper le vapeur autrichien le surlendemain. En route vers l'amont, ils allaient faire des repérages à Moldova Veche, au-delà du défilé du Kazan, et si je souhaitais vraiment voir cette région extraordinaire, ils pourraient me laisser à un endroit opportun pour la découvrir, et je rebrousserais chemin vers l'aval à mon propre rythme. Ils commencèrent à discuter des détails pratiques, en faisant tous une suggestion différente, jusqu'à ce que le premier de mes interlocuteurs lance un mot qui suscita un rire général — il s'agissait d'un proverbe roumain : *Copilul cu mai multe moaşe rămână cu buricul netaiat.* (L'enfant qui a trop de sages-femmes garde son cordon ombilical.)

Je passai la nuit sur un sofa de la maison où ils séjournaient. Nous nous levâmes avant le jour, nous installâmes au milieu des cordes, chaînes, trépieds, théodolites et perches bicolores de dix pieds entassés dans leur petit fourgon, et démarrâmes. Sous le rayon vacillant des

1. En français dans le texte.

projecteurs, la route sinueuse dominant le fleuve semblait à la fois merveilleuse et mystérieuse. On l'avait taillée et extraite des flancs quasi perpendiculaires des montagnes, construite parfois au-dessus des flots sur de hauts murs de soutènement, et parfois dressée sur des arches ; elle plongeait aussi dans des tunnels évidés en de vertigineux promontoires. Les grottes et les galeries se déroulaient sur des milles dans l'obscurité, comme quelque itinéraire menant au cœur d'un rêve obsessionnel. Les masses montagneuses et sombres sortaient de l'eau scintillante en contrebas, ne laissant qu'une bande étroite de lueur étoilée au-dessus de nos têtes, comme si les deux falaises allaient se rejoindre. Puis, après un coude abrupt, l'autre rive se déportait au loin et les étoiles s'étalaient, carte éphémère du ciel, pour rétrécir à nouveau quand les deux précipices menaçaient une fois de plus de se heurter. Cette splendide route avait été construite dans les années 1830 ; c'était l'un des plus importants souvenirs tangibles du grand István Széchenyi[1]. D'invisibles montagnes jaillissaient dans l'obscurité, puis s'affaissaient, de petits villages se recroquevillaient pour un bref instant de lumière artificielle au-dessus des groupes d'embarcations et disparaissaient, tandis que les bois et les crevasses se refermaient. Enfin, le ciel occidental commença de s'élargir en une ultime parade d'étoiles ; elles pâlissaient ; un village était à demi réveillé, et un petit vapeur à peine éclairé, la proue pointée vers l'aval, relevait sa passerelle. « *Mama Dracului !* » hurla notre chauffeur en pressant sa trompe et déchaînant un tintamarre d'échos. La passerelle s'immobilisa à mi-chemin, hésita, puis redescendit se poser sur l'embarcadère et, avant qu'elle ait eu le temps de

1. « Stefan » ou « Stephan » Széchenyi, tel est le nom sous lequel on le connaissait à Holland House, mais j'ai si souvent entendu son prénom sous sa forme magyare que j'ai du mal à l'écrire autrement. Ce fut l'un des tout premiers membres du Traveller's Club.

changer d'avis, je l'avais franchie et saluais du bras mes fantomatiques amis tandis que le bateau filait dans le courant.

Pendant que le bateau redresse le cap, précisons notre position.

Un voyageur s'en tenant à l'itinéraire habituel aurait suivi le Danube vers le sud, traversant de part en part la Hongrie jusqu'en Yougoslavie, tourné vers l'est à Belgrade, puis emprunté la rive nord du fleuve le long de la frontière méridionale de la Grande Plaine. S'arrêtant à cet endroit et regardant vers l'est, au-delà des empilements de roseaux coupés et des mirages, il aurait vu des montagnes surgir brusquement, tel un banc de baleines, de l'horizon plat.

La moitié nord de ces montagnes, qui s'abaissent sur la rive gauche du Danube, forme l'extrémité des Carpates ; et la moitié sud, qui jaillit de la rive droite, bien que beaucoup moins haute que la chaîne du nord, est le commencement des Balkans [1] : impressionnante juxtaposition. Ces deux régions montagneuses, qui paraissent croître en hauteur et en masse à chaque pas, ressemblent à un bloc continu ; en fait, une faille profonde et invisible les scinde de haut en bas, livrant passage au plus grand fleuve d'Europe. J'avais atteint cet endroit par l'autre bout ; à présent, je me trouvais dans la mâchoire occidentale de la faille, et me dirigeai de nouveau vers l'est, l'aube pâlissant derrière les courbes sombres du canyon en envoyant des rayons de lumière tout là-haut, comme le drapeau japonais.

A tribord, l'île-forteresse de Babakai, où un pacha avait enchaîné une épouse fugitive en la laissant mourir de faim,

1. La vraie chaîne des Grands Balkans, par opposition aux Balkans tout court, ne commence que de l'autre côté de la frontière bulgaro-yougoslave.

restait encore noyée dans la nuit. Puis le soleil triompha des épines et des ronces au-dessus, et vint frapper les murailles du château serbe de Golubac — une prison là encore, cette fois d'une princesse romaine anonyme — fortifications crénelées qui entouraient quelques cylindres brisés et des polygones jusqu'à la crête d'un promontoire ; et ici, avec l'altitude et l'inclinaison croissante des précipices, le crépuscule revenait. Espacés à l'ombre des bois, les hameaux de pêcheurs roumains et serbes se suivaient l'un l'autre pendant que se dressaient les murailles des montagnes, jusqu'à ce que le fleuve parût couler dans un couloir.

Le seul autre passager, un médecin roumain cultivé qui avait étudié à Vienne, se rendait à Turnu-Severin. À l'approche des cataractes submergées, il m'avertit que le Danube, qui n'avait plus connu la contrainte des montagnes depuis le coude de Visegrád, subissait de violentes métamorphoses à cet endroit. Son lit de vase se durcissait pour former une trouée rigide traversée par des barreaux de quartz, de granit et de schiste, entre lesquels plongeaient de profonds abîmes.

Pendant ce temps, les remparts se rapprochaient. Un éperon de roches, montant sur huit cents pieds, s'avançait au milieu du courant : l'eau, battant ses flancs, virait subitement vers le sud où elle venait frapper la muraille serbe symétrique qui s'élevait sur mille six cents pieds, tandis que la largeur du fleuve rétrécissait jusqu'à quatre cents ; sous le choc de la proximité des deux falaises, la commotion résultant des récifs immergés et des gouffres, l'élément liquide réprimé renvoyait des ondes en retour bien au-delà de Belgrade. Le fleuve s'enfonçait rageusement entre les rapides, élégamment déjoués par le pilote grâce à de brusques coups de barre. Nous débouchions dans un vaste espace. Le seuil s'élargit, les courants se démêlèrent, et un calme anneau de montagnes, grand et clair vallon aqueux, nous entoura d'un seul coup. C'était le « chaudron » de Kazan. Escortés par les mouettes, semblables à une gravure sur cuivre tirée d'un Jules Verne, nous glissions sur ce cirque calme sous un haut et droit pilier de fumée.

Quand le navire atteignit l'extrémité opposée, il se faufila de nouveau entre les montagnes, et le couloir nous mena de chambre en chambre. Sans cesse, le fleuve passait d'un clair-obscur à l'autre, sous les gerbes obliques de lumière et d'ombre ; de temps en temps, les précipices s'abaissaient suffisamment pour que des maisons, des arbres, une église bleue ou jaune se calfeutrassent dans un repli ; les champs grimpaient rapidement par-derrière entre pics et glissements de terrain pour rejoindre la courbe sombre des bois. Sur la rive gauche, la lumière du jour révélait à présent toute la complexité de la route de Széchenyi ; encore plus impressionnante, une chaussée intermittente avait été taillée, juste assez large pour que deux personnes marchent de front sur la face perpendiculaire de la rive droite. Parfois, seules des fentes dans la roche permettaient de la repérer, où l'on avait jadis fiché des poutres qui supportaient une plate-forme de bois continue au-dessus de la rivière. L'achèvement par Trajan de la route commencée sous Tibère (poursuivie par Vespasien, puis Domitien) se fit au-dessus du fleuve pour le transport des légions conquérantes jusqu'à la tête de pont vers la Dacie, une douzaine de milles en aval. On avait serti dans la roche une large dalle rectangulaire au-dessus de la route : des dauphins sculptés, des génies ailés et des aigles impériaux entouraient une inscription commémorant à la fois l'achèvement de la route et la campagne qui la suivit, en 103 de notre ère. Le temps l'avait érodée jusqu'à la rendre quasiment illisible[1].

1. Je la retrouvai par la suite : « *Imperator Caesar divi Nervae filius — Nerva Trajanus Augustus Germanicus — Pontifex Maximus tribunitae potestatis quartum — Pater patriae consul quartum —*

Après quelques autres coudes, la gorge débouchait dans la rade d'Orşova.

Le risque de laisser les géomètres m'emmener bien au-delà de l'itinéraire possible en un jour de marche avait été récompensé par la rencontre du petit vapeur à Moldova Veche ; au milieu de la matinée, j'étais de retour à mon point de départ d'Orşova. Dieu bénisse ces géomètres ! Emporté par le magnétisme des Portes de Fer, j'avais presque manqué l'étonnant Kazan. C'était ma dernière journée en Europe centrale ; je résolus de jouer mon atout un peu plus longtemps : au lieu de débarquer quand nous vînmes nous ranger le long de l'embarcadère d'Orşova, je décidai de tenir compagnie au médecin jusqu'à la prochaine halte — je m'efforcerais ensuite de rebrousser chemin du mieux que je pourrais.

Ce bras du fleuve était presque trop riche. Nous repartions à peine, que mon cicérone indiquait du doigt une chapelle polygonale à l'extrémité d'une lisière d'arbres, derrière la rive nord. Quand les Autrichiens avaient chassé l'armée révolutionnaire hongroise vers l'est, lors du soulèvement de 1848, Kossuth, pour empêcher le couronnement du jeune François-Joseph, s'était emparé de la couronne de saint Étienne dans l'église du Couronnement à Buda, et l'avait emportée, en même temps que tous les objets nécessaires à la cérémonie, en Transylvanie. Après la défaite, les chefs de la révolte avaient enterré discrètement le tout dans un champ et pris la fuite, passant le Danube, dans les possessions turques.

---

montis et fluviis anfractibus — superatis viam patefacit. » (L'empereur César, le fils du divin Nerva — Nerva Trajan Auguste Germanicus — Grand Pontife et pour la quatrième fois tribun — pour la quatrième fois consul et Père de la patrie — a triomphé des dangers de la montagne et du fleuve et ouvert cette route.)

La Hongrie tout entière se lamentait de cette perte, mais on ne tarda guère à retrouver et à exhumer le trésor ; l'empereur fut couronné roi malgré tout, et cette chapelle octogonale fut érigée sur l'emplacement de la cachette[1]. Avant le traité de Trianon, c'était un village situé sur la même rive qui avait constitué le poste-frontière roumain le plus au sud à la limite de la Hongrie. Nous laissâmes l'île feuillue à bâbord et, tout en écoutant le docteur me raconter son histoire, je formai un nouveau plan dans ma tête.

Pendant ce temps, les montagnes s'étaient rapprochées de part et d'autre, corsetant le fleuve dans une version adoucie du Kazan, et les remous soudains tout autour du vaisseau signifiaient que nous nous trouvions au milieu des Portes de Fer. Mais ici, tout se passait sous la surface de l'eau, et les bouleversements du lit de la rivière éveillaient des courants sauvages et compliqués. Pendant des siècles, des rochers semblables à des dents de dragon avaient rendu ce défilé mortellement dangereux, navigable seulement quand l'eau avait monté. À la fin du siècle dernier, tout près de la rive serbe, les ingénieurs avaient percé un chenal sûr, long d'un mille, en utilisant des explosifs ; ils l'avaient dragué, puis protégé par un mur sous-marin. Cette succession de dangers, semblait-il, rendait le voyage de retour vers l'amont beaucoup plus long et problématique, tout le contraire de notre descente

1. Sans doute s'agit-il des objets royaux les plus « voyageurs » du monde. Après la Seconde Guerre mondiale, on les cacha plusieurs années aux États-Unis pour ne les restituer que récemment. Je les ai vus exposés au Musée national quelques mois après leur retour : la célèbre couronne elle-même, le sceptre en forme de masse, l'orbe, les bracelets et l'épée de cérémonie. La queue des visiteurs attendant de les découvrir — pour quelques secondes seulement, tant la presse était grande — s'étendait sur cent mètres dans la rue et passait à pas traînants, muette et impressionnée, devant le trésor. Il symbolisait toute l'histoire et la fierté de la Hongrie dans le dernier millénaire.

gaie et rapide ; nous ne tardâmes pas à aborder un bras plus calme, où les montagnes décrurent : à notre arrivée à Turnu-Severin, je mettais le pied dans le *Regat* — c'est-à-dire la Roumanie d'avant le traité — pour la première fois.

Nous venions visiter les restes de l'extraordinaire pont de Trajan, le plus grand de l'Empire romain. Son architecte, Apollodore de Damas, était un Grec de Syrie, et l'on voyait encore deux grandes piles de maçonnerie encombrer la rive roumaine ; une troisième s'élevait de l'autre côté, dans un champ serbe. Les martinets rasaient la surface de l'eau, des faucons aux pattes rouges planaient et plongeaient tout autour de ces rescapées uniques des vingt piles massives. Jadis, elles s'étaient dressées, effilées, très hautes, pour supporter plus d'un mille de superstructure et d'arcatures de bois : des poutres que la cavalerie avait franchies à grand bruit, sur lesquelles les voitures à bœufs avaient grincé, tandis que la Treizième Légion marchait à pas lourds vers le nord pour assiéger Décébale à Sarmizegethuse. S'il ne restait sur place que ces souches, le moment de la dédicace du pont est gravé avec force détails sur la colonne Trajane de Rome et les pigeons du Forum, qui grimpent en spirale autour du fût, peuvent admirer ces mêmes piles en bas-relief : le pont à balustres jaillit dans son intégrité, et le général en manteau se tient près du taureau sacrificiel et de l'autel allumé, entouré par ses légionnaires, le casque à la main, sous leurs étendards et leurs aigles.

C'était la fin de la grande faille. À l'est, les Carpates filaient vers le nord-est, tandis que le fleuve se dépliait vers le sud puis l'est, en délimitant la bordure de la plaine de Valachie, la frontière nord de la Bulgarie et la limite des Balkans. Il atteignait enfin la mer Noire dans un delta bruissant d'un millier de milles carrés de roseaux, pépiant de plusieurs millions d'oiseaux. Je regardais vers l'aval, et ma détermination d'explorer la Roumanie orientale commençait à s'affirmer. J'aspirais à découvrir l'habitat de ces princes aux noms quasi mythiques — Étienne le Grand, Michel le Brave, Mircéa le Vieux ; et puis il y avait Vlad l'Empaleur, comme on sait, et l'antique lignée des Basarabs ; la princesse Chiajna, Pierre à la Boucle d'Oreille, et une vingtaine de seigneurs aux noms étranges : Basile le Loup, Jean le Cruel, Alexandre le Bon, Mihnea le Mauvais, Radu le Bel... A l'exception d'un ou deux, comme Sherban Cantacuzène, Dimitri Cantemir et Constantin Brancovan, je ne connaissais d'eux que leurs sobriquets. Vallées, bois et steppes se déroulaient dans mon imagination ; des plaines avec des diables de poussière tournoyant sur un demi-mille de haut, des forêts, des canyons et des abbayes peintes ; des marais hantés par de bizarres fanatiques, des troupeaux innombrables, des bouviers et des bergers aux instruments de musique aux formes étranges ; enfin, éparpillées parmi les bois et les champs de blé, des demeures seigneuriales abritant des boyards hyper-civilisés, enfoncés jusqu'au cou dans Proust et Mallarmé.

Je commençais à comprendre la configuration du gouffre presque incroyable que j'explorais depuis le petit matin, et dans lequel je rebroussais chemin. C'était, de tout le cours du fleuve, la longueur la plus sauvage, et les pilotes qui s'y aventuraient, ceux qui habitaient sur ses berges, avaient bien des fléaux à supporter. Le plus grave était les vents Kosovar, qui recevaient leur nom de la tragique région du Kosovo, où se rencontrent la vieille Serbie, la Macédoine et l'Albanie. D'effrayantes tempêtes du sud-est, liées à la mousson et à la rotation terrestre, s'y forment en un moment pour frapper le Danube moyen et inférieur. À l'équinoxe de printemps, elles atteignent une vitesse de cinquante à soixante milles à l'heure, et transforment le fleuve en un tourbillon infernal, démâtent les bateaux, pulvérisent les carreaux, envoient des files de péniches par le fond. A l'automne, quand le niveau de l'eau baisse et que ces terres steppiques sèchent comme un four, les coups de vent se muent en tempêtes de poussière qui aveuglent les pilotes. dans ces cyclones de chaleur, dépouillent l'une des rives du fleuve jusqu'au niveau de l'eau, et parfois l'érodent assez pour qu'il y ait débordement et inondation ; simultanément, à une vitesse incroyable, des dunes instantanées s'édifient de l'autre côté, avec des écueils et des bancs de sable, bloquant les canaux et fermant le lit du fleuve : désastres saisonniers qu'on ne peut éviter que par des mois de dragage et de construction de digues. En tendant l'oreille, je saisissais mieux les caractéristiques du fleuve : les centaines de courants sous-marins l'abreuvant comme autant de donneurs anonymes ; le gravier charrié qui, à certains endroits, chante distinctement à travers la barrière du flot ; les millions de tonnes d'alluvions toujours en mouvement ; les blocs de pierre bondissant dans les trouées, et les fractures aspirant les courants dans les profondeurs avant de les repousser en spirales à la surface ; l'avancée péristaltique de la vase et la marche invisible des débris le long du vaste escalier du fond ; le poids et la force du fleuve dans les goulets montagnards, toujours à gratter un passage plus profond, à déchirer d'énormes fragments de rochers, à les emporter dans l'ombre pour les laminer lentement, les réduire en galets, gravier, sable grossier puis sable fin. À l'extrémité orientale du défilé, sur les plaines de la Valachie méridionale, souffle un terrifiant vent d'hiver venu de Russie, qu'on appelle le *buran*. Une fois passé en Roumanie, il devient le *crivatz*, et sous son influence la température s'effondre bien au-dessous de zéro, le fleuve gèle dans les quarante-huit heures, se recouvre d'un solide couvercle de glace qui se renforce régulièrement à mesure que l'hiver avance. Quel effort, sous ce ciel d'été, d'imaginer tous ces détails — les sillons des traîneaux sur les étendues grises et scintillantes, les champs de banquise, tels des millions d'icebergs agglutinés se bousculant à l'horizon ! Malheur aux bateaux imprudents qui s'y laissent prendre ! Quand l'eau se dilate en glace, les quilles craquent comme des noix.

— Nous mettons un seau d'eau sur le pont, m'avait dit le pilote, et nous y plongeons sans cesse la main quand la température refroidit, de manière à nous mettre à l'abri dès que se forme le premier glaçon.

Après le pont de Turnu-Severin, le médecin poursuivait son voyage jusqu'à Craiova ; quant à moi, je pris un autobus pour regagner Orşova, récupérai mes affaires, achetai un billet pour le bateau du lendemain, puis redescendis vers l'aval sur un ou deux milles, et trouvai un pêcheur qui voulut bien me faire passer sur la petite île boisée que je n'avais pas perdue de vue depuis mes retrouvailles avec le Danube.

J'avais beaucoup entendu parler d'Ada Kaleh dans les dernières semaines, et lu tout ce qui me tombait sous la main. Le nom signifie « île forteresse » en turc. Elle faisait à peu près un mille de long, avait la forme d'une navette, légèrement courbée par le courant, un peu plus proche de la rive carpate que de la rive des Balkans. On l'a appelée Erythia, Rushafa, puis Continusa et, selon Apollonios de Rhodes, c'est là que les Argonautes jetèrent l'ancre à leur retour de Colchide. Comment Jason arriva-t-il à piloter le navire Argos à travers les Portes de Fer, puis le Kazan ? Il faut croire que Médée avait soulevé le navire au-dessus des écueils par magie. Certains prétendent que l'Argos avait atteint l'Adriatique par transport terrestre, d'autres qu'il l'avait traversée, remontant le Pô pour échouer mystérieusement en Afrique du Nord. Des écrivains ont émis l'hypothèse que le premier olivier sauvage implanté en Attique a pu être originaire de cette île. Mais elle devait sa célébrité à une époque plus tardive.

Ses habitants étaient turcs, descendants peut-être des

soldats de l'un des premiers sultans qui aient envahi les Balkans, Murad Ier ou Bayazid Ier. Abandonnée par le reflux turc, l'île avait perduré, relique éloignée de l'Empire ottoman, jusqu'au traité de Berlin en 1878. Les Autrichiens détenaient sur elle quelque vague suzeraineté, mais l'île semble avoir été laissée pour compte jusqu'à ce qu'on la concède à la Roumanie lors du traité de Versailles ; et les Roumains avaient laissé tranquilles ses habitants. La première chose que je découvris après mon débarquement, ce fut un café rustique sous une treille, où siégeaient de vieux bonshommes, assis en tailleur et en cercle, avec des faucilles, des doloires et des couteaux d'affûtage autour d'eux. Lorsqu'ils m'invitèrent à les rejoindre, la joie m'envahit comme si l'on m'avait soudain permis de m'asseoir sur un tapis magique. Des ceintures bouffantes rouge vif, d'un pied de large, plissaient abondamment leurs amples pantalons noirs ou bleu nuit. Certains portaient des vestes ordinaires, d'autres des boléros bleu nuit aux riches broderies noires et des fez couleur prune déteints et ceints de turbans effilochés, aux nœuds lâches ; tous, sauf le *hodja,* dont les plis blancs comme neige étaient bien disposés autour d'un fez plus bas, moins effilé, pourvu d'une courte tige au milieu. Quelque chose dans la ligne du front, la courbure du nez et le ressaut des oreilles les rendait indéfinissablement différents de toutes les personnes que j'avais croisées jusqu'ici. Ces quatre ou cinq cents insulaires appartenaient à quelques familles qui s'étaient alliées pendant des siècles, et j'en vis un ou deux avec l'expression vague et absente, le regard indécis, la légèreté erratique qui résultent parfois d'une trop grande antiquité et consanguinité. Malgré ces habits reprisés, usés jusqu'à la corde, leur style et leurs manières étaient pétris de dignité. Rencontrant un inconnu, ils se touchaient le cœur, les lèvres et le front de la main droite, puis la posaient sur la poitrine avec une inclinaison de tête et une formule murmurée de bienvenue. C'était un geste d'une grâce extrême, sorte de cérémonial d'altesses déchues. Un air de survivance préhistorique flottait sur l'île, comme si elle avait abrité une espèce par ailleurs éteinte et balayée depuis longtemps.

Plusieurs de mes voisins trituraient des chapelets, mais non pour prier ; ils les faisaient courir entre leurs doigts de temps en temps, comme pour mesurer leur oisiveté illimitée ; à mon grand ravissement, un vieil homme, encerclé par son nuage, fumait un narghilé. Six pieds de tube rouge étaient adroitement enroulés et, lorsqu'il tirait sur l'embouchure ambrée, le morceau de charbon rougeoyait sur un tas humide de feuilles de tabac d'Ispahan, et les bulles, qui se frayaient un chemin dans l'eau avec les coassements d'un crapaud qui s'accouple, remplissaient de fumée le récipient de verre. Pourvu de petites pinces, un garçonnet arrangea de nouveaux morceaux de charbon. À ce moment, le vieil homme me désigna du doigt en chuchotant ; quelques minutes plus tard, le garçon revenait avec un plateau chargé, posé sur une table ronde et haute de six pouces. Devinant ma perplexité, un voisin m'expliqua la marche à suivre : d'abord, ingurgiter le petit verre de *raki* ; puis manger la cuillerée de délicieuse confiture de pétales de rose déjà prête sur une soucoupe de verre ; avaler ensuite un demi-gobelet d'eau ; enfin, siroter un dé à coudre de café noir et bouillant glissé dans un support de métal en filigrane. Le rituel s'achevait quand on avait vidé le gobelet et accepté du tabac, en l'occurrence une cigarette aromatique roulée à la main sur l'île. Pendant ce temps, les vieilles gens restaient assis, souriants, en silence, avec un soupir occasionnel, et parfois un mot amical à mon adresse dans ce qui me paraissait être un roumain très heurté ; le médecin m'avait dit que leur accent et leur syntaxe amusaient beaucoup sur le continent. Entre eux, ils parlaient le turc, que j'entendais pour la première fois : de sidérantes enfilades de syllabes agglutinées, avec une suite de voyelles identiques qui rappelait obscurément le magyar ; tous les mots sont différents, mais les deux langues sont de lointaines cousines dans le groupe ouralo-altaïque. Selon mon cicérone de tout à l'heure, leur idiome s'était beaucoup éloigné de la langue vernaculaire de Constantinople, ou bien il était resté immuablement pris dans son vieux moule, comme les parlers des vieilles communautés françaises du Québec ou d'Acadie, ou d'une collectivité anglaise isolée depuis longtemps, et qui parlerait encore la langue de Chaucer.

Je ne savais quoi faire en partant ; on arrêta ma tentative de paiement d'un sourire, en renversant la tête en arrière, d'une façon énigmatique. Comme tout le reste, le geste de dénégation universel dans le Levant était pour moi une nouveauté ; et, une fois de plus, il y eut cette charmante inclinaison, la main sur le cœur.

Ainsi, c'étaient là les ultimes descendants des nomades victorieux venus des confins de la Chine ! Ils avaient conquis la plus grande partie de l'Asie, l'Afrique du Nord jusqu'aux Colonnes d'Hercule, asservi la moitié de la chrétienté, fait trembler les portes de Vienne ; victoires passées depuis longtemps, mais rappelées ici et là par un minaret qu'ils détenaient encore, comme une épée plantée en terre.

Des maisons pourvues de balcons se regroupaient autour de la mosquée, avec de petits ateliers producteurs de loukoums et de cigarettes, tous entourés par les vestiges croulants d'une massive forteresse. Des treilles ou un auvent occasionnel ombrageaient les allées pavées. Des bidons d'essence peints en blanc étaient remplis de roses trémières et grimpantes ou d'œillets, et les femmes qui s'activaient autour se cachaient la tête sous un sombre *feredjé* — un voile fixé sur le front, et refermé sous le nez ; elles portaient un pantalon blanc fuselé, mise qui leur donnait l'air de quilles blanches et noires. Les enfants étaient des miniatures d'adultes semblablement vêtues et, leurs visages dévoilés exceptés, les fillettes auraient toutes pu prétendre être la plus petite d'une série de poupées russes. Des feuilles de tabac pendaient à sécher au soleil comme des rangées de harengs. Les femmes juchaient des fagots de rameaux sur leur tête, nourrissaient la volaille, et revenaient de la berge en portant de pleines brassées de roseaux, et leurs faucilles. Des lapins aux oreilles tombantes se prélassaient ou sautillaient avec indolence dans les petits jardins, et grignotaient les feuilles des melons mûrissants. Des flottilles de canards croisaient parmi les filets et les canots, et des multitudes de grenouilles avaient fait descendre de leurs toits toutes les cigognes.

Hunyadi était l'auteur de la première muraille défensive, mais les remparts circulaires dataient d'après la prise de Belgrade par le Prince Eugène, et la fuite des Turcs vers l'aval : l'extrémité orientale de l'île donnait l'impression de devoir sombrer sous le poids de ses fortifications. Les voûtes des galeries de tir et les formidables et humides magasins s'étaient effondrés. Des fissures couraient sur les remparts, de gros blocs de maçonnerie emplumés d'herbe s'étaient détachés, et les chèvres arrachaient les feuilles au milieu des ruines. Une sente conduisait, entre les poiriers et les mûriers, à un petit cimetière où s'inclinaient des stèles enturbannées, où l'on découvrait dans un coin la tombe d'un prince derviche de Bokhara qui avait fini ses jours ici après avoir vagabondé dans le monde, « pauvre comme Job », à la recherche du plus bel endroit terrestre, le plus à l'abri du mal et de l'infortune.

Il se faisait tard. Le soleil abandonna le minaret, puis la nouvelle lune, un peu moins filiforme que la nuit précédente, lui répondit dans le ciel turquoise, accompagnée d'une étoile qu'on aurait pu croire épinglée par un héraut ottoman. Aussi prompt, le buste du *hodja* apparut sur le balcon dominé par la flèche du minaret. Tendant le cou dans la brune, il leva les mains et l'invitation aiguë, traînante de l'*izan* flotta dans l'air, chaque verset oscillant et se dilatant comme des rides acoustiques provoquées par le jet intermittent de petits cailloux dans la mare atmosphérique. J'écoutais encore en retenant mon souffle que le message avait pris fin ; le *hodja* devait déjà être à mi-chemin de l'escalier obscur.

Entourés de pigeons, les hommes s'activaient, sans se hâter, à la fontaine d'eau lustrale près de la mosquée, et à la rangée de chaussons laissés dehors vinrent bientôt s'ajouter mes chaussures de gym. Une fois entrés, les Turcs se disposèrent en rang sur un grand tapis, les yeux baissés. Point de décoration, à part le *mihrab,* le *mimbar* et la calligraphie noire d'un verset coranique sur le mur. Les gestes de préparation s'effectuaient avec soin et mesure, à l'unisson, jusqu'au moment où, prenant de l'ampleur, la rangée d'adorateurs s'arqua comme une vague puis s'abattit, le front posé sur le tapis, la plante des pieds soudainement, candidement révélée ; se redressant, ils restèrent assis, les mains ouvertes sur les genoux, paumes tournées vers le ciel ; tous parfaitement silencieux. De temps en temps, le *hodja* assis devant eux murmurait « *Allah akbar !* » d'une voix tranquille, et un autre long silence s'ensuivait. Dans cet espace dépouillé et feutré, les quatre syllabes isolées avaient quelque chose d'incroyablement digne et austère[1].

1. Les mots arabes signifiant « Allah est grand » — criés sur le minaret un peu plus tôt et à présent murmurés à l'intérieur — s'étaient vus remplacés pendant un certain temps, en Turquie, par l'expression locale *Allah büyük ;* de même que le rôle du fez et du turban avait été usurpé par la casquette de toile, souvent portée à l'envers par les fidèles, comme font les bougnats, de manière à pouvoir toucher le sol du front sans être gêné par la visière. Si l'on veut bien admettre qu'un autre que le *hodja,* sur Ada Kaleh, savait lire, c'étaient toujours les vieux caractères arabes qui étaient en usage, et non le nouvel alphabet latin obligatoire en Turquie proprement dite. Je retrouvai par la suite la même méfiance à l'égard des nouveautés parmi les minorités turques égarées en Bulgarie et en Thrace grecque par les traités d'après-guerre.

La première fois que j'avais tenté de dormir au bord du Danube, ç'avait été lors de la pleine lune de Pâques, avant la traversée du pont d'Esztergom ; et voici que je me retrouvais une fois encore entre deux eaux, mais cette fois entre les Carpates et les Balkans. La nouvelle lune avait sombré, laissant une lumière nacrée sur l'eau. Étendu près du cap occidental de l'île, dans un bosquet de peupliers, j'écoutais les grenouilles. Un météore filait de temps à autre au milieu des étoiles. Les rossignols se taisaient depuis des semaines, mais l'île abondait en hiboux. Aux aboiements des chiens répondaient ceux de la rive serbe, les carrioles gémissaient le long de la berge. Un convoi de péniches s'était amarré à l'embarcadère d'Orşova, deux milles plus haut, dans l'attente du jour, avant d'affronter les Portes de Fer. Le petit port projetait des serpentins de lumière dans l'eau, le bruit des instruments et des voix me permettait de reconnaître les mélodies. Les clapotis soudains trahissaient la présence de tous les bancs en route dans le fleuve, des soixante-dix espèces différentes de poissons qui hantaient le Danube. Certaines appartenaient à la population piscicole du Dniepr et du Don, apparentée à celles de la Caspienne et de la Volga ; ils pouvaient parcourir un millier de milles jusqu'au cœur de l'Europe, sans un seul barrage qui leur coupât le chemin... J'avais l'esprit trop occupé de visions et de sons pour trouver le sommeil ; mieux valait s'étendre, regarder le ciel, écouter les bruits nocturnes et allumer une autre de ces cigarettes aromatiques avec leur marque exotique : un croissant de lune doré. À quoi bon écourter cette nuit brève à dormir ou à ruminer sur l'éternité des fleuves, et cet inépuisable volume liquide toujours en mouvement :

Rusticus exspectat dum defluat amnis, at ille
Labitur et labetur in omne volubilis aevum.

Oui. Tout à fait... J'avais bien des sujets de réflexion.

Au commencement du chapitre précédent, tandis que je méditais sur les liens qui unissent le mythe et l'histoire dans ces parages, on se souvient qu'une procession de chevaliers, de prélats et de rois avait soudain déferlé sur la page, en route vers l'aval. Il s'agissait en fait du télescopage de deux campagnes distinctes, qui furent toutes deux désastreuses. L'une eut lieu lorsque Sigismond de Hongrie et ses alliés furent écrasés à la bataille de Nicopolis en 1396 ; l'autre, un demi-siècle plus tard, en 1444, quand le roi Vladislav de Pologne, âgé de vingt ans, Jean Hunyadi [1] et le cardinal Cesarini descendirent vers la mer Noire : leur armée fut complètement détruite à la bataille de Varna par le sultan Murad II. Hunyadi devait rester vivant et combattre à nouveau, mais le cardinal disparut dans la mêlée ; la tête du jeune roi devait finir au bout d'une pique sur les postes de Brusa. Telle fut la dernière tentative chrétienne pour repousser les Turcs, avant qu'ils ne missent leur siège ultime et fatal devant Constantinople. Ils prirent la ville neuf ans plus tard.

Mais c'était à la première campagne que je songeais. J'avais lu tout ce qui la concernait dans la bibliothèque des Teleki, et si je m'en souvenais à présent, c'est parce que c'était là, à Orşova, que l'armée croisée avait franchi le fleuve pour passer dans les États du sultan ; bien plus, à cette période *exacte* de l'année.

La traversée avait commencé début août — peut-être le 5 — et continué pendant environ huit jours ; de sorte que le dernier hallebardier ou officier de bouche avait probablement débarqué sur la rive méridionale *en ce même soir,*

1. Selon certains, Hunyadi était le fils naturel de Sigismond, et pour d'autres — la majorité, peut-être — il était d'ascendance hongroise et roumaine à la fois. Sans que j'aie le moindre droit d'avoir un avis, j'ai toujours espéré qu'il fût exclusivement roumain, au cas où il deviendrait un jour un symbole de concorde entre les deux nations, au lieu d'être l'os qu'elles se disputent.

cinq cent trente-huit ans plus tôt. Il y avait des contingents de toute l'Europe de l'Ouest, et une éblouissante brochette de chefs : Sigismond, avec son armée hongroise et ses vassaux valaques sous Mircéa le Vieux ; le connétable-comte d'Eu ; Jean sans Peur, le fils de Philippe le Hardi ; le maréchal Boucicaut, « inspiré par l'enivrement du combat » ; Guy de La Trémoille, Jean de Vienne, Jacques de La Marche, Philippe de Bar, Rupert, comte palatin du Rhin ; et le meilleur de tous, Enguerrand VII de Coucy, le courageux beau-fils d'Édouard III d'Angleterre[1]. Certaines chroniques mentionnent un millier de soldats anglais sous le commandement du beau-fils du Prince Noir (le demi-frère de Richard II), le comte de Huntingdon[2]. Suivant le courant, ils avaient investi la forteresse turque de Nicopolis.

Mais, ayant appris l'invasion et le siège, le sultan Bajazet se hâta de traverser les Balkans avec toute la rapidité qui lui valut son surnom de Foudroyant. Dès le commencement de la bataille, les vaniteux Français provoquèrent la catastrophe par la bravoure intrépide et prématurée de leur attaque. Secouru par la flotte des Hospitaliers, Sigismond survécut et devint empereur par la suite ; Jean de Bourgogne fut fait prisonnier et rançonné, mais il devait être

1. *A Distant Mirror,* de Barbara Tuchman, donne un aperçu fascinant de ses aventures.

2. La mère de Huntingdon était la Belle Pucelle du Kent. Certains experts contestent non seulement le millier de soldats, mais aussi la présence de Huntingdon et de ses hommes ; ils estiment plausible celle de quelques chevaliers anglais seulement, parmi les Hospitaliers qui s'étaient embarqués à Rhodes. Ils remontèrent le Danube, flottille de quarante-cinq navires vénitiens envoyés renforcer l'armée assiégeant Nicopolis. On a prêté d'autres chefs à cette armée : Bolingbroke lui-même et Jean de Beaufort, le fils de Jean de Gand, duc de Lancastre Mais apparemment, ils se trouvaient ailleurs au même moment ; c'est peut-être le cas de Huntingdon... La France et la Bourgogne ont une douzaine de tristes ballades contemporaines qui célèbrent cette guerre, mais l'Angleterre n'en a aucune.

haché menu quelques années plus tard sur le pont de Montereau par ses rivaux d'Orléans ; Boucicaut, lui aussi, fut échangé contre rançon, mais, capturé à Azincourt, il mourut dans sa prison du Yorkshire ; Coucy, bien que rançonné, mourut à Brusa avant de pouvoir revenir. Parmi ceux qui réussirent à fuir, certains furent tués par les autochtones ; d'autres, alourdis par leur armure, se noyèrent dans le Danube ; le comte palatin revint chez lui en haillons, pour mourir des épreuves endurées ; et les autres grands capitaines, pour expier leurs massacres des garnisons turques pendant la descente du fleuve, furent tués avec tous leurs vassaux dans un carnage de décollations qui dura de l'aube jusqu'à vêpres. Trois ans plus tard, le sultan victorieux était vaincu à Ankara, et fait prisonnier par Tamerlan : encagé dans une litière, il expira de honte et de douleur au milieu de ses maîtres mongols. Huntingdon — s'il était bien là, du moins — rentra sain et sauf. Mais quatre ans plus tard, après la déposition et l'assassinat de son demi-frère Richard, il fut condamné pour avoir pris les armes contre Bolingbroke : on lui trancha la tête, qu'on exposa sur une place de marché en Essex. Peu nombreux, ceux de ses soldats — *s'ils étaient bien là* — qu'on puisse imaginer s'entraînant de nouveau sur les cibles de Hereford ou pêchant dans la Wye.

Je pensais rêveusement à cette désastreuse croisade — non pas dans ces détails, qui résultent d'une ruée sur la bibliothèque — à la suite de Jean de Bourgogne, à ces livrées vert clair, et aux vingt-quatre chariots de tentes de satin vert... Tous les contingents rivalisaient de splendeur dans le choix des étendards, des armures, des caparaçons et de la vaisselle. Je m'interrogeais paresseusement sur l'itinéraire de marche des croisés depuis leur rendez-vous général à Buda. Tous les chroniqueurs étaient d'accord sur la route ; et j'allais sombrer dans ces limbes de somnolence que les bandes dessinées symbolisent par un essaim de z rassemblés comme des abeilles sur les têtes des clochards endormis : « *Ils suivirent la rive gauche du Danube jusqu'à Orşova...* »

Les z s'évanouirent comme l'éclair, et je me réveillai en sursaut. *C'était impossible!* Où seraient-ils passés ? « Imagine que, lorsque nous parlons de chevaux, / Tu les vois enfoncer leurs fiers sabots dans la... » Quoi ? La route de Trajan était inutilisable depuis plus d'un millénaire, et jusqu'à la construction de celle de Széchenyi, cinq siècles plus tard, la plus grande partie de la rive gauche, comme la droite, plongeait à pic dans l'eau, telles les rives d'un fjord, et cela sur des milles. En outre, bien que je l'ignorasse alors, les livres de référence sont unanimes : toute cette longueur de fleuve est restée impraticable sur les deux berges jusqu'en 1830, où fut construite la chaussée de l'ingénieur hongrois. Ces milliers de chevaux, les chariots chargés de tentes multicolores, les milliers de sacs de farine et les charrettes de foin, les barriques de vin de Beaune, les hérauts dans leurs nouveaux tabards, les filles vêtues de couleurs vives qui suivaient l'armée, et dont les chroniqueurs parlent avec une telle désapprobation — ils ont dû faire un détour de deux cents milles vers le nord, presque jusqu'au Maros, puis à travers Lugoş, Caransebeş, et le long de la vallée du Timiş jusqu'au Mehadia, pour retrouver la dernière partie de mon itinéraire jusqu'à l'embouchure de la Cerna. Ce crochet, qui a dû leur prendre plusieurs semaines, comment serait-il passé inaperçu ? Mais on n'en trouve mention nulle part; pour ne rien dire des crêtes des falaises, légèrement plus praticables sur la rive droite. Personne ne semblait avoir remarqué cette contradiction irréconciliable entre l'histoire et la géographie.

Comment s'y étaient-ils pris, alors ? Point de Médée, ici, pour les soulever dans l'air comme Jason et les Argonautes... Sur quoi, avec le retour du sommeil, une vision commença de prendre forme. Le long et sinueux cortège des croisés, sous leurs drapeaux chargés des croix et des barres de Hongrie, le corbeau noir de Valachie, puis l'armée d'aigles à une ou deux têtes et les lions rampants de teintes diverses ; les losanges du Palatinat et, surtout, les fleurs de lys de France et de Bourgogne ; et peut-être (encore une fois, ce n'est pas sûr, hélas !) les mêmes lys écartelant un blason avec les léopards des Plantagenêts ; tous avançant le long du gouffre, marchant juste au-dessus des courants turbulents, par sorcellerie. *Il n'y avait pas d'autre explication.*

Le vacarme des oiseaux et des coqs insulaires me réveilla juste à temps pour entendre l'appel du *muezzin*. Un frémissement agitait les feuilles de peuplier, et le lever du soleil projetait l'ombre de l'île loin en amont. La séduction de l'eau était irrésistible ; plongeant depuis un talus, je fus si surpris par la force du courant que je me hâtai de remonter sur la rive après quelques brasses, de peur d'être emporté.

Dans le café, les vieillards avaient déjà repris leur place, et je me retrouvai bientôt à siroter une tasse minuscule en mangeant du fromage de chèvre blanc, enveloppé dans une crêpe de pain ; le vieux fumeur de *hookah*, tirant ses premières bulles à travers l'eau, émettait les signaux de fumée d'un Huron. Un craquement, une ombre et un souffle d'air nous passèrent au-dessus de la tête : une cigogne quittait sa posture d'unijambiste sur le toit pour glisser dans les roseaux ; elle replia ses ailes l'une sur l'autre, avec leur bande noire sénatoriale, et rejoignit trois compagnons qui arpentaient le bord de l'eau, attentifs, sur leurs échasses écarlates ; rien ne différenciait plus les parents des jeunes, à présent. L'un des vieux fit le geste de voler puis, indiquant vaguement la direction du sud-est, il dit : « *Afrik ! Afrik !* » Elles n'allaient pas tarder à partir. Quand ? Dans une ou deux semaines ; pas beaucoup plus... Je les avais vues arriver le soir de mon passage en Hongrie, et voici que parade, nichée, ponte et éducation, tout était fini et qu'elles s'apprêtaient à repartir.

Les péniches tchécoslovaques, chargées de tuiles et de bois, glissaient vers l'horizon quand j'atteignis le quai d'Orşova. Je rejoignis un pilote autrichien rencontré la veille. Lui aussi avait remarqué les signes d'agitation des cigognes. Allaient-elles partir toutes seules ? Non, non, elles s'associeraient sans doute à l'une des vastes migrations venues du nord-ouest, probablement de Pologne. Quelques villageoises passaient, triant des roses, des zinnias, des roses trémières, des lys tigrés et des soucis ; pas pour un mariage, mais pour décorer les autels. Les orthodoxes allaient célébrer la Dormition de la Vierge le lendemain, m'apprit le pilote, et les catholiques, l'Assomption ; deux aspects de la même fête. Pour illustrer sa foi personnelle, l'index de mon interlocuteur, s'enroulant dans une spirale ascendante, indiqua le chemin de la silhouette couronnée d'étoiles qui entrerait demain dans l'empyrée. Mon passeport, qui recevrait sous peu son septième tampon (Orşova, 13 août 1934), reposait sur la table avec mon bâton ; mon sac était sur une chaise. Quelque chose — mais quoi ? — manquait. Les bois de cerf ! Je devais les avoir oubliés sur l'herbe, au milieu des ronces de l'île tandis que je roulais mon grand manteau. Le soulagement succéda bientôt à la déception ; le trophée commençait d'être une gêne ; de toute façon, je n'avais plus le temps de retourner là-bas. Peut-être un paléontologue futur se figurerait-il que l'île avait jadis regorgé de cerfs.

A bien des égards, l'heure me rappelait cette atmosphère de fin et de commencement que j'avais ressentie sur le pont enjambant ce même fleuve, six cents milles plus haut : les cigognes énervées, les jeunes filles chargées de fleurs pour une grande fête, les gens attroupés sur l'embarcadère, même le héron volant si bas que l'extrémité de ses rémiges laissait des rides éphémères dans l'eau. En aval, les reflets de l'île, des roseaux, des cimes d'arbres et de l'étroit minaret tremblaient dans le courant. L'un des insulaires, Sindbad barbu au fez avachi et au turban sali, offrait un cordeau de poissons ; un autre, chargé d'un panier d'œufs, discutait avec un maraîcher enfoncé jusqu'aux cuisses dans une charretée d'énormes melons d'eau verts, et, tout en lui répondant, le maraîcher continuait à envoyer régulièrement ses légumes à son compagnon, comme des ballons de rugby, pendant qu'un troisième les disposait joliment le long des dalles. Un Bohémien, courbé sous un récipient de métal argenté long de quatre pieds, semblable à une sorte de Taj Mahal effilé, encombrant et tout juste portable grâce à un baudrier, cognait ses tasses de métal l'une contre l'autre pour alerter les clients. De temps en temps, il les remplissait au robinet d'une boisson orientale non alcoolisée, le *braga*, surtout bu par les paysans assoiffés. Quelques femmes, dans leurs habits de la Cerna, étaient assises à bavarder entre les bornes d'amarrage, avec leurs paniers de volailles, et agitaient leurs mocassins au-dessus de l'eau. Au moment précis où les cloches de dix heures retentirent, l'écho d'une sirène nous parvint depuis l'entrée d'un défilé, en amont.

— Plutôt à l'heure, fit le pilote. Ils jettent l'ancre à dix heures vingt.

Émergeant du gouffre, le bateau, que l'on voyait alors de profil, vira jusqu'à n'offrir plus qu'un alignement de mât, cheminée, beaupré et proue ; grossissant rapidement, enserré dans une nuée de mouettes qui n'avaient pas cessé de lui tenir compagnie depuis le quai du *Donaudampfschiffahrtsgesellschaft* de Vienne, il approchait du quai animé et bondé, et les aubes ridaient l'eau d'une flèche symétrique de plus en plus large.

— C'est le *Saturnus*, m'apprit mon compagnon.

Les accents d'un disque de gramophone arrivaient jusqu'à nous : *Contes de la forêt viennoise*.

— Vous allez voir, ricana le pilote. Quand ils lèvent l'ancre, ils mettent *Le Beau Danube bleu.*

Chacun rassembla ses affaires, un marin prit position près du bollard, les forces de l'ordre coiffèrent leurs casquettes galonnées d'or et le bateau, à nouveau de profil, accosta dans un tumulte d'écume, en inversant la vapeur. Un matelot se pencha sur le bastingage, et bientôt sa haussière fila entre les mouettes comme un lasso.

À SUIVRE…

Appendice

Quelques réflexions à la table d'un café, entre le Kazan et les Portes de Fer

Le progrès a aujourd'hui immergé l'ensemble de ce paysage. Un voyageur assis à ma vieille table sur l'embarcadère d'Orşova serait obligé de l'envisager à travers un gros disque de verre monté sur charnières de cuivre ; ce dernier encadrerait une perspective de boue et de vase. Le spectateur serait en effet chaussé de plomb, coiffé d'un casque de scaphandrier et relié par cent pieds de tube à oxygène à un bateau ancré dix-huit brasses plus haut. Parcourant un ou deux milles vers l'aval, il se traînerait péniblement jusqu'à l'île détrempée, au milieu des maisons turques noyées ; vers l'amont, il trébucherait entre les herbes et les éboulis jonchant la route du comte Széchenyi pour discerner de l'autre côté du gouffre obscur les vestiges de Trajan ; et tout autour, au-dessus et en dessous, l'abîme sombre bâillerait, les rapides où se précipitaient naguère les courants, où les cataractes trémissaient d'une rive à l'autre, où les échos zigzaguaient le long des vertigineuses crevasses, étant engloutis dans le silence du déluge. Alors, peut-être, un rayon hésitant dévoilerait l'épave éventrée d'un village ; puis un autre, et encore un autre, tous avalés par la boue.

Il pourrait s'épuiser à arpenter bien des jours ces lugubres parages, car la Roumanie et la Yougoslavie ont bâti l'un des plus gros barrages de béton et l'une des plus grosses usines hydroélectriques du monde entier, en travers des Portes de Fer. Cent trente milles du Danube se sont transformés en une vaste mare, qui a gonflé et défiguré totalement le cours du fleuve. Elle a supprimé les canyons, changé les escarpements vertigineux en douces collines, gravi la belle vallée de la Cerna presque jusqu'aux Bains d'Hercule. Des milliers d'habitants, à Orşova et dans les hameaux du bord de l'eau, ont dû être déracinés et transplantés ailleurs. Les insulaires d'Ada Kaleh ont été déplacés sur une autre île en aval, et leur vieille terre a disparu sous la surface comme si elle n'avait jamais existé. Espérons que l'énergie engendrée par le barrage a répandu le bien-être sur l'une et l'autre rive, en éclairant plus brillamment que jamais les villes roumaines et yougoslaves, car, sauf du point de vue économique, les dommages causés sont irréparables. Peut-être, avec le temps et l'amnésie, les gens oublieront-ils l'étendue de leur perte.

D'autres ont fait aussi mal, ou pis ; mais il est patent qu'on n'a jamais vu nulle part aussi complète destruction des souvenirs historiques, de la beauté naturelle et de la vie sauvage. Mes pensées vont à mon ami d'Autriche, cet érudit qui songeait aux milliers de milles encore libres que les poissons pouvaient parcourir depuis la Krim Tartarie jusqu'à la Forêt-Noire, dans les deux sens ; en quels termes, en 1934, avait-il déploré le barrage hydro-électrique prévu à Persenbeug, en Haute-Autriche : « Tout va disparaître ! Ils feront du fleuve le plus capricieux d'Europe un égout municipal. Tous ces poissons de l'Orient ! Ils ne reviendront jamais. Jamais, jamais, jamais ! »

Ce nouveau lac informe a supprimé tout danger pour la navigation, et le scaphandrier ne trouverait que l'orbite vide de la mosquée : on l'a déplacée pierre par pierre pour la reconstruire sur le nouveau site des Turcs, et je crois qu'on a soumis l'église principale au même traitement. Ces louables efforts pour se faire pardonner une gigantesque spoliation ont ravi à ces eaux hantées leur dernier vestige de mystère. Aucun risque qu'un voyageur imaginatif ou trop romantique croit un jour entendre l'appel à la prière sortir des profondeurs ; il ne connaîtra pas les illusoires vibrations des cloches noyées comme à Ys, autour de la *cathédrale engloutie*[1] ; ou bien dans la légendaire ville de Kitège, près de la moyenne Volga, non loin de Nijni-Novgorod. Poètes et conteurs disent qu'elle disparut dans la terre lors de l'invasion de Batu Khan. Par la suite, elle fut avalée par un lac et certains élus peuvent parfois percevoir le chant des cloches.

Mais pas ici : mythes, voix perdues, histoire et ouï-dire ont tous été vaincus, en ne laissant qu'une vallée d'ombres. On a suivi à la lettre le conseil goethéen : « *Bewahre Dich von Räuber und Ritter und Gespenstergeschischten* », et tout s'est enfui.

1. En français dans le texte.

Index

ABDUL HAMID : 54.
ACHMET BALIBEG : 225.
Ada Kaleh (île du Danube) : 317-323, 334.
Andrinople : 69.
Adriatique (mer) : 306.
Aix-la-Chapelle : 77-78.
Albanie : 162.
Alberti-Irsa (Hongrie) : 60.
ALCUIN D'YORK : 77.
ALEXANDRE LE BON : 315.
Alföld, *cf.* Grande Plaine hongroise.
ALI PACHA : 220, 225.
Allemagne : 34, 124.
Alpes : 27, 52, 97.
AMBROISE (saint) : 129.
AMMIEN MARCELLIN : 128.
Ancône : 163.
ANDRÉ II (roi de Hongrie) : 211.
Angleterre : 43, 50, 100, 178, 194.
ANJOU (famille d', Naples) : 75.
Ankara (bataille d', 1402) : 326.
APAFI (prince de Transylvanie) : 194.
APOLLODORE DE DAMAS : 314.
APOLLONIOS DE RHODES : 317.
Aquincum : 52.
Arad : 138, 204, 212.
Argos (navire de Jason) et Argonautes : 317.
Arméniens : 199, 207.
ARPÁD (chef magyar et dynastie) : 33, 74-75, 204.
ARSENIUS (patriarche orthodoxe d'Ipek) : 169.
ARUNDELL (Isabel) : 51 n.
ARUNDELL (Sir Matthew) : 50.
ARUNDELL (Thomas, comte) : 50.
Askhénazes : 127.
Aspern (bataille d', 1809) : 96.
Astrakhan : 157.
ATTILA : 72, 77, 158.
Augsbourg (bataille d', 955) : 74.
Augsbourg (confession d', 1530) : 106.
AUGUSTIN (saint) : 129.
AURÉLIEN : 126, 128-129, 259.
AUSONE : 129.
Autriche : 48, 117, 124, 163, 195
Avars : 52, 72, 77, 153 n, 204, 251.
Azincourt (bataille d', 1415) : 326.
Azov (mer d') : 76, 280.

Babakai (île de) : 309.
Balkans : 69-70, 73, 76, 109, 124-129, 159, 163, 306, 309 n, 318, 325.
Banat (montagnes et région de Roumanie) : 144, 152-153, 238, 244-245, 254, 298, 305 n.
BÁNFFY (famille) : 159, 201.
BARTÓK (Béla) : 41.
BASILE LE LOUP : 315.
BÁTHORY (cardinal Andreas) : 228.
BÁTHORY (Étienne [István], prince de Transylvanie, roi de Pologne) : 140, 144, 228.
BÁTHORY (famille) : 159.
BATTHYÁNY (évêque de Gyuzaféhervar) : 194.
BATU KHAN : 33, 129, 222, 251, 335.
BAYAZID Ier (ou Bajazet, sultan) : 70, 318, 325.
BEAUFORT (Jean de) : 325 n.
BÉKÁSSY (Férenc) : 177-178.
Békéscsaba : 106.
Bela Palanka : 129.
BÉLA IV (roi de Hongrie) : 33-34, 75.
Belgrade : 35, 50, 69-71, 150, 162, 310, 321 ; *batailles de —, 1456 :* 162 ; *et 1717 :* 169.
BELLINI (Gentile) : 216.
Bénédictins : 305 n.
Berlin : 47.
Berlin (traité de, 1878) : 318.
BERWICK (James Fitzjames, duc de) : 50.
Bessarabie : 73-74, 204, 223, 238, 276.
BETHLEN (Gábor) : 163 n, 194, 225.
Bethlen (académie de) : 194 n.
Bistra (rivière) : 249.
BOCSKAY (famille) : 159, 194.
Bodjuk (steppe) : 223.
Bohême : 163, 194, 219, 238.
Bohémiens : 21, 39, 41, 60, 63-68, 86, 91, 118, 136-137, 179, 186, 188, 196, 200, 207, 238, 247-250, 298.
BOLINGBROKE (Henri IV, roi d'Angleterre) : 325 n-326.
Bordurie (royaume imaginaire de) : 238.
Borosjenö (ou Ineu, Roumanie) : 119, 123.
Bosnie . 162.
BOUCICAUT (Jean) : 325-326.
Bourgogne : 74.
BRANCOVAN (Constantin, prince de Valachie) : 294, 315.
Braşov (Brassó ou Kronstadt, Roumanie) : 213 n.
Bratislava (Tchécoslovaquie) : 30.
Breslau (Allemagne) : 163.
BROOKE (Rupert) : 178.
BROWNING (Robert) : 178, 213 n.
Bucarest : 133.
Bucovine : 116, 238, 285.
Buda : 37-38, 50, 53, 70.
Budapest : 37-58, 41, 161 n, 185.
Bulgares : 52, 73.
Bulgarie : 69, 129, 162.
BURTON (Sir Richard et Mme) : 51 n, 57.
Burzenland : 223.
BYRON (Lord George Gordon) : 215.

Calvinisme : 98, 106, 117, 195, 198, 212.
CANTACUZÈNE (Sherban, prince de Valachie) : 315.

CANTEMIR (Dimitri, prince de Valachie) : 315.
CAROL II (roi de Roumanie) : 116, 165.
Carpates : 27, 33, 74, 127, 135, 150, 177, 204-205, 212-213, 216, 223-224, 227, 238, 244, 285, 304-305, 309 ; *description :* 263-270, 288-290.
Caspienne (mer) : 73, 323.
Caspienne (terres gastes de la) : 59.
Caucase : 249 n.
Cegléd (Hongrie) : 63, 80.
Celtes : 52.
Cerna (rivière, 1re) : 267, 290.
Cerna (rivière, 2e) : 300, 327, 334.
CERVANTES (Miguel de) : 162 n.
CESARINI (cardinal) : 324.
CHARLEMAGNE : 52, 72, 75, 77-78, 97, 204, 260.
CHARLES DE HABSBOURG (archiduc d'Autriche) : 96.
CHARLES DE LORRAINE : 50, 70.
CHARLES Ier DE HABSBOURG (empereur d'Autriche-Hongrie) : 48-55.
CHARLES II (roi d'Angleterre) : 50.
CHARLES QUINT (empereur) : 139.
CHARLES VI DE HABSBOURG (empereur) : 192.
Chasse : 189-191.
CHIAJNA (princesse) : 315.
CHURCHILL (Arabella) : 50.
Cisterciens : 305 n.
CLARK (frères) : 53.
Cluj (ou Kolozsvár, Roumanie) : 198-199, 203.
Constantinople : 70-71, 74, 129, 162, 257, 306, 324.
CONSTANTIN XI PALÉOLOGUE (empereur byzantin) : 262.
Corvine (bibliothèque) : 163.
Cosaques : 177, 239, 281.
COURBET (Gustave) : 55.
Cracovie : 34, 224.
Craiova (Roumanie) : 317.
Crécy (bataille de, 1346) : 162.
Crimée (khanat de) : 223.
Croatie : 74, 97, 136, 153 n, 219.
Croisades : 70, 129, 211, 214 n, 281, 324-328.
CROMWELL : 194 n.
Cumanie (grande et petite) : 76.
Cumans : 75-76, 86, 98, 127, 211, 224, 251.

D'ANNUNZIO (Gabriele) : 57.
Daces : 125-128, 129, 192, 199 n, 211, 251, 259, 268.
DACH (Simon) : 194 n.
Dacie : 117, 125, 311.
Daço-Romains, *cf.* Daces.
Dalmatie : 34.
Danube : 29, 32, 37, 56-57, 69, 73-77, 83, 96, 104, 113, 126, 176, 198, 227, 239, 301-302, 304, 309-312, 315, 323, 325 n, 327, 334.
DÉAK (Férenc, homme politique hongrois) : 89.
Debrecen (Hongrie) : 98, 106, 195.
Decebal (Hongrie) : 117.
DÉCÉBALE (roi de Dacie) : 268, 314.
Deva (Roumanie) : 160, 191, 232.
Dniepr (fleuve) : 323.
Doboz (Hongrie) : 103.
DOLLFUSS (Engelbert, chancelier autrichien) : 203.

Dominicains : 21, 281.
DOMITIEN : 268, 311.
Don (fleuve) : 323.
DRACULA : 216-217.
DUPANLOUP (Félix, monseigneur) : 263.
DÜRER (Albrecht) : 109.

ÉDOUARD III (roi d'Angleterre) : 325.
ÉLIZABETH Ire (reine d'Angleterre) : 50.
ÉLIZABETH (impératrice, épouse de François-Joseph Ier) : 48, 120, 218.
ÉLIZABETH (sainte) : 33.
ENGUERRAND VII DE COUCY : 325-326.
Esztergom (Hongrie) : 19-26, 34, 50, 75.
ÉTIENNE LE GRAND (prince de Moldavie) : 315.
ÉTIENNE (saint, premier roi de Hongrie) : 49, 75.
EUGÈNE (prince de Savoie) : 70, 96, 153, 169, 321.

Făgăraş (ou Fogaras, ou Fogarash) : 224.
FERDINAND Ier DE HABSBOURG (empereur) : 193.
FERDINAND Ier (roi de Roumanie) : 192.
Finno-ougriennes (langues) : 45, 119.
Fiume : 57.
Flandres 211.
FLEMING (Paul, poète) : 194 n.
Florence (concile de, 1439) : 261.
Franciscains : 147-148, 305 n.
Franco-prussienne (guerre, 1870-1871) : 263.
FRANÇOIS-FERDINAND DE HABSBOURG (archiduc d'Autriche) : 218.
FRANÇOIS D'ASSISE (saint) : 148.
FRANÇOIS-JOSEPH Ier DE HABSBOURG (empereur d'Autriche-Hongrie) : 215, 218, 312.
FRANÇOIS II DE HABSBOURG (dernier empereur du Saint-Empire) : 97.
Francs : 260.
FRÉDÉRIC Ier BARBEROUSSE (empereur germanique) : 70.
FRÉDÉRIC II (roi de Prusse) : 47.
Frioul (synode du, 800) : 260.

Galicie : 238, 281.
GENGHIS KHAN : 33-34, 223, 251-252.
Gépides : 52, 72, 251.
GÉZA II (roi de Hongrie) : 211.
GIBBON (Edward) : 262.
Girai (tribu) : 223.
GOERING (Hermann) : 176.
GOETHE (Johann Wolfgang von) : 240.
Golubac (château serbe) : 310.
Goths : 72, 126-127, 157, 251, 260.
GOZZOLI (Benozzo) : 262.
Grande Plaine hongroise : 33, 49, 59-114, 117, 126, 137, 193, 204, 224, 280.
Graustark (royaume imaginaire de) : 238.
GRECO (Le) · 55.

Grecs : 71.
GRENVILLE (Sir Richard) : 50.
GRIMM (Jacob et Wilhelm) : 213 n.
GRIMMELSHAUSEN (Hans) : 194 n.
GRYPHIUS (André) : 194 n.
GUSTAVE II ADOLPHE (roi de Suède) : 194.
GWYN (Nell ou Eleanor) : 50.
GYALOU (chef des tribus valaco-slaves) : 128 n-129.
Gyoma (Hongrie) : 88.
Gyula (Hongrie) : 109.

HABSBOURG (dynastie) : 48, 97, 111, 138, 144, 159, 169, 193, 195, 258.
HADIK (Andreas) : 47.
HADRIEN : 268.
HANNIBAL : 78.
HAROUN AL-RACHID : 78.
Hassidim : 116, 283.
Hátszeg (rivière et vallée) : 249, 267.
Haut-Adige : 97.
HAZDAI IBN-SHAPRUT (rabbi) : 157.
Hellespont : 69.
HENRI Ier L'OISELEUR (empereur germanique) : 212.
HENRI II LE SAINT (empereur germanique) : 212.
HENRI LE LION (duc de Saxe) : 212.
Hercule (Bains d') : 293-294, 298, 334.
Hermannstadt (ou Nagy-Szeben, ou Sibiu, Roumanie) : 228, 230, 304.
HÉRODOTE : 76.
Herzégovine : 162.
HIMMLER (Heinrich) : 176.
HITLER (Adolf) : 176, 277.
Hongrie : 28, 33-35, 38, 42, 48-50, 74, 85 n, 92, 105, 109, 113, 115, 117, 125, 144, 152-153 n, 184, 218-219 ; *histoire :* 72-75, 163-164, 193, 212 ; *Langue :* 29, 45-47, 57-58, 83-84, 204 ; *musique :* 57-58 ; *peuple :* 42-43, 206-207, 211, 215 ; *roumaine, enclave :* 124-134 ; *Royaume :* 48-49 ; *transmission des titres :* 99-100.
Horde d'Or : 223.
HORTHY (Niklos, régent de Hongrie) : 48, 57, 120, 296.
Hortobágy (steppe) : 59, 98.
Hospitaliers : 325.
Houzouls : 284.
Hunedoara (ou Vajdahunyád, château) : 160-161, 249.
Huns : 52, 72, 74, 157-158, 204, 251-252.
HUNTINGDON (comte de) : 325-326.
HUNYADI (Jean ou János) : 144, 150, 159-164, 193, 321, 324.
HUNYADI (Lászlo) : 194.
Hussites : 163.

Ineu, *cf.* Borosjenö.
INNOCENT XI (pape) : 144.
Ipek ou Peć (Yougoslavie) : 169.
Irsa, *cf.* Alberti-Irsa.
ISABELLE DE POLOGNE : 193.
Italie : 72, 74.
Itil : 157.
IVAN IV LE TERRIBLE (tsar de Russie) : 141, 228.

JACQUES Ier (roi d'Écosse et d'Angleterre) : 51.
JACQUES II (roi d'Angleterre) : 50.
JASON : 317.
Jászberény (Hongrie) : 77.
Jazyges : 76, 86.
JEAN DE HABSBOURG (archiduc d'Autriche) : 97.
JEAN DE LUXEMBOURG (roi de Bohême) : 162.
JEAN DE VIENNE : 325.
JEAN LE CRUEL : 315.
JEAN SANS PEUR (duc de Bourgogne) : 325-326.
JEAN SANS TERRE (roi d'Angleterre) : 129.
JEAN NÉPOMUCÈNE (saint) : 148.
JEAN SIGISMOND (roi élu de Hongrie) : 193.
JEAN VIII PALÉOLOGUE (empereur byzantin) : 261.
JEAN ZÁPOLYA (roi de Hongrie) : 193.
Jérusalem : 116.
Jésuites : 258, 305 n.
JÓKAI (Mór) : 159, 201.
JOSEPH (archiduc d'Autriche) : 111.
JOSEPH DE HABSBOURG (roi des Khazars) : 157.
JOYCE (James) : 57.
Juifs : 157, 276-283.

Kabars : 204, 280.
Kápolnás (Roumanie) : 153.
Karaïtes (juifs schismatiques) : 280.
Karakorum : 34, 222, 252.
Kazan : 223, 312, 317.
Kazan (défilé du, Danube) : 307, 310-311, 313.
Khazars : 73, 157, 204, 280.
Khirgizes : 272.
Kiev : 33.
KINGLAKE (Alexandre William) , 71.
Kipchaks : 75 n.
Kitège (cité légendaire) : 335.
Klausenburg, *cf.* Cluj.
Kocs : 136.
KODÁLY (Zoltan) : 41.
KOESTLER (Arthur) : 157.
Kolozsvár, *cf.* Cluj.
Körös (rivière) : 90-92, 99, 106.
Körösladány (Hongrie) : 92, 98.
Kossovars (musulmans albanais) : 169 n.
Kossovo : 315 ; *bataille du —, 1389 :* 71.
KOSSUTH (Lajos, homme politique hongrois) : 89, 138, 215, 312.
Koutzo-Valaques : 128, 272.
Kronstadt, *cf.* Braşov.
KRUM (khan puis tsar des Bulgares) : 73, 78.
KUBILAY KHAN : 222.
KUN (Béla) : 125, 135, 170.

LA MARCHE (Jacques de) : 325.
Lapuşnik (Roumanie) : 235.
LA TRÉMOILLE (Guy de) : 325.
Légion, treizième, *cf.* Tredecima Gemina.
LEHEL (Chef magyar) : 77.
LÉON III (pape) : 260.
LÉOPOLD Ier DE HABSBOURG (empereur) : 258.
LÉOPOLD II DE HABSBOURG (empereur) : 97.
LIPTHAY (comte Béla) : 144.
LISZT (Franz) : 41, 201.

Lituanie : 211.
Livonie : 228.
Lodomérie : 238.
Lökösháza (Hongrie) : 112.
Lombards : 72, 251.
Lorraine : 74.
LOUIS II (roi de Hongrie) : 70-71, 75.
LOUIS XIV (roi de France) : 136, 167, 171.
Lovrin (Roumanie) : 144.
Lugoj (Roumanie) : 240.
LUTHER (Martin) : 195, 243.
Luthériens : 106, 117, 218.

Macédo-Roumains : 128.
Macédoine : 127.
MADÁCS (Imre) : 121.
Magyars, *histoire :* 33-34, 49, 52, 73-74, 95, 268-269 ; *langue :* 31-32, 45-46, 48, 57, 61, 66-67, 100, 118-119, 134-135, 142, 204-205, 250, 319-320 ; *peuple :* 204-205, 207, 209, 212, 225, 251, 280.
MALBOROUGH (John Churchill, Ier duc de) : 50.
Manichéens : 280.
MANN (Thomas) : 135.
MANNING (cardinal) : 263.
MARC-AURÈLE : 76.
Marchfeld (Vienne) : 96.
Maria Radna (abbaye de) : 147-149.
MARIE (reine, de Roumanie) : 192.
MARIE-ANTOINETTE (reine de France) : 97.
MARIE-THÉRÈSE DE HABSBOURG (impératrice) : 35, 96, 117.
Maros (rivière) : 138, 148, 150, 155, 170, 174, 179-182, 203, 232, 235, 248, 327.
Márosvásarhély (ou Târgu-Mureş, Roumanie) : 205.
MARTINUZZI (cardinal) : 144, 194.
Masures (lacs) : 211.
MATHIAS CORVIN (roi de Hongrie) : 33 n, 163, 200-201.
Mayerling : 218.
MAZARIN : 167.
MÉDICIS (Isabelle de) : 198.
MEHMET II (sultan) : 162, 215.
Merano : 97.
Mésie : 129.
METTERNICH (prince Klemens) : 97.
METTERNICH (princesse Pauline) : 94 n.
MICHEL LE BRAVE (prince de Valachie) : 192, 228, 315.
MICHEL (roi de Roumanie) : 116.
MICHEL VIII PALÉOLOGUE (empereur byzantin) : 261.
MIHNEA LE MAUVAIS : 315.
MILTON (John) : 194 n.
MIRCEA LE VIEUX DE VALACHIE : 215, 315, 325.
MITHRIDATE (roi des Parthes) : 76.
Mohács (bataille de, 1526) : 71, 162, 193.
MOHAMMED II, *cf.* MEHMET II.
Mohicans : 249.
Mokra (colline de) : 122.
Moldavie : 116, 131, 135, 192, 223, 238, 256, 258, 285, 294.
Moldova Veche (Roumanie) : 307.
Mongols : 33-34, 75, 129, 197, 223 ; *cf. aussi* Tatars.
Moravie : 73, 238.
Moscovie : 228.

Moselle : 211.
Motsis : 179 n.
MURAD Ier (sultan) : 318.
MURAD II (sultan) : 324.
Mures (rivière), *cf.* Maros.
MUSTAPHA II (sultan) : 148.

NAPOLÉON Ier : 97.
« Nation » (corps législatif) : 205.
Nazisme : 277.
NICÉPHORE Ier (empereur byzantin) : 73.
NICOLAS Ier (tsar de Russie) : 215.
Nicopolis : 70 ; *bataille de — (1936)* : 324-325 n.
Nijni-Novgorod : 335.
Noire (mer) : 52, 70, 73, 76, 150, 280, 306, 314, 324.

Ob (fleuve) : 46.
ODELSCALCHI (famille) : 145.
O'DONNELL (comte) : 171.
OGODAY (général mongol) : 34.
OLIVIER (Noël) : 178.
Olt (rivière) : 227.
Oltenia (Roumanie) : 227.
OPITZ (Martin) : 194.
Orşova : 312, 317, 324, 327, 329, 333-334.
Orthodoxe (église) : 257-263.
Ostiaks : 45.
OTTO DE HABSBOURG : 48, 121.
OTHON Ier LE GRAND (empereur germanique) : 74.
Otrante : 74, 163.
Ottoman (empire) : 70, 148, 306, 318.
Ougriens : 46, 136.
Oural : 45, 249 n.
Ouralo-altaïque (langue) : 45, 320.
OVIDE : 76.

Palatinat : 194, 328.
PÁLFFY (comte) : 153.
PALLAVICINI (famille) : 144.
Pannonie : 52.
Parthes : 76, 205.
PAULIN D'AQUILÉE : 260.
PAULIN DE NOLA (saint) : 129.
Pechenegs : 73, 75-76, 127, 129, 204, 224, 251.
Pest : 53-54 ; *cf. aussi* Budapest.
Peste noire : 281.
PETÖFI (Sándor) : 98, 215.
PHILIPPE DE BAR : 325.
PHILIPPE LE HARDI (duc de Bourgogne) : 325.
PHOTIOS : 260.
Piaristes : 305 n.
Pilis (collines) : 29.
Pinde (montagnes) : 272.
PISANELLO : 216.
PLANTAGENÊTS (dynastie) : 129, 162, 252, 328.
Podolie : 238.
Pola : 57.
Pologne : 141, 195, 224.
Polovtzi : 75 n.
Pont (steppes du) : 59, 306.
Portes de Fer (Danube) : 74, 150, 249, 307, 313, 317, 334.
Prémontrés : 305 n.
PRINCE NOIR : 325.
Prusse orientale : 211, 239.

Quades : 52.

Raab (rivière) : 51.
RADU LE BEL : 315.
RADU LE NOIR : 215.
RÁKÓCZI (dynastie) : 159, 194, 257.
RECARÈDE (roi wisigoth) : 260.
Regat (ancienne Roumanie) : 132-133, 166, 227, 314.
Retezat (massif du) : 244 n, 268.
Rhin : 7, 126, 211, 280.
Rhodope (montagnes) : 272.
RICHARD II (roi d'Angleterre) : 325-326.
RICHARD CŒUR DE LION : 212.
RILKE (Rainer Maria) : 51, 57.
RODOLPHE II DE HABSBOURG (empereur) : 50.
RODOLPHE DE HABSBOURG (archiduc d'Autriche) : 218.
Roumains : 204, 207, 211-212, 253.
Roumanie : 112, 124 n, 131, 170 ; *costumes* : 205-207 ; *histoire* : 125-126, 135, 192, 259 ; *langue* : 118-119, 127-128, 249-250, 258, 285-286 ; *noblesse* : 297-298 ; *religion* : 257-263.
ROUSSEAU (Jean-Jacques) : 97, 158.
RUPERT (comte) : 325-326.
Ruritanie (royaume imaginaire de) : 238.
Ruthènes : 207, 261, 284.

SAINT-ALBANS (Charles Beauclerk, duc de) : 50.
Sainte-Marguerite (île, Budapest) : 53.
SAKI (H. H. Munro) : 239.
Samoyèdes : 46.
Sandomir (Pologne) : 34.
SÁNDOR (comte) : 94 n.
Sarajevo : 218.
Sarakatsan : 272.
Sarmates : 52, 76.
Sarmizegethuse : 268, 284, 314.
Satu Mare : 275.
Save (rivière) : 69, 150.
Saxons : 127, 192, 195, 199, 205-207, 212, 243 ; *Transylvains* : 211-213 ; *villages* : 221-222, 228-230.
Schässburg (ou Segesvár, ou Sighişoara, Roumanie) : 210, 215-220, 225.
SCHEFFLER (Johann) : 194 n.
SCHWARZENBERG (cardinal) : 263.
SCOTT (Sir Walter) : 145 n, 159.
Scythes : 76.
Sept Ans (guerre de) : 47.
Serbes : 36, 71, 128 n, 207.
Serbie : 69, 129, 162.
SERÉDY (cardinal) : 20-25.
SHAKESPEARE (William) : 168, 215, 236 n.
Sibérie : 46, 75 n.
SIDNEY (Sir Philip) : 50.
SIGISMOND DE LUXEMBOURG (empereur) : 70, 162, 215, 324-325.
SIMÉON (tsar de Bulgarie) : 73.
SLATIN PACHA : 54.
Slaves : 73-74, 126-127, 192, 250-251, 258.
Slavonie : 153 n.
Slovaques : 30, 106, 112.
Slovaquie : 74, 105, 207, 224.
Soborsin (Roumanie) : 152.
Sociniens (secte d'unitariens) : 198.
SOLIMAN LE MAGNIFIQUE : 50, 70-71.
Solymos (château de) : 150.
SOSSINI (Fausto) : 198.

Souabes : 31, 34, 144, 149 n, 204, 207, 212, 243.
STOKER (Bram) : 216.
STRACHEY (James) : 178.
Suisse : 97.
SVEVO (Italo) : 57.
SWIATOPLUK (kral de Moravie) : 73.
Syldavie (royaume imaginaire de) : 238.
SYLVESTRE II (pape) : 49.
SZÉCHENYI (István) : 308, 311, 327.
Szeged (Roumanie) : 99, 150.
Szeklers : 127, 204-205, 209, 211-212, 225, 228.
Szentendre (Hongrie) : 36, 37.
Szolnok (Hongrie) : 81-82, 84.

TACITE : 158.
TAMERLAN : 223, 326.
Târgu-Mureş, *cf.* Márosvásarhély.
Tatars : 193, 222-223, 239, 251.
Tatras (montagnes) : 224, 238.
Tchécoslovaquie : 125.
Temesvár (Roumanie) : 152, 238.
Teutoniques (chevaliers) : 211, 239.
THARAUD (Jean et Jérôme) : 135.
THÖKÖLY (famille) : 159.
TIBÈRE : 311.
Timiş (rivière) : 300.
Tisza (rivière) : 72, 75-76, 80, 83, 99, 150.
Tolède (3e concile de, 589) : 260.
Tomeşti (Roumanie) : 237.
Törökszentmiklos (Hongrie) : 81.
Touraniens : 72.
Tour Rouge (passe de la) : 227.
Töviczegháza (Roumanie) : 139.
TRAJAN : 126, 259, 284, 311, 314, 327, 333.
Transylvanie : 71, 74, 81, 92, 105, 113, 141, 144-145, 150, 155, 158, 162, 170, 203-206, 216-217, 227, 235, 238, 240, 244 n, 248 n, 251, 257-258, 261, 305 n-306 ; *époque des moissons* : 180-185 ; *faune* : 136 ; *histoire* : 124-134, 192-194, 210-217 ; *maison de campagne* : 120-121 ; *paysage* : 117-118 ; *religion* : 117-118.
Transylvaines (Alpes) : 224, 244.
Tredecima Gemina (légion) : 269, 314.
Trente Ans (guerre de) : 163 n, 194, 222, 305.
Trianon (traité de, 1920) : 38, 105, 125-126, 164, 313.
Trieste : 57.
Turcs : 38, 54, 70, 72, 74-75, 95, 106, 109, 140, 152, 163, 169, 185, 220, 222-223, 261, 305 n-306, 321-322, 324.
Turda (ou Torda, Roumanie) : 198.
Turnu-Severin (Roumanie) : 294, 310, 314 317.
Turquie : 49, 306, 317-322.
Tyrol : 97.

Ukraine : 276.
ULFILA (évêque) : 260.
Uniate (Église) : 36, 149 n, 176, 257-263, 284.
Union (Acte d') : 257, 262.
Unitarianisme : 195, 218.

Vajdahunyád (ou Hunedoara, Roumanie) : 160.
Valachie : 135, 224, 227, 238, 258, 314, 316.
Valaques : 127-129, 164, 224, 325.
VALOIS (dynastie) : 129, 252.
Vandales : 52, 251.
Varna (bataille de, 1444) : 324.
Vár (citadelle à Buda) : 38, 49, 51-52.
Vatican (concile du, 1870) : 262.
Versailles (traité de, 1919) : 318.
VESPASIEN : 311.
Vienne : 70, 96, 120, 163, 203.
Visegrád (Hongrie) : 33-34, 310.
Vistule (fleuve) : 211.
VLAD III L'EMPALEUR : 215-216, 315.
VLAD LE DRAGON : 215-216.
VLADISLAV JAGELLON (roi de Pologne) : 324.
Vogoules : 45.
Volga (fleuve) : 157, 323.
VOLTAIRE : 158.
VOPISCUS (Flavius) : 126 n, 129

Wagram : 96.
WATERTON (Charles) : 172.
WECKHERLIN : 194 n.

YBL : 110.
Yiddish (langue) : 281.
Yougoslavie : 55 n, 105, 125, 150, 169 n, 333-334.

Zagyva (rivière) : 80.
ZITA (impératrice, épouse de Charles Ier) : 48.
Zoroastrianisme : 280.
ZRINYI (comte Miklos) : 144, 159.

Table

Note du traducteur 9

Lettre de présentation à Xan Fielding 13

Carte 18

I. Je passe le pont 19
II. Budapest 37
III. La Grande Plaine hongroise 59
IV. Les marches de Transylvanie. 115
V. Je traverse la forêt 147
VI. Triple fugue 189
VII. Le plateau des Carpates 235
VIII. La fin de l'Europe centrale 293

Appendice : Quelques réflexions à la table d'un café, entre le Kazan et les Portes de Fer 333

Index 337

ISBN 2-228-88515-0

IMPRIMERIE S.E.P.C. À SAINT-AMAND (CHER)
N° D'IMPRESSION : 793-565
DÉPÔT LÉGAL : AVRIL 1992
Imprimé en France